Qui êtes-vous vraiment ?

Cet ouvrage a été réalisé à partir des titres *Qui êtes-vous vraiment ? Qui êtes-vous en amour ?* et *Qui êtes-vous au travail ?* publiés en 2009 par les Éditions Express Roularta en coédition avec Psychologies Magazine.

Pour la présente édition :

France Loisirs
123 boulevard de Grenelle
75015 Paris

www.franceloisirs.com

ISBN : 978-2-298-03191-1

Qui êtes-vous vraiment ?

Plus de 50 tests d'experts
pour faire le point
sur votre personnalité

Collectif
Présenté par
Pascale Senk

Illustrations de
Serge Bloch

ÉDITIONS
FRANCE
LOISIRS

Sommaire

Introduction

C'est un voyage singulier auquel nous vous convions ici. L'ensemble des tests qui suivent devrait en effet vous amener à croiser vos contradictions et vos certitudes, à contourner vos défauts, prendre conscience de vos qualités, et découvrir des potentiels enfouis. Oui, un périple parfois surprenant à la rencontre de vous-même vous attend.

Vous-même ? Vous pensez probablement être celui qui en sait le plus sur le sujet. Vous en maîtrisez la chronologie grâce à votre date de naissance, l'origine grâce à votre lignée familiale, l'histoire personnelle grâce à vos souvenirs d'enfance… Bref, entre les informations de l'état civil et les appréciations que vous communique parfois votre entourage, cette personne que vous êtes vous semble plutôt bien définie.

Mais sommes-nous définissable par notre identité administrative, notre rôle familial, ou notre fonction professionnelle ? Non, bien sûr et la question « Qui suis-je ? » est LA question philosophique par excellence. Celle qui nous amène parfois à nous arrêter pour réfléchir : « Qu'est-ce qui m'a motivé à agir ainsi ? », « Comment expliquer cette réaction involontaire ? », « Quel chemin prendre pour être heureux ? »

À toutes ces questions, il est quasiment impossible de répondre tant qu'on n'a pas tenté une connaissance plus approfondie de soi.

Aujourd'hui, la notion « d'estime de soi », découverte par les psychologues américains, a été largement vulgarisée : elle nous rappelle qu'il est fondamental de se soucier de soi et de s'aimer pour être heureux et mieux rencontrer les autres. Certes. Mais réduire l'estime de soi à « l'amour » de soi, c'est aller un peu vite et notamment zapper un autre aspect de cette notion. « S'estimer », cela veut dire aussi, justement, se connaître, c'est-à-dire pouvoir évaluer ses forces et ses faiblesses, mesurer ses limites et ses progrès possibles, savoir ce qui nous attire et ce qui n'est pas pour nous, faire en quelque sorte « l'inventaire de soi », comme un bon commerçant qui, avant de faire de la publicité, sait qu'il a intérêt à connaître réellement son produit ! Les tests qui suivent vous aideront à vraiment faire le point sur celui que vous êtes aujourd'hui, ici et maintenant, un auto-examen indispensable à tous ceux qui souhaitent avancer et s'épanouir.

La première partie (Votre personnalité) vous permet d'explorer vos comportements aussi bien dans votre vie intime que dans votre vie professionnelle, souvent liés à votre tempérament, votre « terrain de base » comme dirait un homéopathe, mais aussi à vos croyances. Ces pensées héritées de votre milieu culturel et familial ont façonné votre manière de voir le monde. Voulez-vous vous y accrocher ou au contraire vous libérer de celles qui vous gâchent la vie ? Les tests réunis ici vous amèneront à y réfléchir.

Ensuite, vous découvrirez comment vous vous reliez ou non aux autres (Votre vie relationnelle). Allez-vous vers vos semblables ou au contraire les repoussez-vous sans toujours le savoir ? Vous apprendrez que ces « autres » que nous accusons parfois de mille maux sont les reflets de notre propre relation envers nous-même. Comme l'a dit Sainte-Beuve, « Le plus souvent, nous ne jugeons pas les autres, mais nous jugeons nos propres facultés dans les autres ».

Enfin, et nous espérons que cette partie sera réjouissante, vous irez à la rencontre de vos atouts, de vos particularités; ces ressources parfois endormies qu'il est fondamental de reconnaître pour progresser. C'est tout ce que nous vous souhaitons. Bon voyage!

Pascale Senk

Comment répondre aux tests?

Les tests de personnalité de ce livre ont été élaborés par des psychologues et des psychiatres. Ces spécialistes de la relation (voir Présentation des auteurs p. 370) sont habitués à décrypter les comportements et ont la compétence de trouver les solutions les plus adaptées. Chaque psycho-test est conçu par son auteur comme un véritable outil d'aide pour mieux se connaître. Les styles ainsi que systèmes de notation peuvent ainsi changer d'un test à l'autre, mais quelques règles communes prévalent :

– Pour chaque question, notez la réponse la plus approchante de ce que vous ressentez au moment où vous lisez en repensant à votre comportement habituel dans la vie de tous les jours.

– Ne choisissez qu'une seule réponse parmi celles qui vous sont proposées, en vous fiant toujours à votre premier mouvement.

– Répondez sans réfléchir à la réponse qui serait « bonne » ou « mauvaise ». Plus vous êtes sincère, et plus le résultat sera fiable.

– Cochez les cases au crayon si vous souhaitez refaire les tests plus tard.

– Faites ensuite le total de vos points en les reportant dans l'encadré en fin de test pour savoir dans quel profil dominant vous vous situez.

Pour alléger leur formulation, les tests ont été mis au masculin car ils concernent indifféremment l'homme ou la femme.

Bloch

Vous et *votre personnalité*

Nous avons mille et un motifs pour nous méconnaître et finalement passer à côté de notre vrai « moi ». Par exemple, certaines impressions nous figent dans une image fausse ne correspondant pas à notre réalité profonde. Ainsi, vous avez développé une tendance « colérique » parce que dans votre famille ceux qui se mettaient souvent en colère obtenaient ce qu'ils voulaient. Ou bien vous clamez partout que vous aimez le repos, les occasions de prendre du recul, mais ceux qui vivent auprès de vous savent très bien que vous êtes incapable de vous arrêter cinq minutes !

Ce décalage entre ce que nous croyons de nous-mêmes et ce que nous sommes vraiment est la cause de la plupart de nos difficultés dans la vie. C'est pourquoi dans un premier temps, nous vous invitons à découvrir votre personnalité, à mieux cerner votre tempérament. Les tests qui composent cette partie s'articulent donc tous, de façon très variée, autour d'une seule et même question : quel caractère avez-vous ? Mieux le connaître vous aidera notamment à ne pas vous tromper de mode de vie. Autant dire que cette étape est capitale.

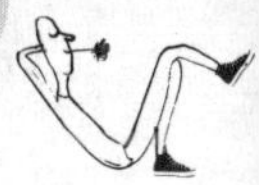

À quel point vous aimez-vous ?

« Si l'on doit aimer son prochain comme soi-même, il est au moins aussi juste de s'aimer comme son prochain », écrit Chamfort dans *Maximes et pensées*. Encore faut-il savoir où l'on en est de son estime de soi ! Quelle opinion avez-vous de votre image et de votre façon de penser ? Vous regardez-vous avec indulgence ou sévérité ?

Pour savoir si vous vivez en accord avec vous-même et si vous vous appréciez un peu, beaucoup... ou passionnément, répondez aux questions suivantes.

Alors que vous sortez d'un taxi en tenue de soirée, un enfant qui passe écrase l'esquimau qu'il mangeait sur votre vêtement. Impossible de retourner chez vous. Comment réagissez-vous ? Vous :

- Blêmissez de rage et lui donnez une claque. . . . . 1 ☐
- Laissez éclater votre colère . . . . 4 ☐
- Ne vous sentiez déjà pas en forme, cette fois vous êtes dévasté. . . . 2 ☐
- Nettoyez les dégâts en vous disant que vous serez plus élégant une autre fois . . . . 3 ☐

Ce soir, vous êtes tout seul, votre partenaire a préféré sortir sans vous. Quelle est votre réaction ?

- Après avoir pris un bain, vous prenez un bon livre et vous endormez . . . . 3 ☐
- Vous l'attendez allongé tout habillé sur le lit en remâchant votre rancune . . . . 1 ☐
- Vous mettez une tenue de soirée et allez faire un tour. . . . . 4 ☐
- Vous ne faites rien de spécial . . . . 2 ☐

Faire l'amour, pour vous, c'est :

Faire confiance. . . . . 3 ☐
Innover . . . . 2 ☐
Mettre en contact deux épidermes . . . . 1 ☐
Se sublimer . . . . 4 ☐

Imaginez une personne accoudée au parapet d'un pont de bois. Ce dernier cède, la personne tombe à l'eau et ne sait pas nager. Que faites-vous ?

Après moult hésitations, vous vous jetez à l'eau. . . . . 1 ☐
Sans vous faire remarquer, vous la sortez tranquillement de l'eau . . . 3 ☐
Tel le sauveur, vous plongez sans hésiter pour la récupérer . . . . 2 ☐
Tétanisé, vous criez : « Au secours ! Au secours ! » . . . . 4 ☐

La soirée pendant laquelle vous l'avez rencontré vous a semblé un moment de rêve. Cette personne vous avait promis de vous recontacter le lendemain, mais depuis elle n'a pas téléphoné. Que pensez-vous ? Que cette personne :

Connaît certainement déjà quelqu'un de mieux. . . . . 1 ☐
Doit être très occupée . . . . 2 ☐
Est rustre . . . . 4 ☐
Vous a oublié . . . . 3 ☐

Les excitants, thé, alcool, tabac, etc. sont pour vous :

Anti-dépresseurs . . . . 1 ☐
Dopants . . . . 2 ☐
Sources de plaisir . . . . 4 ☐
Superflus . . . . 3 ☐

Les gens qui vous entourent disent que vous avez :

De la personnalité. . . . . 2 ☐
Des idées . . . . 3 ☐
Des qualités. . . . . 1 ☐
Du charme. . . . . 4 ☐

Par hasard, vous entendez une conversation qui ne vous est pas destinée. On parle de vous en précisant que votre physique laisse à désirer. Que vous chantez-vous ?

Allô, maman, bobo, j'suis pas beau... (Alain Souchon) .... 1 ☐
Chabadabada... Chabadabada... (Musique du film *Un homme et une femme* de Claude Lelouch) .... 3 ☐
Ma pomme, ma pomme, c'est moi... (Maurice Chevalier) .... 2 ☐
Parlez-moi d'amour, redites-moi des choses tendres... (Juliette Greco) .... 4 ☐

Quand vous pensez à quelqu'un qui vous aime, quel est le verbe qui vous vient à l'esprit ?

Donner .... 2 ☐
Exister .... 3 ☐
Prouver .... 1 ☐
Toucher .... 4 ☐

Quand vous vous regardez dans un miroir, que voyez-vous ?

De mauvais souvenirs.. 1 ☐
Vos amours .... 4 ☐
Vos défauts .... 3 ☐
Votre père ou votre mère .... 2 ☐

Quel amour vous semble le plus durable ? Celui :

D'un ami .... 3 ☐
D'un enfant .... 1 ☐
D'une maîtresse ou d'un amant .... 4 ☐
D'une Mère .... 2 ☐

Quel cadeau feriez-vous à vos parents pour les remercier de ce que vous êtes ?

Le livre *Autant en emporte le vent* de Margaret Mitchell .... 2 ☐
Un très beau mobile coloré...................................... 3 ☐

Une boule d'or entourée d'un ruban rouge. . . . . .4 ☐
Une pince multiple et des boulons . . . . .1 ☐

Quel symbole pourrait être le vôtre :

Des boîtes gigognes . . . . .4 ☐
Un jardin japonais . . . . .2 ☐
Un tiroir fermé à clé. . . . . .1 ☐
Une fenêtre ouverte . . . . .3 ☐

Vous avez les moyens. Quel animal offrez-vous pour remercier d'un compliment ?

Un chien . . . . .3 ☐
Un éléphant. . . . . .1 ☐
Un poney . . . . .2 ☐
Une coccinelle . . . . .4 ☐

Vous vous endormez. Quel cauchemar préférez-vous ne pas faire ?

Devoir planter, arroser et cueillir des arbres (fleurs) continuellement . .4 ☐
Être attaqué par des animaux fabuleux . . . . .2 ☐
Nager vers une île sans jamais l'atteindre . . . . .3 ☐
Vous promener dans un labyrinthe de miroirs . . . . .1 ☐

Additionnez vos points :

Nombre de 1 :	x 1 =
Nombre de 2 :	x 2 =
Nombre de 3 :	x 3 =
Nombre de 4 :	x 4 =
	Total =

Décryptage

Vous avez entre 15 et 29 points

Vous vous adorez

Dans le regard des autres le plus souvent possible et dans les miroirs toujours, vous avez besoin d'être rassuré par l'image que vous offrez. Et assuré qu'elle correspond aux critères que vous vous êtes fixés, car c'est d'abord elle que vous aimez. Amoureux de votre corps et enthousiasmé par vos idées, vous vous consacrez la plus grande partie de votre temps. Attentif à l'impression que vous faites, vous aimez susciter l'envie, et la jalousie que vous inspirez vous sert de booster. Comme vous possédez un ego colossal, votre vie tend vers un seul but : vous mettre en valeur. Esprit et corps. Et vous y arrivez. En vous laissant parfois influencer par les suggestions de tiers, quand elles vous flattent et vous confortent dans l'estime que vous vous portez. Relevant de l'imaginaire ou du narcissisme infantile, vous avez un idéal d'invulnérabilité ou de toute-puissance personnelle. Corollaire de votre narcissisme, « le complément libidinal de l'égocentrisme » selon Freud, vous êtes aussi orgueilleux que sentimental. Il vous est donc difficile d'affronter vos problèmes avec les autres d'une façon directe. Mais vous trouvez des compensations à vos déceptions dans la satisfaction que vous procure votre ego. Votre égotisme vous sert d'ailleurs de défense contre la réalité. Culte du moi, goût de la vie, satisfactions de tous vos sens, ne vous a-t-on jamais dit que vous portez un intérêt excessif à votre personnalité ? Au risque que les autres se rappellent un jour à votre bon souvenir, et pas forcément de manière agréable.

Vous avez entre 30 et 35 points

Vous vous assumez

Physique, psychisme et moral, pas de problème, vous vivez en accord avec vous-même. En fait, vous vous êtes « identifié » une fois pour toutes le jour de votre majorité, avec vos qualités et vos défauts. Ce sont les autres maintenant qui doivent vous reconnaître et vous accepter. Naturel dès l'aube, vous n'avez jamais peur de vous montrer tel que vous êtes. Capable d'arborer une mode originale ou d'adopter des habitudes inattendues, vous revendiquez le droit d'être différent, de penser et de faire ce que vous voulez. D'être vrai, réel, concret. Jusqu'au complexe de supériorité. Décontracté, vous vous sentez bien dans votre peau. Tout ce qui ne vous semble pas intelligent est tabou pour vous. Et sans nier vos imperfections, vous tenez à la fois à les corriger et à en tirer avantage, en insistant parfois trop peut-être. Mais vous n'éludez pas vos problèmes, ni ne renoncez à vos rêves. La force d'âme, la tendresse, avoir un idéal, ou le goût de la beauté, vous paraissent possibles à maîtriser, tandis qu'exister pour les autres vous permet de vous assumer. D'ailleurs vous vous remettez souvent en question, mais pas trop, parce que, après tout, cette énergie que vous n'utilisez pas à essayer de paraître autre que celui que vous êtes en réalité, vous la consacrez à faire des choses qui vous passionnent. En créant (écriture, musique, peinture, bricolage, cuisine, jardinage, etc.) ou en aimant la vie que vous menez. En tout cas, vous laissez respirer autour de vous.

Vous avez entre 36 et 41 points

Vous vous aimez, mais pas tous les jours

Si vous vous entendez bien avec vous-même, quelques portes claquent parfois quand vous discutez avec votre miroir. Entre celui que vous voudriez être et l'image qu'il vous renvoie, vous avez l'impression qu'il y a une différence irréfutable. Et c'est dans cette distorsion de votre imagination que s'agitent les pantins de vos angoisses. Mais vous réussissez à concilier vos désirs et leur réalisation à condition d'être motivé. Quand vous êtes certain qu'on vous aime physiquement et moralement, tout va bien. Vous dédiez alors votre passé, l'heure présente et vos dix prochaines années, vie professionnelle et sentimentale comprises, à la personne qui vous a rassuré. Mais, dans vos moments de doute, quand vous vous sentez insatisfait de ce que vous êtes, ou de ce que vous faites, oublier vos passions, êtres ou choses, est votre façon de vous protéger. À l'abri sous votre couette avec un pack de bière (un kilo de petits fours) et les douze tomes de l'*Encyclopaedia Universalis*, vous affichez alors un détachement complet de tout. Passionné, exubérant, optimiste tous les autres jours, vous êtes en fait équilibré. Vous vous cherchez encore un peu, d'accord, mais comme vous savez communiquer un sentiment de bien-être qui ressemble au bonheur. Peut-être avez-vous trouvé quand même la meilleure façon de vous aimer ?

Vous avez entre 42 et 60 points

Vous ne vous aimez pas du tout

À ce point-là, c'est à la fois extraordinaire et presque impossible ! Appréciations ou compliments, vous n'acceptez rien de ce qu'on dit à votre propos. En fait, vous n'aimez ni votre apparence physique, ni votre façon de penser. Alors changez tout. Ou réfléchissez. Et demandez-vous quel est votre problème, exactement ? Car, sans exprimer vos sentiments et sans formuler vos désirs, vous êtes persuadé que vous n'avez pas de valeur et qu'aucun de vos rêves ne se réalisera jamais. Sentiment d'infériorité ou vécu de situations frustrantes, la beauté et l'esprit vous semblent être l'apanage des privilégiés. Vous exagérez l'importance de vos défauts. Anxieux, insatisfait de ceux qui vous entourent, de votre job ou du cadre dans lequel vous vivez, vous transformez vos doutes et vos regrets en culpabilité, et vous reportez celle-ci sur votre physique ou votre caractère. En vous remettant perpétuellement en question, corps et tête, forme et fond. Surtout vous donnez l'impression que vous n'avez pas fini de régler vos comptes avec votre enfance. Ne vous appesantissez pas tant sur les côtés insatisfaisants de votre personnalité, cherchez plutôt à les atténuer. Soyez lucide et prenez deux initiatives.

• La première : dites-vous que chaque personne a quelque chose de beau intrinsèquement.

• La deuxième : ne ressassez pas ce qui vous préoccupe et consacrez-vous à quelque chose de plus intéressant. Tout le reste suivra.

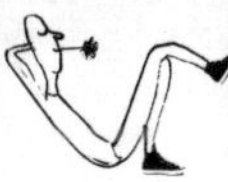

Où en êtes-vous avec votre ego ?

Entre le trop, le trop peu et le tout ou rien, comment trouver le rapport juste avec soi-même ? Certains s'oublient systématiquement, faisant passer les autres avant eux. D'autres sont tellement auto-centrés qu'ils ne peuvent voir plus loin que le bout de leur nez. Pour savoir comment vous gérez ce lien essentiel avec votre ego, s'il est un allié ou un obstacle à votre mieux-être, répondez aux questions suivantes.

Susceptible, moi ?

- Trop, sans doute, mais je lutte pour ne plus l'être . . . . ★ ☐
- Oui, mais j'arrive à pardonner . . . . ▲ ☐
- Je n'oublie jamais vacheries et injustices ! . . . . ● ☐

Dans l'altruisme, il y a :

- De la fraternité : le sentiment que le malheur des autres aurait pu nous frapper aussi . . . . ▲ ☐
- Une part d'égoïsme : on fait le bien pour se sentir bien . . . . ● ☐
- De la compassion pour la souffrance des autres . . . . ★ ☐

Mon mot d'ordre envers l'ego :

- Ne pas le glorifier . . . . ▲ ☐
- Ne pas s'y attacher . . . . ★ ☐
- Ne pas le mépriser . . . . ● ☐

Il m'est arrivé d'avoir honte de moi parce que :

- J'ai fait du mal à autrui parce que cela servait mes intérêts . . . . . . ● ☐
- Je me suis parfois laissé écraser ou humilier sans réagir . . . . ★ ☐
- Je n'ai pas défendu une juste cause par paresse ou par indécision . . . . ▲ ☐

« Je ne vais pas me laisser faire, ça ne va pas se passer comme ça » :

Cela m'arrive souvent de penser ça : le monde n'est pas peuplé d'anges....... ● ☐
Il est rare que je me dise ça .... ★ ☐
Je n'aime pas réagir ainsi....... ▲ ☐

Ce qui m'insupporte le plus chez les gens :

L'orgueil .... ★ ☐
Le masochisme....... ● ☐
L'égoïsme .... ▲ ☐

Une fée vous propose de devenir riche et célèbre :

Vous demandez seulement à devenir riche, sans avoir besoin de devenir célèbre (vive la tranquillité !)....... ▲ ☐
Ça vous tente, bien sûr, mais ça vous inquiète aussi beaucoup (est-ce qu'on ne perd pas alors son âme ?)....... ★ ☐
Vous acceptez sans hésiter (mieux vaut le trop que le trop peu...)....... ● ☐

Dans quels moments vous sentez-vous le plus vous-même ?

En consolant ou en aidant un proche .... ▲ ☐
En réussissant ou en maîtrisant quelque chose de très difficile....... ● ☐
Tout seul, en marchant ou en méditant dans la nature....... ★ ☐

Une épitaphe sur votre tombe :

« Ne pleurez pas : je repose en paix »....... ★ ☐
« Profitez ! N'oubliez jamais que la vie est belle »....... ▲ ☐
« Priez pour moi : je suis parti trop tôt » .... ● ☐

Reconnaître ses torts :

Une excellente gymnastique pour l'ego .... ★ ☐
D'accord, mais à condition de ne pas être le seul à le faire....... ● ☐
Une forme d'honnêteté envers les autres .... ▲ ☐

Décompte des points

Nombre de ▲ :
Nombre de ● :
Nombre de ★ :

Total : 10

Décryptage

Pour trouver le profil qui vous correspond, comptez le nombre de ★, ▲ ou ● obtenus à l'ensemble des questions :

– 8 ou plus ★, ▲ ou ● : ce profil vous correspond fortement,

– 4 à 7 ★, ▲ ou ● : ce profil vous correspond en partie,

– 3 ou moins ★, ▲ ou ● : ce profil ne vous correspond pas ou peu.

Évidemment, le plus important n'est pas seulement le résultat que vous avez obtenu au test, mais aussi les questions que vous vous serez posées à l'occasion.

★ L'ego piano piano…

Prudence et distance avec le lien à soi

Si l'ego n'est pas une illusion, en tout cas, il y ressemble… L'ego peut, à vos yeux, être une source de souffrances et d'erreurs : orgueil, certitudes, susceptibilité, matérialisme, et bien d'autres errances encore. Même sans aller jusqu'à la sévérité de Pascal (« le moi est haïssable parce qu'il est injuste, et qu'il se fait centre de tout ») vous n'en cultivez pas moins une certaine suspicion envers tout ce qui relève des excès d'attachement à sa petite personne.

Au quotidien, vous cultivez prudence et distance envers l'ego et ses exigences. L'attachement à soi – l'ego comme écran – peut faire obstacle à l'écoute et au respect des autres (c'est l'égoïsme), et aussi à la compréhension du monde (c'est l'égocentrisme). Il peut empêcher aussi l'accès au bonheur, en nous limitant à la satisfaction de nos besoins : faire ce dont j'ai envie, obtenir ce dont je pense avoir besoin, c'est souvent, et paradoxalement, la garantie de ne pas être heureux, tout au plus satisfait et repus.

Bénéfices de votre attitude

Un réel souci d'authenticité, le désir de ne pas vous imposer, d'écouter les autres, les comprendre, les respecter. Une capacité aussi à résister aux faux-semblants et à la fausse monnaie de l'estime de soi, à quoi nous pousse la société : acheter, posséder, dominer, avoir raison; vous savez que le plus souvent, ce sont des leurres et des pseudo-combats, parfaitement creux et inutiles, juste là pour nous valoriser et anesthésier nos inquiétudes existentielles. On ne se rapproche pas de l'essentiel en satisfaisant son ego, mais en le mettant au régime.

Inconvénients

Un certain ascétisme, un renoncement qui peut sembler de l'indifférence, tout cela peut déconcerter autour de vous. Attention aussi à ne pas négliger le minimum de respect de soi dont chaque humain a un besoin vital (Montaigne parlait de « l'amitié que chacun se doit »).

Suggestions

Ne percevez pas – et ne laissez pas percevoir aux autres – votre démarche uniquement en « contre » (contre notre société d'égotisme et de consommation) mais recentrez-vous aussi régulièrement sur les nombreux « pour » (la simplicité, la sincérité, la tranquillité). Et n'oubliez pas d'expliquer vos choix, vos fragilités (c'est bien à cause d'elles que vous avez choisi de vous équilibrer ainsi), et vos difficultés à tenir le cap : cela vous rendra plus proche, et fera davantage d'émules autour de vous qu'une attitude distante et hautaine.

▲ L'ego mezzo voce…

Bon serviteur mais mauvais maître.

L'ego, c'est important pour aller bien, pour trouver sa place : nous ne sommes ni des saints sans besoins, ni des ectoplasmes sans dignité. Il est légitime de s'accorder respect et soin minimaux, non pour briller ou dominer, mais pour exister simplement. La Rochefoucauld écrivait : « Quand on ne trouve pas son repos en soi-même, il est inutile de le chercher ailleurs. » Ainsi, accorder à son ego l'attention nécessaire à ce qu'il ne souffre ni ne soit en manque, c'est un acte d'hygiène. Et qui aide à penser à autre chose qu'à soi, qui ouvre à l'altruisme. « Aime ton prochain comme toi-même », certes, mais aussi : « Aime-toi pour pouvoir aimer ton prochain. »

Au quotidien, vous cherchez l'équilibre, vous considérez vos besoins comme importants, mais pas davantage que ceux des autres. L'ego n'a pas la première place (pas de narcissisme) mais pas non plus la dernière (pas de masochisme). Il est simplement un élément au milieu de tout ce qu'il importe de cultiver : respect de soi, mais aussi sociabilité, ouverture au monde, engagement…

Bénéfices de votre attitude

Votre choix de la « voie du milieu » est adaptée à notre société démocratique, où tout tourne autour de la personne et de ses droits (qu'il faut savoir faire respecter), mais vous permet aussi de ne pas vous noyer dans les dérapages de cette même société, notamment dans ses dimensions marchandes qui survalorisent l'ego (« parce que je le vaux bien », « quand je veux et comme je veux »).

Inconvénients

Votre objectif d'équilibre – écouter l'ego mais ne pas lui obéir aveuglément – n'est pas toujours facile à maintenir. D'où, parfois, des tensions intérieures entre vos réflexes et vos valeurs. Des coups de fatigue, d'angoisse, de découragement. Et des envies d'égoïsme et de simplification. Fatigant, le juste milieu !

Suggestions

Débranchez de temps en temps le logiciel « mon équilibre, mes valeurs, mon juste milieu » et laissez un peu courir votre ego dans la nature, sans le tenir en laisse ni lui crier « au pied ! ». Après tout, on peut bien dire et se dire de temps en temps : « J'aime bien qu'on me regarde, qu'on m'admire, qu'on m'applaudisse, qu'on écoute mon avis, qu'on me serve en premier », tout en veillant à ne pas devenir totalement « accro » à ces nourritures terrestres... Peut-être même que ces écarts vous feront progresser davantage qu'un cap fermement (et tristement) maintenu...

● L'ego allegro...

La meilleure base pour aimer le monde.

Quel plaisir d'être soi ! De vivre le grand amour avec sa petite personne ! De se sentir bien lorsqu'on pense à soi, lorsqu'on se regarde dans le miroir, qu'on fait le bilan de ses actions. Il n'y a pas de mal à se faire du bien. Au contraire, c'est le meilleur socle possible pour que le monde tourne rond. Si chacun se souciait davantage de vivre heureux en sa propre compagnie, que de conflits inutiles seraient évités ! Pourquoi diaboliser l'ego ? La fausse modestie et les altruismes en toc ou en névrose massive (s'occuper des autres parce qu'on est incapable de s'occuper de soi), cela vous agace.

Au quotidien, vous considérez qu'il faut s'aimer, se protéger, se chouchouter. Sans culpabilité. Parce que la vie est dure, et qu'un bon ego permet de mieux lui faire face. Parce que se respecter soi-même, c'est le meilleur des tremplins pour respecter les autres et avoir la force et l'énergie pour les aider. Parce que, finalement, une pincée de narcissisme met du sel dans les rapports humains : que se passerait-il si personne n'avait d'avis ni de subjectivité ? Est-ce qu'on ne finirait pas par s'ennuyer ferme ?

Bénéfices

Joie de vivre et énergie. Une personnalité riche, présente, engagée, affirmée. Vous n'avez pas peur de faire entendre vos avis et besoins, de demander à ce que vos attentes soient satisfaites, et à tout faire pour qu'elles le soient. Au passage, cela peut aussi vous aider à changer le monde, même si au départ c'est pour des raisons de convenances personnelles : ce qui est bon pour vous l'est aussi en général pour les autres !

Inconvénients

Il y a des défauts dans votre cuirasse, vous en êtes parfaitement conscient. Du côté, par exemple, de l'égoïsme ou de la mauvaise foi. Mais aussi du côté de la déception : il peut vous arriver de passer de l'amour au désamour et à la colère contre vous-même. De vous en vouloir à l'excès, d'avoir envie de vous faire du mal.

Suggestions

Bien sûr, vous avez intérêt à pratiquer régulièrement de petites cures d'oubli de soi (retraites spirituelles, temps offert à des associations caritatives), histoire d'éliminer les quelques ego-toxines qui s'accumulent avec le temps. Mais c'est comme pour la nourriture : il n'y a pas que les diètes, il y a aussi les partages ; vous qui connaissez l'intérêt d'un bon ego bien nourri, nourrissez aussi celui des autres, en les félicitant, les encourageant, les valorisant. Exportez et partagez votre savoir-faire : votre entourage aussi est avide d'estime de soi !

Comment gérez-vous vos élans ?

Rêves d'enfance, projets de vie, désirs cachés… Au fond de nous, beaucoup d'envies demandent à être écoutées, puis réalisées. Mais différentes peurs nous empêchent souvent de nous lancer. Et parfois la brusquerie, la précipitation nous éloignent contre toute attente de nos objectifs. Difficile de savoir canaliser la juste énergie pour construire ! Y parvenez-vous la plupart du temps ou êtes-vous arrêté par trop de rigidité, de craintes infondées ? Pour le savoir, répondez aux questions suivantes.

Votre partenaire insiste pour que vous déménagiez afin d'habiter chez lui :

Vous lui proposez un essai de quelques mois . . . . 2 ☐
Vous refusez, par crainte de ne pas vous entendre avec lui . . . . 1 ☐
Vous vous installez quelques jours plus tard . . . . 3 ☐

Se dépasser en permanence, pour vous, c'est :

Dangereux. . . . . 1 ☐
Excitant . . . . 3 ☐
Nécessaire . . . . 2 ☐

Vous adorez peindre, et vos amis vous poussent à exposer vos toiles dans une galerie :

Comme s'ils n'attendaient que moi ! C'est peine perdue ! . . . . 1 ☐
Pourquoi pas ? Vous sélectionnez vos peintures préférées . . . . 2 ☐
Quelle bonne idée ! Je vais pouvoir me faire connaître ! . . . . 3 ☐

Vous ne supportez plus votre travail. Or, ce matin, votre chef vous critique :

C'est le signal : vous commencez à chercher du travail ailleurs . . . . 2 ☐
Si un jour on vous propose un nouveau poste, vous le prendrez ! . . . 1 ☐
Vous lui annoncez fièrement votre démission devant toute l'équipe . . 3 ☐

Au restaurant, vous échangez des sourires avec l'inconnu de la table voisine. En repartant, vous :

Déclarez que vous reviendrez ici la semaine prochaine . . . . 2 ☐
Écrivez votre numéro de téléphone sur la nappe de sa table . . . . . . 3 ☐
Espérez qu'un jour, vous le reverrez . . . . 1 ☐

Enfant, si vous faisiez un caprice pour un nouveau jeu, vos parents :

Craquaient très vite et vous l'achetaient. . . . . 3 ☐
Vous grondaient : « Tu nous fais honte ! » . . . . 1 ☐
Vous rappelaient qu'il faut mériter les cadeaux . . . . 2 ☐

Fatigué et peu fortuné, vous tombez sur un article vantant les bienfaits de la thalasso :

Vous avez un budget suffisant pour y aller un week-end . . . . 2 ☐
Vous rêvez : un jour, peut-être... . . . . 1 ☐
Vous y partez une semaine... et ferez vos comptes après ! . . . . 3 ☐

Passionné de voile, vous aimeriez faire le tour des îles exotiques avec des amis :

Ce n'est qu'un rêve ! Une telle entreprise présente trop d'aléas. . . . . 1 ☐
Vous proposez une date ferme à vos amis pour les motiver . . . . 3 ☐
Vous vous renseignez sur la faisabilité de cette aventure . . . . 2 ☐

Votre patron vous propose un poste intéressant dans un autre service. Vous répondez :

« Enfin » : vous affronterez de nouveaux challenges . . . . 3 ☐

«Non» : vous ne connaissez pas l'autre équipe . . . . 1 ☐
«Oui» : un peu de changement vous permettra d'évoluer . . . . 2 ☐

Vous voulez acheter un appartement.
En visitant le premier, vous tombez sous le charme :

C'est trop tôt ! Il vaut mieux attendre un peu . . . . 1 ☐
Votre cœur bat la chamade : vous prenez une option . . . . 2 ☐
Vous vous enflammez et vous signez sur-le-champ . . . . 3 ☐

En vacances au Pérou, vous rencontrez l'amour.
De retour chez vous :

Vous liquidez vos affaires pour repartir vivre à ses côtés . . . . 3 ☐
Vous planifiez de le revoir le mois prochain . . . . 2 ☐
Vous songez qu'il faut revenir à la réalité . . . . 1 ☐

Vous voulez ouvrir un restaurant, mais votre famille désapprouve cette idée :

Ils ont raison, c'est beaucoup trop risqué . . . . 1 ☐
Quels froussards ! Vous leur montrerez que rien n'est impossible . . . . 3 ☐
Vous les rassurez : vous avez conscience des risques . . . . 2 ☐

Additionnez vos points

Nombre de 1 : x 1 =
Nombre de 2 : x 2 =
Nombre de 3 : x 3 =
Total =

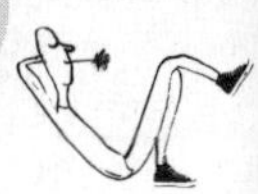

Décryptage

Vous avez entre 12 et 21 points

Des freins efficaces

Vous semblez vous méfier de tout ce qui pourrait bouleverser votre existence. Aussi, avant de vous lancer, vous anticipez minutieusement tous les écueils. Vous avez d'ailleurs une grande capacité à prévoir et pressentir les dangers…

Et lorsque vous mesurez qu'il faut prendre quelques risques, vous préférez abandonner votre projet. Pourquoi vous imposez-vous ces limites ? Il est possible que la défaite résonne douloureusement dans votre histoire. Ou que vous ayez grandi dans un cadre familial rigide, ce qui vous conduit à répéter les anciennes habitudes qui sont vos repères. Les modifier, ou pire, les abandonner, signifierait rompre avec la tradition et ne plus être reconnu par ceux qui vous aiment.

Nos suggestions : à trop écouter vos messages inhibiteurs, vous risquez de développer un sentiment d'incompétence à être heureux. Repérez bien ces croyances (« C'est trop dur », « Je n'y arriverai jamais », etc.) pour, après en avoir pris conscience, pouvoir les abandonner.

Autorisez-vous ensuite à explorer de nouvelles pistes axées sur le plaisir. Et renouvelez ce type d'expériences. En croyant en votre capacité à créer un futur en phase avec vos aspirations, vous pourrez envisager les décisions et tournants de votre existence sous un jour plus audacieux…

Vous avez entre 22 et 26 points

Des accélérations mesurées

Vous savez écouter vos envies… et y répondre ! Vous aimez vous faire plaisir, alors vous n'avez pas peur de vous surpasser en modifiant les règles de votre existence de temps à autre. Peut-être savez-vous que vos élans décloisonneront vos pensées et vous ouvriront à de nouvelles réflexions.

Et c'est justement ce qui vous plaît, car vous ne redoutez pas de sauter le pas lorsqu'il le faut. Cependant, vous n'êtes pas une tête brûlée ni un kamikaze de l'aventure. Vous paraissez avoir une profonde connaissance de vos limites et de vos aptitudes.

Alors, lorsque vous vous autorisez à plonger, c'est que vous en avez vraiment les capacités. En outre, vous avez généralement conscience des conséquences de vos entreprises. Lorsqu'il vous arrive de vous tromper, vous essayez d'en comprendre les raisons et de vous en rappeler pour ne pas répéter les mêmes erreurs deux fois…

Nos suggestions : il est possible que vous ayez tout de même une appréhension certaine lorsque vous devez prendre une grande décision… N'ayez crainte, cette sensation de peur mêlée de stress est toute naturelle.

Elle vous alerte sur le fait qu'un moment important arrive. Cette montée d'adrénaline vous permet justement de vous dépasser à la hauteur de ce que vous pouvez faire. Vous avancez à votre rythme, alors continuez à vous faire confiance !

Vous avez entre 27 et 39 points

Des dépassements permanents

Que d'accélérations dans votre vie ! Dès qu'une envie vous prend, vous vous précipitez tête baissée. Sans doute êtes-vous une personne audacieuse et débordante d'idées innovantes, voire farfelues, que vous assumez pleinement.

Vous seriez du genre à tout quitter pour suivre l'être aimé ou refaire votre vie ailleurs. Vous imaginez peut-être que la vie n'est intéressante que pimentée de risques. Sans doute votre entourage admire-t-il votre énergie et votre courage. Surtout ceux qui n'oseraient pas faire le tiers de ce que vous entreprenez !

D'autres vous fuient ou critiquent vos dérapages non contrôlés… car il vous arrive de tomber brusquement de selle. Vous vous moquez de ces chutes et repartez aussitôt vers un nouveau challenge ! Pourquoi vous surpassez-vous ainsi ? Peut-être que, enfant, vous étiez dans l'obligation d'être le meilleur ? Ou bien il est possible que vous surestimiez vos capacités…

Nos suggestions : à trop braver la vie, vous risquez un jour de buter contre un mur qui vous obligera à vous interroger. Alors, faites une pause dès maintenant. Vous finirez par réaliser que tous vos dépassements sont de formidables appels pour attirer l'attention.

Sans doute imaginez-vous que ces éclats encouragent vos proches à vous apprécier… Vous avez certainement bien d'autres atouts que le défi pour vous faire aimer ! Cherchez donc ce qui vous met en valeur sans vous mettre en danger.

Jusqu'où iriez-vous par amour ?

En amour, chacun d'entre nous a sa manière de manifester ses sentiments entre retenue et exaltation.

Il y a ceux qui se donnent tout entier par amour, prêts à décrocher la lune : ils vivent leur amour à 200% sans penser au lendemain. Ils adorent sentir l'exaltation que procure l'amour décuplant leurs forces.

Et puis il y a ceux qui n'osent pas s'ouvrir et qui gardent leur sang-froid car pour eux l'amour est un risque. Ils préfèrent jouer la carte de la prudence pour éviter les déceptions amoureuses douloureuses.

Et vous ? Êtes-vous prêt à toutes les concessions, à toutes les folies au nom de l'amour ? Ou bien préférez-vous vous protéger en vous fixant des limites, quitte à passer à côté du véritable amour ?

Pour fêter l'anniversaire de votre rencontre amoureuse, quel cadeau de sa part vous ferait le plus plaisir :

Un saut à l'élastique en duo . . . . .3 ☐
Un week-end à Venise . . . . .1 ☐
Un bouquet de violettes avec une lettre d'amour glissée entre les fleurs . . . . .2 ☐

Votre meilleure amie est follement amoureuse. Elle parle déjà mariage, enfants alors qu'elle a rencontré son chéri il y a à peine six mois... À votre avis :

C'est beaucoup trop tôt pour faire des projets ! C'est de l'inconscience.................................2 ☐
Pourquoi pas ? S'ils sont d'accord tous les deux..................3 ☐
Normal, c'est le début. Après, elle reprendra ses esprits.........1 ☐

Ça fait déjà deux fois que votre partenaire arrive en retard à vos rendez-vous et qu'il vous raconte des bobards à dormir debout pour se justifier :

Ça vous fait rire intérieurement et vous ne relevez pas ....3 ☐
Vous lui dites que vous n'êtes pas dupe et vous exigez la vérité ....2 ☐
Vous pensez qu'il vous cache une autre histoire amoureuse... ......1 ☐

Sa petite sœur est adorable mais quel pot de colle ! Elle est toujours là quand il ne faut pas :

Vous lui demandez de vous laisser tranquilles ....2 ☐
Vous n'osez rien dire. C'est sa petite sœur....................3 ☐
Vous êtes distant, voire désagréable pour qu'elle s'en aille ....1 ☐

Vous aviez prévu de partir un an à l'étranger, mais deux mois avant le départ, vous avez le coup de foudre...

Tant pis pour les études, vous ne partirez pas ! ....3 ☐
Vous essaierez de revenir le plus souvent possible. Mais pas question d'annuler ....1 ☐
Au lieu de partir un an, un semestre suffira... ....2 ☐

Sa passion, ce sont les araignées. Votre partenaire ne se sépare pas de sa collection de mygales !

Trop bizarre comme goût ! Ça vous inquiète. Vous ne resterez pas avec ....1 ☐
Super drôle ! Au moins, c'est quelqu'un d'original ....3 ☐

Pas grave ! Par amour pour vous, votre partenaire finira bien par se défaire de sa collection. . . . . .2 ☐

Impossible de rentrer dans son studio. On marche sur les vêtements, les cannettes, les CD. Vous n'avez jamais vu un tel bazar !

Vous ne faites pas de commentaire. Ça ne vous regarde pas . . . . .3 ☐
Franchement, votre partenaire aurait pu ranger un minimum. Ce manque d'attention vous blesse et vous le lui dites . . . . .1 ☐
Vous lui proposez gentiment de l'aider à mettre un peu d'ordre . . . .2 ☐

Quelle phrase vous semble la plus juste ?

L'amour donne des ailes . . . . .3 ☐
L'amour rend aveugle. . . . . .1 ☐
Quand on aime, on ne compte pas . . . . .2 ☐

Dans une relation amoureuse, qu'est-ce qui est le plus important ?

La complicité . . . . .2 ☐
La fidélité. . . . . .1 ☐
L'intensité . . . . .3 ☐

Votre partenaire ne se sépare jamais de ses copains. Tous les week-ends, toutes les vacances, il les passe avec eux ! Autrement, c'est la mauvaise humeur assurée.

Pas question de supporter ça ! Soit il change, soit, vous le quittez !. . . . . .1 ☐
Vous laissez faire, persuadé que vous saurez petit à petit le faire changer d'idée . . . . .3 ☐
Vous l'obligez à faire des concessions. Un week-end tranquille de temps en temps . . . . .2 ☐

Promenade romantique au clair de lune. Tout à coup, le vent se lève. Il fait froid, très froid. Vous êtes transi. L'autre, non, qui continue à vous parler d'amour.

- Pas question de l'interrompre ! Vous gelez en silence.............3 ☐
- Vous lui demandez de vous réchauffer dans ses bras.............2 ☐
- Vous rentrez dans le premier café ouvert. Impossible de tenir !......1 ☐

Votre partenaire vous écrit souvent des petits mots doux qui sont truffés de fautes d'orthographes.

- Aucune importance ! Ce qui compte, c'est le message d'amour.............................3 ☐
- De temps en temps, vous lui en parlez en riant.................2 ☐
- Vous lui demandez de faire un petit effort quand il vous écrit......1 ☐

Votre partenaire est tout le temps en train d'envoyer des SMS et vous ne savez pas à qui. Il vient de partir en oubliant son portable…

- Vous jetez un œil pour savoir quels sont les destinataires.........3 ☐
- Vous n'osez pas, mais vous en mourez d'envie...............2 ☐
- La discrétion, avant tout !................................1 ☐

Vous l'aimez, mais alors quel caractère de cochon ! De temps en temps, il pique des colères noires. Des hurlements, et puis ça passe…

- C'est pénible ! S'il n'arrive pas à se calmer, vous ne supporterez plus ça longtemps.....................1 ☐
- La réconciliation après est si douce… Et bien sûr vous craquez !...3 ☐
- C'est quelqu'un qui a du caractère. Tant mieux !...............2 ☐

Votre partenaire adore bricoler. Mais quelle maladresse ! Il casse tout. Même vos affaires :

- Halte-là ! Vous lui interdisez de s'attaquer à votre matériel.........1 ☐

C'est touchant et plein de bonnes intentions . . . . .3 ☐
Vous lui proposez de prendre des cours de bricolage . . . . .2 ☐

Additionnez vos points :

Nombre de 1 :	x 1 =
Nombre de 2 :	x 2 =
Nombre de 3 :	x 3 =
	Total =

Décryptage

Vous avez 36 points et plus

Loin, très loin...

Sans amour, que la vie vous semble fade ! Vous adorez sentir en vous l'exaltation qu'il procure. Vous avez l'impression que vos forces sont décuplées. Rien ne vous paraît plus inaccessible. Même les projets les plus fous vous semblent réalisables. Dans ces moments-là, la seule chose qui compte à vos yeux, c'est de rendre heureux l'élu de votre cœur et pour lui, rien ne vous semble hors d'atteinte. Vous êtes prêt à faire des sacrifices, des efforts, des concessions. Aucun obstacle ne vous arrête. Vous êtes sur votre nuage, bien loin de la réalité. N'en faites-vous pas un petit peu trop ? Derrière votre générosité sans bornes et votre disponibilité totale, ne se cacherait-il pas la peur de ne plus être aimé ? Vous donnez parfois plus de preuves d'amour que vous n'en exigez en retour. Vous manquez peut-être un petit peu de confiance en vous et en vos atouts personnels. Au lieu de devancer les désirs de l'autre, exprimez davantage les vôtres et laissez-lui le plaisir de les exaucer.

Vous avez entre 25 et 35 points

Imprévisible !

Comment être raisonnable quand on est amoureux ? C'est impossible pour vous. Vous essayez pourtant de garder les pieds sur terre et de ne pas vous laisser embarquer dans vos rêves les plus fous. Mais vous n'y arrivez pas. Dès qu'on vous fait une déclaration d'amour, vous avez l'impression que l'univers se colore, que tous les horizons sont ouverts et que pour combler l'autre, rien n'est trop beau. Dans ces moments-là, vous avez envie de couvrir de cadeaux votre partenaire, de partir avec lui à l'autre bout du monde, les yeux fermés. Et vous êtes parfois à deux doigts de prendre des risques, d'engager votre avenir sur un coup de tête, mais au dernier moment, vous avez un éclair de lucidité qui vous empêche d'aller trop loin et de vous laisser emporter par votre ardeur. C'est la voix de la raison ! De temps en temps vous savez l'écouter. Elle vous évite d'aller trop loin, trop vite…

Vous avez moins de 25 points

Prudence !

Quand on s'engage dans une histoire amoureuse, on prend toujours un risque. Vous le savez. C'est bien cela qui vous freine, vous retient et vous engage à la prudence. Comment savoir si les sentiments seront aussi forts dans quelques mois, dans quelques années ? Personne ne peut en être sûr ! C'est ce que vous regrettez. Vous n'aspirez qu'à vous lancer dans une belle histoire où tout est possible, même vos rêves les plus fous, les plus secrets. Mais, pour éviter les déceptions douloureuses, vous préférez jouer la carte de la prudence. Peut-être avez-vous été échaudé par une histoire qui s'est mal terminée ? Pour ne pas prendre le risque de donner sans retour, vous bridez un peu l'aspect romanesque et romantique de votre personnalité. C'est une façon de vous préserver. Jusqu'au jour où vous changerez d'idée parce qu'en matière amoureuse, même les résolutions les plus fermes ne tiennent pas. Et tant mieux, n'est-ce pas ?

Avez-vous confiance en vous ?

Toute la journée, au travail, ou bien avec nos amis, nos proches, nous ne cessons de mettre en jeu notre confiance en nous. Mais la confiance en soi, terreau fondamental au développement harmonieux de notre personnalité, a été façonnée par notre histoire, notre sensibilité, notre environnement familial et social... Où en êtes-vous de ce moteur essentiel ? Êtes-vous plutôt bien « équipé » en assurance personnelle ou êtes-vous plutôt fragile ? Pour faire le point, répondez aux questions suivantes.

Le matin, avant de prendre votre douche, vous jetez un coup d'œil à votre miroir. Et vous dites à votre reflet :

« Ah, si ta mère n'avait pas eu les pieds plats ! » . . . . ▲ ☐
« Pas mal ! » . . . . ■ ☐
« Un peu plus d'exercice te ferait du bien ! » . . . . ● ☐
« Va te cacher ! » . . . . ★ ☐

Un ami vous propose d'aller découvrir une nouvelle exposition artistique :

Vous acceptez car vous connaissez bien l'artiste . . . . ■ ☐
Vous acceptez car vous ne connaissez pas l'artiste . . . . ● ☐
Vous refusez car vous ne savez pas si vous aimerez. . . . . ★ ☐
Vous refusez en vous demandant pourquoi
il tient à vous imposer ses goûts . . . . ▲ ☐

Les vacances approchent. Vous devez choisir votre lieu de vacances. Pour prendre votre décision :

Vous en discutez avec votre conjoint. . . . . ● ☐
Vous râlez devant les suggestions de votre conjoint . . . . ▲ ☐

Vous réfléchissez cinq minutes et tranchez . . . . ■ □
Vous vous en remettez à l'avis de votre conjoint . . . . ★ □

Vous n'êtes pas d'accord avec l'un de vos partenaires sur la gestion d'un dossier :

Vous essayez de trouver une solution qui vous satisfasse, lui et vous . . . . ● □
Vous imposez votre point de vue avec un argument d'autorité . . . . ■ □
Vous vous fâchez . . . . ▲ □
Vous vous taisez et laissez votre interlocuteur emporter la décision . . . ★ □

Vous arrivez à une soirée où vous connaissez peu de monde :

Vous engagez la conversation avec votre voisine . . . . ● □
Vous interrompez la discussion de vos voisins pour vous présenter . . . . ■ □
Vous trouvez la soirée nulle et vous repartez . . . . ▲ □
Vous vous isolez avec un verre à la main . . . . ★ □

Au travail, après avoir exposé tous les enjeux d'un dossier complexe, votre patron demande un volontaire pour s'en occuper :

Vous ne vous proposez pas en pensant : « C'est un piège » . . . . . . ▲ □
Vous ne vous proposez pas en pensant : « Je ne suis pas à la hauteur » . . . . ★ □
Vous vous proposez en pensant : « C'est facile ! » . . . . ■ □
Vous vous proposez en pensant : « C'est intéressant » . . . . ● □

Votre conjoint raconte votre dernière mésaventure à vos amis :

Vous commentez : « À chaque fois, je tombe dans le panneau ! » . . ★ □
Vous complétez l'histoire en riant . . . . ● □
Vous l'interrompez pour rétablir votre version des faits . . . . ■ □
Vous lui faites un scandale . . . . ▲ □

Votre enfant vous présente un de ses dessins. Vous lui dites :

- « Bravo, il est très beau. Dis-moi ce que ça raconte » . . . . ● ☐
- « C'est magnifique. Je n'aurais jamais réussi à en faire un si beau » . . . . ★ ☐
- « C'est super ! Tu es le meilleur ! » . . . . ■ ☐
- « Il aurait été encore plus réussi si tu avais ajouté du rouge » . . . . . ▲ ☐

Un collègue vous complimente pour votre travail devant votre patron :

- Vous êtes content et vous pensez : « La reconnaissance, ça fait du bien ! » . . . . ● ☐
- Vous êtes gêné et vous pensez : « Ce n'est rien » . . . . ★ ☐
- Vous exultez et vous pensez : « J'ai assuré, comme d'habitude ! » . . ■ ☐
- Vous vous énervez, vous pensez : « Il a fait exprès de ne pas ajouter cet aspect-là » . . . . ▲ ☐

Vous participez à une discussion amicale à battons rompus :

- Vous écoutez et demandez des précisions . . . . ● ☐
- Vous argumentez sans cesse . . . . ■ ☐
- Vous ne prenez pas la parole de peur de dire des bêtises . . . . . . ★ ☐
- Vous trouvez les arguments des autres mièvres . . . . ▲ ☐

Vous avez du mal à finir l'installation d'un buffet :

- Vous appelez votre conjoint à l'aide pour finir le travail . . . . ★ ☐
- Vous demandez un coup de main . . . . ● ☐
- Vous vous débrouillez tout seul, c'est une question d'honneur . . . . . ▲ ☐
- Vous y mettez le temps qu'il faut pour y réussir . . . . ■ ☐

La caissière a commis une petite erreur de prix :

- Vous convoquez le directeur . . . . ■ ☐
- Vous l'accusez d'être une voleuse. . . . . ▲ ☐
- Vous lui faites calmement remarquer son oubli. . . . . ● ☐
- Vous ne dites rien . . . . ★ ☐

Vous avez affaire à une personne indécise :

Vous êtes content de ne pas être à sa place ! . . . . ★ ☐
Vous l'aidez à prendre sa décision . . . . ● ☐
Vous prenez la décision à sa place . . . . ▲ ☐
Vous vous énervez devant ses tergiversations . . . . ■ ☐

Une amie vous confie qu'elle n'a pas le moral :

Vous écourtez la conversation . . . . ▲ ☐
Vous l'écoutez en essayant de la réconforter. . . . . ● ☐
Vous lui répondez : « Mais si, ça va aller ! » . . . . ■ ☐
Vous ne savez pas quoi lui dire . . . . ★ ☐

Comme vos collègues, vous avez reçu une augmentation :

Vous êtes content . . . . ● ☐
Vous estimez que certains de vos collègues ne la méritaient pas. . . ▲ ☐
Vous estimez que vous valez plus . . . . ■ ☐
Vous vous demandez pourquoi on vous l'a accordée . . . . ★ ☐

L'heure de votre réunion approche et vous vous apercevez que vous n'avez plus de bloc-notes :

Vous emprunterez des feuilles à vos collègues une fois dans la salle. . . . . ■ ☐
Vous paniquez ! Vous ne pouvez absolument pas aller à cette réunion sans bloc-notes . . . . ★ ☐
Vous récupérez quelques feuilles vierges dans la photocopieuse. . . ● ☐
Vous subtilisez celui de votre voisin de bureau qui s'est absenté . . . ▲ ☐

Vous débutez une partie de Monopoly :

Vous dites : « Qui commence ? On tire au sort ». . . . . ● ☐
Vous insistez pour rappeler les règles du jeu avant de commencer. . . . . ▲ ☐
Vous pensez que vous allez perdre, comme d'habitude . . . . ★ ☐
Vous prenez d'office les dés pour commencer le premier . . . . ■ ☐

Votre conjoint fait l'éloge des qualités d'un de ses collègues du sexe opposé. Vous pensez :

«Bof, j'aurais mieux fait» . . . . ■ □
«C'est effectivement quelqu'un de doué». . . . . ● □
«Je n'aurais pas su en faire autant» . . . . ★ □
«Je ne vois pas ce qu'on lui trouve ! » . . . . ▲ □

Les obstacles :

Vous découragent . . . . ★ □
Vous excitent . . . . ■ □
Vous inquiètent . . . . ▲ □
Vous stimulent. . . . . ● □

Une amie vous recommande d'adopter telle attitude pour résoudre un problème :

Vous allez y réfléchir . . . . ● □
Vous n'aimez pas qu'on vous dise ce que vous devez faire. . . . . . ▲ □
Vous pensez détenir la meilleure solution . . . . ■ □
Vous pensez qu'elle a sûrement raison. ★ □

Décompte des points

Nombre de ▲ :
Nombre de ■ :
Nombre de ● :
Nombre de ★ :
Total : 20

Décryptage

Si vous avez une majorité de ★

Une confiance fragile

Vous avez tendance à manquer de confiance en vous. Vous ne dites pas spontanément « Je ». Si vous employez souvent « on » pour parler de vous, c'est qu'au fond, vous avez l'impression de ne pas vous connaître véritablement. En revanche, il y a certaines choses dont vous êtes très conscient : votre peu de valeur, vos carences, vos défauts !

D'ailleurs, dès que quelqu'un vous adresse une critique, vous la prenez immédiatement pour argent comptant sans vous interroger sur son bien-fondé. Vous avez une propension certaine à penser que les autres sont meilleurs que vous et qu'ils ont toujours raison. C'est aussi pour cela qu'ils aiment se confier à vous : ils trouvent toujours une oreille attentive.

Vous avez souvent du mal à donner votre avis et à exprimer vos sentiments, que vous tenez en piètre estime. D'où votre difficulté à accepter les compliments et les remerciements. Prendre une décision est une expérience douloureuse : vous évitez donc de vous retrouver dans des situations qui exigent une résolution. Et si vous ne pouvez y échapper, vous chercherez à obtenir un maximum de précisions et de garanties, qui ne seront jamais en mesure de vous rassurer complètement. Au fond, les choix, petits ou grands, sont une source de stress, voire d'angoisse pour vous.

Si vous avez une majorité de ▲

Une confiance manipulatrice

Vous avez tendance à surcompenser votre manque de confiance en occultant vos points faibles et en rendant souvent les autres responsables de vos difficultés. Vous avez une grande soif de reconnaissance et d'approbation car elles vous permettent de compenser la faible estime que vous avez inconsciemment de vous-même et que vous dissimulez derrière une assurance de façade.

Pour obtenir cette reconnaissance, vous êtes prêt à forcer la main de vos interlocuteurs. Votre technique : vanter vous-même vos mérites et vos qualités car ne vous ne faites pas confiance aux autres pour les remarquer... Vous portez une attention particulière aux réactions que produisent vos discours et vos actes chez vos interlocuteurs. Vous avez appris à développer l'art de l'influence, voire de la manipulation.

Pugnace, audacieux, fonceur, vous ne supportez pas les critiques et les échecs. Si vous échouez, vous avez du mal à reconnaître vos erreurs et préférez rejeter la responsabilité sur les autres ou des circonstances extérieures. C'est moins compromettant !

Si vous avez une majorité de ●

Une confiance réaliste

Vous avez une confiance en vous réaliste. Doté d'une bonne contenance personnelle, vous savez vous adapter aux événements de la vie sans vous sentir insécurisé. Lorsque vous vous adressez à votre interlocuteur, vous n'êtes ni inquiet, ni angoissé quand il ne vous comprend pas. Vous acceptez alors de vous expliquer d'une autre manière.

Conscient de vos qualités, vous savez aussi rire de vos défauts. Lorsqu'une situation ne correspond pas à ce que vous avez prévu, vous savez vous remettre en question sans ressentir de découragement. Et si vous vous êtes trompé, vous savez reconnaître vos torts sans avoir l'impression de vous remettre en cause fondamentalement.

De tempérament volontaire et opiniâtre, vous aimez prendre des responsabilités et mener des missions complexes. Vous aimez repousser vos limites et relever les défis, notamment quand ils vous permettent, à vous ou à votre entourage, d'en tirer bénéfice.

Si vous avez une majorité de ■

Une confiance excessive

Vous avez trop confiance en vous. Vous êtes tellement sûr de vous que vous ne comprenez pas, par exemple, comment un interlocuteur peut ne pas saisir immédiatement ce que vous lui dites. Cette incompréhension, voire cette résistance, est pour vous une source d'étonnement sincère, mais aussi d'agacement, car vous êtes persuadé de détenir la meilleure solution. Vous êtes naturellement enclin à mettre en avant vos qualités et vos succès.

Doté d'une autorité naturelle et d'un goût pour les défis, vous êtes conscient de l'influence que vous exercez autour de vous. Cependant, vous avez toujours un peu de mal à comprendre ceux qui vous trouvent têtu, voire autoritaire. On peut compter sur vous dans les situations difficiles, votre obstination est rassurante.

Bien conscient de vos intérêts personnels, vous acceptez de vous lancer dans des missions difficiles à la condition expresse qu'elles vous rapportent plus que ce que vous avez investi.

Savez-vous dire non ?

Prononcer ce simple mot « non » ne doit pas être bien compliqué. Et pourtant, nous le savons tous, il est tant de « oui » qui auraient dû être des « non » ! Tellement de « non » qui signifient bien davantage que ce qu'ils ont l'air de dire… ! Vous-même, à vos collègues ou dans votre famille, savez-vous dire non ? Découvrez tout de votre capacité à refuser.

Prononcer le mot « non », correspond pour vous à :

S'affirmer . . . . 3 ☐
Choisir . . . . 2 ☐
Céder . . . . 1 ☐

Si le fait de dire oui vous oblige à renoncer à un projet qui vous est cher, vous vous sentez :

Terriblement frustré . . . . 2 ☐
Déçu, sans plus . . . . 1 ☐
Très en colère . . . . 3 ☐

Responsable d'une personne âgée de votre famille, vous lui accordez tout ce qu'elle veut, par respect :

De la vieillesse . . . . 1 ☐
De vous-même . . . . 3 ☐
De vos obligations . . . . 2 ☐

Invité tous les ans par votre mère à fêter Noël avec elle, vous êtes excédé par cette habitude. La refuser vous :

Culpabiliserait . . . . 1 ☐
Libérerait . . . . 2 ☐
Valoriserait . . . . 3 ☐

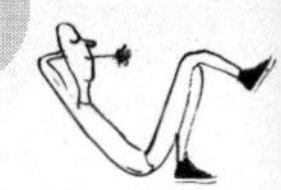

Vous venez de rompre. Mais, pour cette raison, votre conjoint s'accroche et vous affirme qu'il vous aime. Vous :

- Refusez quand même de le revoir . . . . 3 ☐
- Vous laissez convaincre, on ne sait jamais . . . . 1 ☐
- Regrettez parfois, mais ne revenez pas sur votre décision . . . . 2 ☐

Des amis à qui vous avez déjà prêté de l'argent en leur affirmant que c'était la dernière fois vous en demandent à nouveau. Vous :

- Refusez catégoriquement, quitte à vous fâcher avec eux . . . . 3 ☐
- Leur prêtez un quart de la somme demandée . . . . 2 ☐
- Obtempérez, mais, cette fois, ce sera la dernière . . . . 1 ☐

Quand vous y pensez, vous vous dites que vous vous entendez bien avec tous ceux que vous connaissez, sauf deux ou trois personnes, comme tout le monde. Cela est dû, à votre avis, à votre :

- Instinct de conservation . . . . 1 ☐
- Esprit de conciliation . . . . 2 ☐
- Force de caractère . . . . 3 ☐

Dans votre job, quelle sorte de patron préféreriez-vous avoir. Quelqu'un qui soit :

- Autoritaire mais équitable . . . . 3 ☐
- Poli et ayant du charme . . . . 1 ☐
- Indifférent mais brillant . . . . 2 ☐

Vous avez horreur de voyager, mais vos amis vous offrent une semaine aux Maldives pour votre anniversaire. Vous :

- Faites vos bagages, flatté par un si beau cadeau . . . . 2 ☐
- Refusez, leur idée ne correspondant pas à vos goûts . . . . 3 ☐
- Acceptez, pour leur faire plaisir . . . . 1 ☐

Si vous jouiez au jeu « Qui veut gagner des millions » et alliez jusqu'au bout, que vous apporteraient vos gains ?

Le pouvoir sur les autres . . . . 3 ☐
L'estime de votre famille . . . . 1 ☐
La tranquillité d'esprit . . . . 2 ☐

Additionnez vos points :

Nombre de 1 :	x 1 =
Nombre de 2 :	x 2 =
Nombre de 3 :	x 3 =
	Total =

Décryptage

Vous avez entre 10 et 15 points

Vous ne savez pas dire non…

Évidemment vous souffrez de devoir accepter une invitation qui ne vous tente pas ou de manger un plat qui ne vous fait pas envie. De porter un vêtement ne correspondant pas à vos goûts ou d'adopter une idée parce qu'elle est dans l'air. Mais, tant pis pour vous ! Car vous ne savez pas dire non…

Sentiment de culpabilité ou trop grande bonté exercée comme moyen de pression sur les autres ?

En tout cas vous êtes un séducteur, et quand vous charmez, c'est parce que vous ne savez rien refuser à personne. Vous êtes même laxiste parfois avec les enfants et les ados, qui vous adorent, mais qui ont besoin qu'on leur fixe des bornes pour avoir la possibilité de s'affirmer.

Dire non, c'est donner une forme d'indépendance que vous contestez inconsciemment à ceux que vous connaissez. Peut-être pour qu'ils dépendent de vous. Connu pour votre bonté, ne sachant pas vous opposer, vous donnez beaucoup de temps ou d'argent aux autres. Mais n'êtes-vous pas un peu maso quand même, quand vous vous sacrifiez ? Car en ne disant jamais non, vous renoncez souvent à ce qui vous ferait vraiment plaisir.

Et pourquoi vous sentir obligé d'être toujours d'accord ? Vous êtes la tolérance et la disponibilité même, mais ne pas savoir dire non prouve un besoin de quiétude autant qu'un souhait d'être une espèce de « bonne fée » qui exaucerait les vœux de tous, et deviendrait indispensable à leur bonheur. Utopie dangereuse.

Et si vous transformiez votre impossible rêve en écoute attentive des autres, et cela sans leur donner automatiquement votre approbation à propos de tout ?

Vous avez entre 16 et 23 points

Vous savez dire non quand il le faut

Vous savez tenir tête à qui s'oppose à vos désirs ou défendre une de vos opinions même si vous êtes le seul à l'exprimer.

Vous savez aussi :
– faire des choix en éliminant les options qui ne vous conviennent pas ;
– refuser de vous mettre dans des situations inextricables ;
– éviter les faux problèmes.

Bref, vous savez dire non quand il le faut, selon les circonstances. Épatant ! Car votre éthique est celle du bon sens.

Équitable et équilibré, vous trouvez facilement le ton correspondant à votre personnalité quand vous êtes appelé à donner votre avis, ou confronté à une difficulté, sans être obligé de vous opposer aux autres pour exister. Dire non ne vous frustre pas, et vous n'hésitez pas à prendre parti. Car opposer un refus à quelqu'un n'est pas pour vous une façon d'affirmer votre individualité, ou de masquer vos désirs réels. Et comme vous n'aimez pas poser d'interdits non plus, vous acceptez les différences, et que les autres vous disent non à leur tour. Mettant en pratique votre liberté d'esprit et assumant vos choix, vous avez l'élégance de ne pas vous surestimer et d'accepter de ne pas avoir toujours raison.

Votre indépendance sentimentale et professionnelle corrobore votre lucidité, et c'est avec le plaisir d'être bien dans votre peau que vous managez votre vie avec enthousiasme. *Ubi et orbi*. Si vous n'êtes pas un surdoué, un extra-terrestre, un oiseau rare ou la fée Viviane, reconnaissez que, dans la vie quotidienne, invincible comme vous l'êtes, vous devez être redoutable… !

Vous avez entre 24 et 30 points

Vous avez le « non » trop systématique

Et sans difficultés. Car « non » est un de vos mots favoris. Comme par réflexe, vous dites non, d'abord, pour faire barrage. Et presque à tout ! Qu'on vous propose un dîner en ville, de passer des vacances en famille, de donner votre avis à propos de l'éducation d'un enfant ou de participer à un cadeau pour un ami, vous dites non… Pour respecter les principes que vous avez adoptés, et surtout, par goût du pouvoir. Car vous êtes tyrannique ! Refuser est votre façon de vous affirmer.

Oui bien sûr, vous avez un tempérament autoritaire, et vous assurez que vous n'y pouvez rien, mais ce sont surtout les autres qui deviennent incapables de faire quelque chose avec vous ! Vous tenez à profiter des prérogatives que vous possédez, en ne cédant jamais un pouce de votre territoire. Non pas que vous refusiez de participer vraiment, mais on dirait que vous tenez à vous protéger de l'existence de ceux qui vous entourent, et que dire non vous assure cette protection. Les plus jeunes, enfants et ados, ne s'étonnent pas de votre intransigeance : pour eux, vous vivez dans un monde à part, une sorte de jungle, où accepter de partager des désirs ou des plaisirs conduirait à se mettre en danger. Au contraire, les adultes qui vous connaissent, s'ils sont toujours surpris quand vous voulez leur imposer votre volonté, reconnaissent votre force de caractère.

Peut-être êtes-vous un petit peu répressif tout de même ? En disant non, vous résistez à toutes les sollicitations qui vous sont faites à partager les bonheurs ou les problèmes de ceux qui vous entourent. Peur de vous retrouver trop engagé, alors que vous avez besoin de fermer votre monde pour vous y sentir bien ?

Et si ne pas tout refuser vous apportait davantage ?

Êtes-vous perfectionniste ?

Vous êtes toujours en train de courir ? Vous pensez que votre valeur dépend de ce que vous produisez ? Vous n'êtes jamais satisfait ? Peut-être souffrez-vous alors de perfectionnisme aigu. Si tel est le cas, tout est passé au crible de votre jugement : les autres… et surtout vous-même ! Une tendance qui est un frein à l'épanouissement et au progrès. Découvrez quelles sont vos attentes et quel est votre degré d'exigence.

Quand vous partez en vacances, vous aimez :

- Comparer les meilleures offres . . . . .3 ☐
- Laisser les autres choisir pour vous . . . . .2 ☐
- Les planifier plusieurs mois à l'avance . . . . .4 ☐
- Retourner au même endroit depuis quinze ans . . . . .1 ☐

Vous avez organisé une fête chez vous. Le salon est en désordre. Vous vous dites :

- « Allez hop, un dernier effort et puis dodo ! » . . . . .3 ☐
- « Il faut bien que je le fasse… » . . . . .2 ☐
- « Je ne peux pas me coucher tant que tout n'est pas impeccable » . . .4 ☐
- « Je rangerai demain » . . . . .1 ☐

Vous conduisez un ami à la gare et vous vous trompez de chemin. Vous pensez :

- « Il va me détester ! » . . . . .4 ☐
- « Je m'arrête, je regarde la carte et on repart » . . . . .3 ☐
- « On va rater le train » . . . . .2 ☐
- « Restons cool, ça va aller » . . . . .1 ☐

On vous a confié une mission et vous avez échoué. Votre réaction :

«C'était couru d'avance ! Ce n'est pas mon truc ! » . . . . 2 ☐
«Je ferai mieux la prochaine fois». . . . . 1 ☐
«Je suis nul ! » . . . . 4 ☐
«Voyons voir pourquoi j'ai échoué…». . . . . 3 ☐

Quand vous étiez enfant, vous diriez que vos parents avaient, vis-à-vis de vous, des exigences…

Ambitieuses . . . . 3 ☐
Élevées . . . . 4 ☐
Justes . . . . 1 ☐
Modestes . . . . 2 ☐

Vous croyez que l'opinion la plus fréquente de vos parents à votre égard peut se résumer à :

«C'est bien, continue ! » . . . . 3 ☐
«Ça va ! » . . . . 1 ☐
«Ce n'est pas suffisant ! » . . . . 4 ☐
«Peut mieux faire». . . . . 2 ☐

Par rapport à vous-même, vous diriez que vous êtes :

Assez exigeant . . . . 1 ☐
Extrêmement exigeant . . . . 4 ☐
Peu exigeant . . . . 2 ☐
Plutôt exigeant . . . . 3 ☐

Si un collègue de travail ou une connaissance réalise une tâche mieux que vous, vous vous dites :

«C'est un échec» . . . . 4 ☐
«Il est doué ! ». . . . . 3 ☐
«J'ai fait ce que je pouvais» . . . . 1 ☐
«Je n'ai pas été à la hauteur» . . . . 2 ☐

Vous avez pris du retard dans vos préparatifs, parce que :

Les éléments que vous attendiez sont arrivés avec retard . . . . 3 ☐
Vous avez vérifié plusieurs fois que vous n'aviez rien oublié . . . . 4 ☐
Vous êtes un peu lent, c'est comme ça ! . . . . 1 ☐
Vous ne saviez pas trop comment vous y prendre . . . . 2 ☐

Quand vous avez achevé une tâche, en général, vous vous sentez :

Moyennement content de vous . . . . 2 ☐
Rarement satisfait . . . . 4 ☐
Satisfait . . . . 3 ☐
Très content de vous . . . . 1 ☐

Additionnez vos points :

Nombre de 1 :	x 1 =
Nombre de 2 :	x 2 =
Nombre de 3 :	x 3 =
Nombre de 4 :	x 4 =
	Total =

Décryptage

Vous avez entre 10 et 18 points

Votre devise : « Chi va piano, va sano », « *Qui va doucement, va sûrement* »

Vous n'avez jamais rêvé de décrocher la lune. Ce type d'ambition vous laisse sceptique. Autour de vous, vous croisez des personnes obsédées par la poursuite des performances les plus élevées. Une illusion dangereuse à vos yeux, car c'est ainsi qu'on consume ses jours dans le stress, l'épuisement et l'angoisse. Cela en vaut-il la peine ? Non, la vie est trop courte pour la gâcher inconsidérément. Même perplexité devant ceux qui doutent sans cesse d'eux et de leur action. Pour vous, les choses sont simples. Pourquoi se les compliquer sans cesse ? Le secret du bonheur, c'est de faire peu mais bien. C'est de conserver ses forces et les utiliser ponctuellement et à bon escient. Certains pourraient vous reprocher de ne jamais prendre de risque, ni de vous remettre en question. Vous leur répondez tranquillement : « Je m'accepte tel que je suis et je suis heureux comme cela ! » Pensez-vous que l'avis des autres puisse être intéressant pour vous ? Si la réponse est non, vous vous privez peut-être d'une richesse supplémentaire. Il ne s'agit pas de vous modeler sur les autres, mais de faire entrer dans votre champ de vision un peu de leur regard à eux, comme des lumières qui font scintiller les différentes facettes d'un diamant. Pourquoi se priver d'un tel spectacle alors que celui-ci pourrait éveiller chez vous de nouveaux désirs, sources de futurs plaisirs ?

Vous avez entre 19 et 24 points

Votre devise : « Alea jacta est », « *Le sort en est jeté* »

Vous avez appris à ajuster vos rêves et vos ambitions à la mesure de vos forces que vous sentez souvent flageolantes. Vous avez parfois le sentiment que votre vie vous échappe, mais vous ne savez pas trop comment changer le cours des choses. Ce sont souvent les autres ou les circonstances qui décident pour vous. Vous aimeriez vous y prendre autrement, mais vous avez l'impression que, de toute manière, votre avis compte peu. Sans doute avez-vous manqué, dans votre enfance, d'encouragements et de compliments… Lorsqu'une tâche exceptionnelle se présente à vous, votre premier mouvement est de penser que vous n'y arriverez pas. Vous croyez bien vous connaître pourtant, vous semblez ne voir que vos mauvais côtés. Commencez par faire taire la petite voix intérieure qui vous critique sans cesse. Face à une situation, analysez les faits, puis les jugements que vous portez sur eux, enfin, cherchez ce qui vous autorise à penser cela. Acceptez la critique des autres, vous verrez qu'elle est souvent moins dure que celle que vous vous adressez à vous-même. Quand un obstacle se présente, accordez-vous plusieurs essais pour le franchir et analysez les causes des essais manqués avant de vous décourager. Sachez que, contrairement à ce qu'on croit souvent, notre valeur ne dépend pas de nos performances. L'important, au fond, c'est d'abord ce que nous sommes et non ce que nous faisons.

Vous avez entre 25 et 31 points

Votre devise : « Audaces fortuna juvat », « *La fortune favorise les audacieux* »

Votre confiance en vous vous permet de vous fixer – et d'atteindre – des objectifs élevés. L'efficacité, ça vous connaît ! Vous savez évaluer et investir le temps nécessaire à l'accomplissement des tâches que vous avez programmées. L'action ne soulève chez vous ni stress, ni angoisse, ni états d'âme. Cette apparente facilité, qui dissimule une réelle discipline personnelle, en déconcerte plus d'un. Lorsque vos intérêts sont menacés, vous réagissez promptement et n'hésitez pas à élever le ton, si nécessaire, pour marquer la limite à ne pas franchir. Certes, vous n'aimez pas les échecs, mais ils ne vous désarçonnent pas et ne vous remettent pas personnellement en question, car vous savez faire la part des choses. Habitué à la rapidité et à l'efficacité, fort de votre estime personnelle, vous avez parfois du mal à comprendre ceux qui, autour de vous, ne fonctionnent pas comme vous, manquent d'assurance, doutent de leurs compétences et de leur action. Confronté à ce type de personne, vous risquez de perdre patience et de passer à l'étape suivante en vous moquant de savoir si les troupes suivent, oui ou non, derrière. Votre niveau d'exigence est louable, quand il s'exerce dans des domaines où il est requis, mais il nécessite, peut-être, quelques adaptations dans les modalités d'application pour marcher au même rythme que ceux que vous côtoyez, à la maison comme au travail. Au fond, l'important n'est-il pas aussi que le plus grand nombre de personnes franchissent ensemble la ligne d'arrivée ?

Vous avez entre 32 et 40 points

Votre devise : « Citius, altius, fortius », « *Plus vite, plus haut, plus fort !* »

Vous vous fixez souvent des objectifs ambitieux dans votre vie personnelle et professionnelle et vous êtes prompt à vous critiquer quand vous ne les atteignez pas car vous vous accordez peu le droit à l'erreur. Ce qui vous amène parfois à douter de vos compétences et de vos capacités, voire à penser que vous êtes « nul ». Ce niveau d'exigence, vous l'avez peut-être hérité de votre éducation : il fallait toujours être performant, regarder devant, chercher à atteindre la première place. Quand vous réussissez, votre confiance en vous s'épanouit, vous vous sentez plus aimable à vos yeux et aux yeux des autres. Vous existez ! L'important, pensez-vous, c'est d'être à la hauteur partout et tout le temps. Une exigence surhumaine ! Quand vous ratez votre objectif, est-ce parce que vous n'êtes pas compétent ou bien est-ce parce que vous avez placé la barre trop haut ? Ne confondez pas l'acte (qui peut être réussi ou non) et la valeur de la personne. Pour atteindre le haut d'un escalier, le moyen le plus efficace est de monter les marches les unes après les autres plutôt que quatre à quatre. En ajustant la barre à la hauteur qui vous semble la plus facile à atteindre sans trop d'efforts, vous échappez au double effet pervers des tentatives infructueuses, qui sont à la fois éreintantes et très insatisfaisantes. Une fois que vous avez passé l'obstacle, prenez le temps de savourer le plaisir d'avoir réussi, puis, si vous le souhaitez, rehaussez légèrement la barre. Et ainsi de suite. Vous gagnerez en sérénité et en confiance en vous !

Êtes-vous extraverti ou introverti ?

Au bureau, qui a-t-on le plus de chance de remarquer en premier, vous ou les autres ? Votre tempérament vous pousse-t-il sur le devant de la scène ou seriez-vous plutôt attiré par les coulisses ? Dans le premier cas, vous êtes avide de contact et de relations humaines, chaleureuses et joyeuses ; dans le second cas, c'est plutôt la solitude qui vous stimule, car l'enfer pour vous, c'est souvent les autres…

Alors êtes-vous plutôt d'un caractère extraverti ou introverti ? Pour connaître le profil dont vous vous approchez le plus, répondez le plus spontanément possible.

Vous avez beaucoup de travail et quelqu'un vous raconte ses malheurs :

- Vous l'interrompez en lui expliquant que vous avez beaucoup de travail . . . . ■ ☐
- Vous n'osez pas l'interrompre . . . . ★ ☐
- Vous l'écoutez d'une oreille distraite . . . . ● ☐
- Vous pensez qu'il est plus important de lui consacrer du temps, le travail peut attendre . . . . ▲ ☐

Voilà vingt-cinq minutes que vous attendez chez le médecin :

- Vous râlez à voix haute, en tapant du pied . . . . ■ ☐
- Vous expliquez à votre voisin impatient que c'est toujours comme cela. . . . . ● ☐
- Vous bouillez intérieurement en silence . . . . ▲ ☐
- Vous regardez votre montre toutes les deux minutes . . . . ★ ☐

Vives discussions avec l'un de vos collègues à propos d'un dossier dont vous avez la charge :

Vous défendez pied à pied votre point de vue . . . . ● ☐
Vous n'osez rien lui rétorquer . . . . ★ ☐
Vous interrompez sans cesse votre interlocuteur . . . . ■ ☐
Vous pensez qu'il a sans doute raison . . . . ▲ ☐

Vous participez à une visite organisée dans un musée :

Vous êtes au premier rang et faites des commentaires à haute voix . . ■ ☐
Vous veillez à ce que tout le monde écoute bien . . . . ● ☐
Vous êtes un peu en retrait et écoutez peu ce que dit le guide . . . . ★ ☐
Vous suivez le groupe sans poser de question. . . . . ▲ ☐

Dans une soirée, chez vous, vous supportez mal que :

Les autres tirent la couverture à eux quand vous parlez . . . . ■ ☐
Les gens parlent peu entre eux. . . . . ▲ ☐
Quelqu'un vous tienne la jambe, sans que vous n'ayez rien demandé. ● ☐
Quelqu'un vous demande de raconter une anecdote devant tout le monde. . . . . ★ ☐

Vous lancez une blague à la cantonade. Aucun collègue de bureau ne réagit :

Vous la répétez jusqu'à ce qu'on vous prête attention. . . . . ■ ☐
Vous pensez que c'est mieux ainsi : elle devait être nulle . . . . ★ ☐
Vous attendez un peu pour la ressortir à l'un de vos voisins . . . . . . ● ☐
Vous la gardez pour vos amis... . . . . ▲ ☐

Ce matin, il n'y a aucun rendez-vous dans votre agenda pour la journée :

Vous soupirez d'aise en pensant à cette journée sans stress. . . . . . ▲ ☐
Vous pensez qu'une personne va bien trouver une raison pour venir vous déranger . . . . ★ ☐
Vous décrochez le téléphone pour remplir votre agenda de rendez-vous. . . . . ■ ☐

Vous allez solliciter vos collègues sur un dossier qui vous préoccupe . . . . ● □

À table, la conversation embraye sur un sujet que vous ne connaissez pas :

Vous posez des questions pour en savoir davantage . . . . ● □
Vous changez de sujet de discussion . . . . ■ □
Vous n'osez pas demander des précisions . . . . ★ □
Vous suivez la discussion d'une oreille distraite . . . . ▲ □

Vous participez à une sortie avec un groupe d'amis et de connaissances. Dans la bande, une personne est très timide et parle très peu :

Vous ne la remarquez pas de la soirée . . . . ■ □
Vous vous rapprochez d'elle . . . . ▲ □
Vous l'avez remarquée, mais vous restez dans votre coin . . . . ★ □
Vous lui adressez des sourires de connivence . . . . ● □

Au bureau, on vous demande de rendre un service pour la énième fois :

Vous obtempérez . . . . ★ □
Vous manifestez bruyamment votre désaccord . . . . ■ □
Vous demandez à ce qu'on trouve quelqu'un d'autre . . . . ● □
Vous acceptez : c'est une qualité qu'on vous reconnaît en privé . . . ▲ □

Vous êtes allé voir un film en famille. Les avis sont partagés :

Vous n'avez pas aimé et restez évasif quand on vous demande votre opinion . . . . ▲ □
Vous essayez de rallier les autres à votre avis . . . . ■ □
Vous gardez votre opinion pour vous . . . . ★ □
Vous exprimez votre avis avec enthousiasme . . . . ● □

Un ami arrive en retard à votre rendez-vous :

Vous lui faites une scène devant tout le monde ! . . . . ■ □
Vous lui dites : « Ce n'est pas grave » même si vous n'en pensez pas moins . . . . ★ □

Vous le fusillez du regard puis ne lui adressez la parole que sur un ton agacé. . . . . ▲ ☐
Vous lui dites : « Tu exagères, tu as vu l'heure ? » . . . . ● ☐

Vous ne retrouvez pas les clefs de votre voiture :
Catastrophé, vous cherchez sans demander de l'aide . . . . ▲ ☐
Vous accusez votre entourage d'avoir égaré les clefs . . . . ■ ☐
Vous ne voulez rien dire à votre entourage et prenez les transports en commun . . . . ★ ☐
Vous pestez sans donner d'explication à votre entourage . . . . ● ☐

Vous êtes tenu d'assister à une réunion de travail à laquelle vous n'avez pas envie de vous rendre :
Vous vous faites le plus petit possible en évitant de croiser les regards . . . . ★ ☐
Vous vous contentez d'écouter ce qui se dit, sans vous sentir autorisé à prendre la parole . . . . ▲ ☐
Vous prenez la parole pour la garder . . . . ■ ☐
Vous critiquez le point de vue des autres et affirmez le vôtre . . . . . ● ☐

Une vieille dame vous double dans la queue du supermarché :
Vous le lui faites remarquer avec douceur mais fermeté. . . . . ● ☐
Vous la laissez faire en la maudissant intérieurement . . . . ★ ☐
Vous faites un scandale ! . . . . ■ ☐
Vous pestez en grommelant dans votre barbe . . . . ▲ ☐

Vous vous disputez avec votre conjoint à propos d'une histoire d'argent :
Vous êtes contrarié, mais vous laissez glisser. . . . . ● ☐
Vous ironisez : « Bien sûr, c'est toi qui as toujours raison ! ». . . . . . . ▲ ☐
Vous vous rangez à l'avis de votre conjoint . . . . ★ ☐
Vous lancez : « De toute façon, tu n'y connais rien ! » . . . . ■ ☐

Quelle serait votre devise ?
« Pour vivre heureux, vivons cachés » . . . . ★ ☐
« Le monde appartient à ceux qui se lèvent tôt ». . . . . ● ☐

« Mort aux cons ! » . . . . ■ □
« L'ambition du bien est la seule qui compte » (Baden-Powell.). . . . . ▲ □

À la cantine d'entreprise, vous renversez votre verre sur votre voisin :

Vous vous confondez en excuses, allez chercher un chiffon humide, tentez de tout nettoyer par vous-même. ▲ □
Vous vous excusez à peine et faites de l'humour pour détendre l'atmosphère . . . . ■ □
Vous vous excusez platement sans chercher à nettoyer par vous-même. . . . . ● □
Pétrifié, vous bafouillez des excuses inaudibles . . . . ★ □

Pour les vacances, vous êtes plutôt du genre :

À les planifier longtemps à l'avance . . . . ▲ □
À tout miser sur une bonne affaire à la dernière minute. . . . . ■ □
À hésiter jusqu'à la dernière minute . . . . ★ □
À vouloir tout comparer minutieusement . . . . ● □

C'est votre entretien annuel d'évaluation avec votre supérieur hiérarchique :

Vous y allez les mains dans les poches : vous êtes confiant et aimez improviser . . . . ■ □
Vous y allez à reculons : pour vous, c'est une séance de torture ! . . ★ □
Vous répétez *in petto* l'argumentaire que vous avez préparé . . . . . ● □
Vous y allez pour apprendre ce qu'on pense et attend de vous . . . ▲ □

Décompte des points

Nombre de ★ :
Nombre de ▲ :
Nombre de ● :
Nombre de ■ :

Total : 20

Décryptage

Si vous avez une majorité de ★

Vous avez un tempérament plutôt introverti

« Pour vivre heureux, vivons cachés, fondons-nous dans la masse », telle pourrait être votre devise. Vous vivez dans l'angoisse de mal faire, de mal comprendre, de ne pas être assez réactif ou à la hauteur de ce qu'on vous demande. Vous manquez de confiance en vous et vous avez tendance à croire que les autres sont toujours meilleurs que vous. Dans une conversation, par exemple, vous aurez tendance à vous ranger à l'avis de la majorité car vous tenez en piètre estime votre propre opinion. Lorsqu'il y a une tâche ingrate à accomplir, un service à rendre, vous vous proposez spontanément. Quand les autres veulent se décharger d'un problème, ils viennent naturellement vous voir car ils savent que vous ne dites jamais non.

Suggestions

Pas étonnant que vous ayez parfois l'amère impression d'être la bonne poire qu'on exploite sans vergogne. Or vous ne savez pas trop comment sortir de ce cercle vicieux : les rares fois où vous avez tenté de le faire, votre résistance a provoqué une levée de bouclier et vous avez fini par céder.

Vous avez peur du contact avec les autres car vous vous imaginez qu'ils vous jugent en permanence : leurs regards réprobateurs vont forcément pointer vos manques... Alors vous essayez de vous faire le plus discret et le plus transparent possible. Jusqu'où irez-vous dans cette logique de peau de chagrin ? Arrêtez de projeter la mauvaise image que vous avez de vous sur les autres. Regardez-les de plus près : eux aussi ont leurs défauts, leurs faiblesses, leurs insuffisances. Cessez de leur trouver des excuses pour tout ! Peut-être, dans l'enfance, avez-vous été élevé dans les « tu es nul », « Tu n'y arriveras jamais », dits de manière plus ou moins explicite. C'est un véritable poison dont vous devez vous désintoxiquer progressivement. Apprenez à défendre vos plates-bandes : les autres le font bien, pourquoi pas vous ? Vous avez des désirs, des envies, des opinions, exprimez-les : elles ont le droit d'exister. Vous imaginez qu'en disant non ou bien qu'en ne vous rangeant pas à l'avis de tous, vous ne serez plus aimé, c'est tout le contraire : les autres apprendront à vous respecter car vous vous respecterez vous-même !

Si vous avez une majorité de ▲

Vous êtes plutôt introverti en public et extraverti en privé

Dans le cercle familial, amical et privé, vous êtes très à l'aise : c'est vous qui prenez les devants et êtes à l'origine d'initiatives qui réjouissent les uns et les autres (rencontres, sorties, programme de vacances, etc.). En revanche, dès que vous vous retrouvez dans un contexte public et professionnel, vous êtes plutôt inhibé. Vous ne vous sentez pas en phase avec ce que vous qualifiez peut-être d'agitation, de rivalités, de vaine gloire… Ce peu d'investissement professionnel vous est parfois renvoyé par les autres sous la forme d'un reproche déguisé : vous manquez d'ambition… Pourtant votre tempérament pragmatique vous aide à gérer avec talent les problèmes au fur et à mesure qu'ils se présentent. Vous n'êtes pas du genre à calculer dix coups à l'avance, à tracer des plans sur la comète. Vous trouvez la vie amicale et familiale beaucoup plus gratifiante que l'univers professionnel. Vos registres d'expression s'appuient sur l'affectif, le sensoriel, les rapports humains. À la maison, votre sens de l'organisation et votre capacité à mettre de l'huile dans les rouages font merveille. Et ils sont nombreux, dans votre entourage, à louer votre savoir-faire et votre savoir être.

Suggestions

À première vue, on a du mal à saisir pourquoi, vous qui êtes si à l'aise dans l'organisation de votre vie privée, vous semblez perdre une grande partie de vos moyens dès que vous vous êtes en public. Peut-être est-ce une affaire de rythmes ? Si vous vous sentez apte à maîtriser le rythme domestique, c'est peut-être parce qu'il fonctionne sur une périodicité courte (jour, semaine, plus rarement mois) que vous maîtrisez.

En revanche, le rythme de la vie professionnelle vous semble moins concret, plus lointain, puisque l'agenda professionnel fonctionne beaucoup selon des planifications semestrielles ou annuelles, sur lesquelles vous n'avez pas de prises. Est-ce là la source de votre faible motivation ? Vous ne maîtrisez pas toutes les cartes, donc vous devrez forcément vous adapter (ou composer) et, au fond, cela ne vous intéresse pas…

Si ce décalage entre vie professionnelle et vie privée vous convient, ne changez rien. En revanche, si vous êtes frustré par ce déséquilibre, il peut être fructueux de vous pencher (seul ou avec un tiers de confiance) sur les raisons profondes qui vous détournent de l'ambition professionnelle : manque de gratifications et de reconnaissance, crainte de ne pas être à la hauteur ? À vous d'explorer les différentes pistes !

Si vous avez une majorité de ●

Vous êtes plutôt extraverti en public et introverti en privé

En public, au travail, vous êtes une véritable boule d'énergie toujours en mouvement, qui prend des initiatives, entraîne les autres, déteste attendre, anticipe sans cesse. Vous avez un réel plaisir à tout maîtriser, comme un chef d'orchestre. Vous aimez vous faire ainsi remarquer par votre entourage professionnel. Au fond, votre angoisse secrète serait de laisser les autres indifférents. Vous avez besoin de leur regard pour vous sentir reconnu et, ainsi, exister pleinement.

Une fois franchi le seuil de la maison, en revanche, c'est tout le contraire. Vous ne prenez plus les devants, mais vous laissez les décisions se prendre à votre place. Lorsque votre conjoint vous demande votre avis ou votre engagement, sur le choix des vacances, le menu des repas, le suivi scolaire et les activités des enfants, vous répondez peu ou pas : vous n'êtes pas à l'aise et ne savez pas comment vous y prendre. Votre passivité peut parfois être interprétée par votre entourage comme une sorte de manque d'intérêt ou de retrait.

Suggestions

Les réactions de vos proches vous incitent peut-être à penser qu'il faudrait effectivement revoir votre façon d'agir pour harmoniser davantage les deux pôles de votre vie. On a le sentiment que vous compensez dans un domaine (la vie publique) ce que vous avez du mal à maîtriser dans l'autre (la vie privée). L'activité, voire l'activisme, dans lequel vous vous plongez en public vous évite d'exprimer et de vous confronter à la place qu'occupe dans votre vie les émotions et l'affectivité. Au travail, on vous demande de la rationalité et de l'efficacité.

Pourtant, ces deux dimensions sont bien réelles et contournables. Ce n'est pas en les niant ou en les repoussant que vous les rendrez virtuelles. Puisqu'elles sont chassées de votre conscience, elles vous gouvernent à votre insu. Pourquoi redoutez-vous vos émotions ? Qu'avez-vous peur de (re)trouver au fond de vous ? Ce surinvestissement dans la vie publique et professionnelle, n'est-il pas, dans une certaine mesure, une fuite devant ce que vous ne maîtrisez pas, ce qui vous échappe ? Vous gagneriez davantage de sérénité intérieure si vous acceptiez de vous engager sur le chemin de la connaissance de vous-même.

Si vous avez une majorité de ■

Vous avez un tempérament plutôt extraverti

Vous vous positionnez naturellement, à la maison comme au travail, comme un meneur, un chef de bande. Vous êtes le genre de personne à être toujours à l'aise avec tout le monde, avec la boulangère comme avec le médecin, avec le grand patron comme avec le manutentionnaire. Vous avez un avis sur tout et vous aimez le porter à la connaissance de vos interlocuteurs sans attendre qu'ils vous aient tendu une perche, quitte à l'imposer. On n'est jamais aussi bien servi que par soi-même, non ?

Votre entourage personnel et professionnel vous classe volontiers dans la catégorie des « grandes gueules », sûr de vous-même, ne redoutant pas le regard des autres et aimant bien, parfois, jouer la carte de la provocation… Quand vous êtes lancé, on a du mal à vous arrêter. Le moins qu'on puisse dire, c'est que l'écoute des autres n'est pas un réflexe spontané chez vous… En couple, vous avez peut-être jeté votre dévolu sur une personne de votre tempérament (ce qui vous permet d'assurer des soirées animées !) ou, a contrario, vous vivez avec un conjoint moins extraverti sur lequel vous pouvez, dans certains cas, avoir un certain ascendant.

Suggestions

Votre assurance, votre confiance en vous, votre exubérance constituent une puissante locomotive pour votre vie, haute en couleur. Vous êtes un véritable antidote à la grisaille et au ronron ! Ce sont peut-être les moments d'excès (d'assurance, d'activité) qui peuvent interroger. Votre côté parfois « too much » peut donner à penser que le plus important, pour vous, c'est de vous faire remarquer par les autres comme si vous aviez à tout prix besoin de capter leur attention pour vous sentir aimé et donc exister, à moins que ce ne soit un moyen pour devancer le jugement des autres ?

Redouteriez-vous de laisser indifférent si vous n'aviez pas recours à ce show permanent ? Ce besoin du regard des autres peut-il, en fait, compenser le jugement que vous portez sur vous-même ? Vos qualités d'émission d'énergie sont incontestables, êtes-vous aussi à l'aise en mode réception ? Vous est-il récemment arrivé d'écouter un interlocuteur sans lui couper la parole ? Savez-vous rester seul sans ne rien faire d'autre qu'être avec vous-même ? Quelques bonnes questions qui seraient intéressantes à creuser…

Êtes-vous d'un naturel anxieux ?

Aujourd'hui, vous avez le sentiment que le sort s'acharne sur vous. De multiples imprévus et contrariétés s'accumulent sur votre chemin. Comment réagissez-vous ? Sueurs froides, colère ou abattement ? Dans notre quotidien, les sources de stress et d'anxiété ne manquent pas et chacun y répond avec son tempérament. Pour mesurer votre perméabilité à cette anxiété, répondez le plus sincèrement aux questions élaborées avec le Dr Dominique Servant, psychiatre, responsable de la consultation stress et anxiété au CHU de Lille, et auteur de *Soigner le stress et l'anxiété par soi-même* (Odile Jacob, 2008).

Vous avez invité des amis à dîner. Ils ont un bon quart d'heure de retard :

Vous pensez qu'ils ont eu un grave accident de voiture. . . . . ★ □
Vous sentez un malaise monter en vous . . . . ● □
Vous appelez toutes les cinq minutes sur leurs portables . . . . ▲ □
Vous vous servez un verre en les attendant . . . . ■ □

Demain, vous avez un entretien avec votre supérieur hiérarchique :

Vous vous louez un bon film au vidéo club . . . . ■ □
Vous avez du mal à trouver le sommeil . . . . ● □
Vous relisez pour la quinzième fois les notes
que vous avez préparées . . . . ▲ □
Vous savez déjà que ça se passera mal . . . . ★ □

Vous êtes en route pour l'aéroport, vous vous rappelez que vous avez oublié d'éteindre une lampe de chevet :

Vous demandez au taxi de faire demi-tour . . . . ▲ □
Vous vous en voulez : «J'oublie toujours quelque chose ! » . . . . ★ □
Vous commencez à transpirer en vous demandant que faire . . . . . ● □
Vous appelez votre voisine qui a les clefs de chez vous . . . . ■ □

Au supermarché, un client a oublié d'enregistrer ses fruits et légumes. La caissière se lève pour aller peser le sac elle-même :

Vous trépignez en pestant à haute voix . . . . ▲ □
Vous vous sentez soudain épuisé . . . . ● □
Vous prenez une bonne inspiration . . . . ■ □
Vous redoutez de ne plus avoir le temps de passer
à la boulangerie en sortant . . . . ★ □

Dans votre quartier, tout le monde ne parle que de l'incendie qui a ravagé un appartement voisin :

Vous frémissez à l'idée que cela puisse vous arriver . . . . ● □
Vous vous imaginez déjà dans le même cas. . . . . ★ □
Vous vérifiez immédiatement votre assurance
et l'état des extincteurs . . . . ▲ □
Vous allez prendre des nouvelles et offrir votre aide . . . . ■ □

Après une semaine chargée, arrive le week-end :

Vous ne programmez surtout rien . . . . ■ □
Vous pensez déjà au lundi . . . . ★ □
Vous sentez que vous n'allez pas pouvoir vous détendre . . . . ● □
Vous avez apporté du travail à la maison pour vous avancer. . . . . ▲ □

Vous trouvez un message de votre banquier sur votre répondeur ; il ne précise pas l'objet de son appel :

Vous notez son numéro sur un bout de papier pour penser
à le rappeler demain. . . . . ■ □

Vous consultez l'état de votre compte par Internet pour vérifier que vous n'êtes pas à découvert . . . . ▲ ☐
Vous n'osez pas le rappeler pour lui demander ce qu'il voulait. . . . ★ ☐
Vous êtes stressé toute la soirée . . . . ● ☐

Le pantalon que vous aviez prévu de mettre demain n'est pas repassé :

Vous reprochez à votre conjoint de ne pas l'avoir repassé . . . . . . ▲ ☐
Vous êtes paniqué car vous ne savez pas ce que vous allez mettre. . . . . ★ ☐
Vous blêmissez en vous apercevant de la situation. . . . . ● ☐
Vous sortez votre planche à repasser . . . . ■ ☐

Vous offrez un cadeau à un proche :

Vous lui dites : «J'espère que ça te plaira». . . . . ■ ☐
Vous attendez ses remerciements . . . . ▲ ☐
Vous pensez que ça ne lui plaît pas car il ne vous a remercié qu'une fois . . . . ★ ☐
Vous vous tordez les mains pendant qu'il l'ouvre . . . . ● ☐

Il fait beau, vous n'avez aucune tâche précise à faire :

Vous sortez flâner . . . . ■ ☐
Vous pensez à tout ce que vous avez à faire les jours prochains. . . ★ ☐
Vous programmez quatre activités dans la journée. . . . . ▲ ☐
Ce «vide» vous met mal à l'aise . . . . ● ☐

Une amie vous invite à sortir le soir avec elle :

Vous n'aimez pas trop le quartier dont elle vous a parlé, vous trouvez une excuse pour repousser son offre . . . . ★ ☐
Vous répondez avec enthousiasme . . . . ■ ☐
Vous vous sentez trop fatigué pour y aller. . . . . ● ☐
Vous la questionnez sur la qualité de l'endroit en question. . . . . . . ▲ ☐

Vous arrive-t-il d'avoir l'estomac noué ?

Oui, très souvent. . . . . ● ☐

Assez fréquemment, cela dépend des circonstances . . . . ★ ☐
Non, je ne m'en souviens pas . . . . ■ ☐
Parfois, mais je n'y pense plus . . . . ▲ ☐

Vous êtes plutôt du genre :
À vous fixer des objectifs toujours plus ambitieux . . . . ▲ ☐
À vous en prendre à vous-même quand vous échouez . . . . ★ ☐
À ne pas tolérer physiquement le stress . . . . ● ☐
À vous fixer un nouvel objectif quand vous avez atteint le premier . . . . ■ ☐

Vous êtes au téléphone, un collègue passe vous demander quelque chose et vous recevez au même moment un mail urgent de votre supérieur :
Vous faites les trois choses à la fois . . . . ▲ ☐
Vous êtes tétanisé et ne savez pas par où commencer . . . . ★ ☐
Vous faites signe à votre collègue de revenir plus tard, vous abrégez votre conversation téléphonique pour répondre au mail . . . . ■ ☐
Un mal de tête vous saisit . . . . ● ☐

Votre voisin, qui vous agace, s'avance vers vous :
Vous vous précipitez dans la cage d'escalier en faisant semblant de ne pas l'avoir vu . . . . ● ☐
Vous le saluez et échangez quelques mots . . . . ■ ☐
Vous tournez ostensiblement la tête dans l'autre direction . . . . ▲ ☐
« Qu'est-ce qu'il va me demander ? » . . . . ★ ☐

Votre projet de vacances s'effondre au dernier moment :
Vous êtes totalement abattu pour chercher une alternative . . . . ★ ☐
Vous en voulez à la terre entière et dénichez un séjour sur Internet . . . . ▲ ☐
Vous pestez et trouvez vite une solution de remplacement . . . . ■ ☐
Vous en êtes malade ! . . . . ● ☐

Avez-vous déjà connu des crises d'angoisse ?

Oui, je redoute la prochaine . . . . ● □
Non, jamais . . . . ■ □
Je ne vois pas ce que vous voulez dire . . . . ▲ □
Oui, cela m'est arrivé, on a l'impression de mourir . . . . ★ □

« Tant que l'homme sera mortel, il ne sera jamais totalement décontracté », dit Woody Allen. Vous trouvez cet aphorisme :

Drôle . . . . ■ □
Abscons . . . . ▲ □
Tellement vrai . . . . ● □
Réaliste . . . . ★ □

Pour vous l'anxiété, c'est :

Épuisant . . . . ● □
Stimulant . . . . ▲ □
Empoisonnant. . . . . ★ □
Inévitable. . . . . ■ □

Quand vous vous levez le matin, vous vous dites :

« Chouette, une nouvelle journée » . . . . ■ □
« J'ai tant de choses à faire ! » . . . . ★ □
« J'ai mal dormi » . . . . ● □
« Hop ! Hop ! C'est parti ! » . . . . ▲ □

Décompte des points

Nombre de ▲ :
Nombre de ■ :
Nombre de ● :
Nombre de ★ :

Total : 20

Décryptage

Si vous avez une majorité de ★

Tout vous inquiète

Vous redoutez toujours le pire et vous percevez des dangers partout. Dès qu'un événement inattendu survient, vous projetez dans votre salle obscure intérieure un film catastrophe. Vos pensées se bousculent dans votre tête. Et vous ruminez, ruminez, jusqu'à vous sentir défaillir devant des perspectives si sombres. Vous ne supportez pas l'incertitude. Vous avez horreur d'être bousculé par les événements. Accomplir une tâche à la fois vous paraît déjà bien assez.

Pour éviter d'être confronté à des situations stressantes, vous avez développé des stratégies d'évitement. Vous êtes plutôt du genre à contrôler et à vérifier plusieurs fois ce que vous faites. Dans différentes situations, il vous arrive de penser : «Je ne suis pas à la hauteur!» À force de ruminer, vous commencez à douter de tout, de vous, des autres, de l'avenir... Cette perte de confiance peut parfois entraîner une baisse de moral. Vous avez la sensation que toutes ces ruminations sont épuisantes car elles vous enlèvent beaucoup d'énergie. Vous vous sentez souvent fatigué, mal en point; vous dormez souvent mal.

Suggestions

L'anxiété agit en vous à travers un double mécanisme. Premièrement, dans toute situation, vous envisagez systématiquement le pire; deuxièmement, vous exagérez les dangers potentiels. Ce scénario, toujours catastrophique, s'emballe dans votre tête sous forme de pensées obsédantes. Pour ramener votre esprit à une situation viable, vous devez apprendre à agir sur vos pensées, sur votre perception de la réalité, de façon à les rendre plus positives.

Cela passe par le contrôle des émotions négatives, une meilleure gestion du stress et de la résolution des problèmes, une affirmation de soi plus prononcée. Car, au fond, toutes ces pensées noires vous protègent-elles réellement ? Toutes vos suppositions se sont-elles toujours révélées exactes ? Vous apportent-elles de la sérénité face aux événements ?

Si, en dépit de vos efforts, vous avez du mal à contrôler vos angoisses, peut-être pourriez-vous faire appel à un professionnel qui propose une thérapie comportementale et cognitive. Il vous aidera à acquérir les bonnes armes pour ne pas vous laisser submerger.

Si vous avez une majorité de ▲

Vous voulez tout contrôler

Vous êtes exigeant avec vous-même et vous placez toujours la barre haut. Vous êtes plutôt du genre hyperactif. Votre devise, c'est : rapidité, efficacité, rentabilité. Il vous arrive souvent de faire plusieurs choses en même temps et vous voulez que tout soit parfait. Vous supportez mal les échecs chez vous et chez les autres.

Toujours sur le pont, vous pouvez être un gros fumeur et/ou un gros buveur de café. Vous mangez souvent en quatrième vitesse... Vous ne supportez pas de rencontrer des obstacles, matériels ou humains. Dès que tout ne marche pas comme vous l'avez prévu, vous vous emportez facilement et avez du mal à retrouver votre calme. Minutieux, planificateur, vous ne voulez laisser aucune place à l'improvisation, ce qui nécessite un fort investissement, physique et mental. D'où la sensation fréquente d'être tendu, débordé voire épuisé.

Il vous arrive de connaître des coups de déprime. Dans ces moments-là, vous vous dites : « Il n'y a que moi qui travaille vraiment et personne ne s'en aperçoit. » Vous souffrez, parfois, de ce manque de reconnaissance.

Suggestions

Pour faire face à l'anxiété tapie au fond de vous, vous avez choisi d'agir. Autrement dit, vous libérez votre tension anxieuse par l'action tous azimuts. L'imprévu, les défis, le stress vous stimulent plus qu'ils ne vous inquiètent et vous ne ménagez pas vos efforts pour parvenir à vos fins. Votre dynamisme est évidemment un atout, mais il est aussi votre point faible : vous avez tendance à faire chauffer la machine.

Pour être à la hauteur de vos hautes exigences, vous ne vous accordez aucun repos. C'est la fuite en avant… Il faut savoir rétrograder, changer de régime pour vous préserver. Adoptez une meilleure hygiène de vie. Apprenez à faire des pauses, évitez les « dopants » comme la cigarette et le café, pratiquez régulièrement un sport (et non par à-coups violents), ménagez votre sommeil, mangez moins vite.

N'hésitez pas à vous inspirer de quelques techniques corporelles (le contrôle de la respiration, par exemple) pour faire redescendre la tension. Bref, prenez soin de vous, accordez-vous du temps pour recharger vos batteries. Vous en avez besoin.

Si vous avez une majorité de ●

Vous vous sentez mal dans votre corps

« La vie est une maladie dont tout le monde meurt. » Cet aphorisme de l'écrivain Paul Morand pourrait résumer votre vision de l'existence.

Vous éprouvez de manière continue un mal-être et un malaise indéfinissable. Vous avez du mal à mettre des mots sur ce que vous ressentez exactement. Cela se manifeste souvent par des palpitations, de la tachycardie, des sueurs froides, des fourmillements, des vertiges, des coliques, des maux de tête ou de ventre, des sensations d'étouffement ou d'oppression… Vous pouvez être sujet aux crises d'angoisse, aux attaques de panique voire aux accès de spasmophilie. Votre sommeil est perturbé. Vous vous sentez souvent fatigué ou facilement épuisé. Il vous arrive d'éprouver de la colère ou d'éclater en sanglots sans raison apparente.

Les questions de santé vous hantent ; vous consultez régulièrement les médecins et passez souvent des examens dont les résultats sont, en général, négatifs. Mais ces diagnostics rassurants ne vous rassurent guère, ce qui vous amène à consulter d'autres médecins dont les conclusions, positives, ne vous rassureront pas plus…

Suggestions

Votre anxiété est centrée sur les questions de santé, qui trahit une peur de la mort et donc de la vie… Cette anxiété s'exprime par votre corps. La sensation d'être physiquement débordé conjuguée à une grande angoisse de mourir, vous gêne dans votre vie quotidienne. Pour vous réconcilier avec vous-même, il peut être profitable de vous intéresser aux techniques corporelles qui vont vous permettre de garder le contrôle pendant les crises et de vous soulager dans votre vie de tous les jours.

Cela passe, par exemple, par des exercices de relaxation, l'apprentissage de la gestion du stress et du contrôle respiratoire, et une meilleure hygiène de vie (pratique régulière d'une activité physique et sportive, diminution des excitants comme le tabac, le café, l'alcool). Vous pouvez également vous faire aider par des psychothérapeutes, spécialisés dans les thérapies corporelles.

N'hésitez pas à en parler à votre médecin, en évitant la spirale des examens et les dangers de l'automédication. Peu à peu, vous apprendrez à relativiser vos problèmes de santé. Et vous profiterez davantage de l'existence.

Si vous avez une majorité de ■

Vous êtes plutôt serein !

Confronté à l'incertitude, à l'imprévu, à des situations dont vous ne connaissez pas l'issue (diagnostic médical, changements de vie, événements impromptus), vous ne vous sentez pas désarmé et vous savez gérer les problèmes en conservant relativement votre calme. Et lorsque Cassandre se met à piailler dans votre tête, vous arrivez aisément à lui rabattre le caquet en analysant raisonnablement la situation et en évaluant avec sérénité les différentes éventualités.

Vous savez que, dans la vie, on ne contrôle pas tout et vous acceptez cela avec philosophie. De tempérament plutôt calme, vous savez vous confier ou demander de l'aide quand ça ne va pas. Face à un obstacle, vous acceptez d'être patient tout en vous concentrant sur votre objectif. Et si vous échouez, vous savez rebondir.

Vous savez profiter des bons moments de la vie. Vous emportez rarement du travail chez vous le week-end et vous équilibrez votre vie grâce à des engagements divers (sport, famille, loisirs, associations, etc.)

Suggestions

Vous avez bien compris que l'anxiété fait partie de la vie et qu'on ne peut pas la réduire à zéro. Vous savez bien que des expériences difficiles peuvent générer de l'anxiété. Mais il n'y a là rien d'anormal, ni de profondément déstabilisant. Quand vous y êtes confronté, vous savez y faire face en trouvant la disposition d'esprit et les gestes nécessaires pour la ramener à juste proportion : vous ne vous laissez pas embarquer dans la spirale infernale du le-pire-est-toujours-probable : vous savez d'expérience qu'en abordant la vie de façon positive, elle vous réservera de (bonnes) surprises et des cadeaux.

Continuez donc à perfectionner votre arsenal anti-anxiété car il vous sera toujours d'une grande utilité. Vous avez intégré que le meilleur antidote réside avant tout sur une bonne hygiène de vie : le respect du sommeil, la pratique régulière d'une activité physique et sportive, un recours très modéré aux excitants (tabac, café, alcool), la capacité à goûter le moment présent. *Carpe diem…*

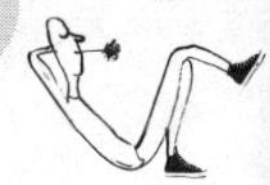

Qu'est-ce qui vous stresse au travail ?

En fonction de nos dispositions personnelles et de nos humeurs du moment, certaines situations sont propres à créer en nous de véritables tempêtes émotionnelles ! Quatre grands stresseurs nous guettent chaque jour : le temps, les relations, la poursuite de nos objectifs, le rapport à l'inconnu. En répondant aux 20 questions qui suivent, vous allez découvrir quel est votre degré de sensibilité personnelle à chacun de ces défis. Vous accéderez également à des conseils simples à mettre en œuvre pour anticiper les situations délicates et améliorer significativement votre capacité à « faire face ».

Questions relatives au temps

Vous avez un avion à prendre pour honorer un rendez-vous professionnel en France ou à l'étranger. S'il s'agit de la première fois, imaginez… Sinon quelles sont vos habitudes ?

Vous avez organisé vos affaires la veille et arrivez à l'aéroport en avance pour vous laisser le temps de vous enregistrer et même de prendre un petit café . . . . 4 ☐

La veille du départ, vous pouvez être tendu. En fait vous redoutez de rater votre avion donc vous comptez des délais assez larges pour le transport à l'aéroport, puis arrivez parmi les premiers pour l'enregistrement puis l'embarquement. . . . . 3 ☐

Après un rapide calcul du temps de transport pour accéder à l'aéroport, vous partez au moment opportun, ni trop en avance, ni trop en retard, ce qui vous laisse du temps pour finaliser votre projet à présenter . . . . 2 ☐

Vous ne vous affolez pas, que vous ayez l'habitude du protocole à suivre ou non, vous ne voyez pas l'intérêt de partir trop en avance . . . . . 1 ☐

Vos amis pourraient dire de vous que vous êtes :

Toujours en train de courir . . . . 2 ☐

Dans les temps . . . . 1 ☐

Ponctuel comme une horloge . . . . 4 ☐

Constamment en retard . . . . 3 ☐

Vous attendez un client important depuis plus d'une heure et demie maintenant. Aucun signe de sa part par téléphone ou par mail. Votre réaction :

Vous espérez qu'il ne lui est rien arrivé, d'habitude vous ne l'attendez pas ainsi . . . . 3 ☐

Votre patience en usure progressive, vous appelez sa secrétaire pour faire le point avec elle . . . . 2 ☐

Vous cogitez : « Franchement il abuse, il pourrait au moins me prévenir ou, mieux, s'excuser. » Vous ne supportez pas l'idée d'être suspendu à son bon vouloir mais vous ne vous permettez pas de ne l'appeler non plus . . . . 4 ☐

Vous prenez votre mal en patience, il va finir par arriver, au pire le rendez-vous sera reporté . . . . 1 ☐

Votre agenda professionnel est avant tout :

Un élément indispensable : si vous le perdez, c'est la catastrophe . . 1 ☐

Un allié efficace pour vous organiser . . . . 4 ☐

Un fidèle compagnon qui vous indique la marche à suivre . . . . 3 ☐

Un ensemble de notes un peu disparate : un peu sur votre ordinateur, un peu sur des documents, un peu sur vos paumes de main. . . . . . . 2 ☐

Que pensez-vous de ceux ou celles qui ont recours à la chirurgie esthétique pour atténuer les effets du vieillissement ?

S'ils se sentent mieux ainsi et s'ils en ont les moyens, ils auraient tort de s'en priver . . . . 4 ☐

Personnellement, je ne dirai pas « Fontaine, je ne boirai pas de ton eau… de jouvence » ! . . . . 2 ☐

Je pense qu'il n'est pas donné à tous de pouvoir supporter les traces du temps qui passe en toute quiétude, je me sens plutôt serein par rapport à cela . . . . 1 ☐

Ces interventions sont le signe d'une lutte fébrile et vaine contre l'inéluctable fuite du temps. . . . . 3 ☐

Questions relatives au stress émotionnel et relationnel

Vous apprenez, à votre insu, qu'un de vos proches collègues convoite de très près le futur poste à pourvoir pour lequel vous étiez tout désigné. Votre réaction :

Dégoûté mais piqué au vif, vous redoublez d'ardeur pour le coiffer au poteau . . . . 2 ☐

Vous vous sentez trahi par ce « Iago » enfin démasqué mais vous n'êtes pas complètement surpris, l'ambition n'emprunte pas toujours des chemins vertueux . . . . 4 ☐

Vous avez reçu un coup de poignard dans le dos, difficile pour vous de pardonner, vous repensez amèrement à vos moments de complicité et aussi à vos confidences sur vos aspirations ; vous vous en voulez, vous lui avez pavé le chemin pour vous doubler. . . . . 3 ☐

Vous décidez d'inverser la vapeur en le piégeant à son tour avec stratégie . . . . 1 ☐

Vous avez une demande à faire à votre supérieur, imaginons une augmentation de salaire que vous estimez bien méritée, mais qui tarde à voir le jour. Votre approche :

Séductrice : vous orientez votre demande en usant d'arguments professionnels mais aussi affectifs qui peuvent le convaincre . . . . . 2 ☐

Tactique : vous prenez le parti de demander beaucoup pour obtenir moins, mais à hauteur de vos espérances . . . . 1 ☐

Organisée : vous avez préparé un dossier récapitulant vos réalisations et succès ainsi que les profits réalisés grâce à votre travail, ainsi vous pensez votre demande légitime. . . . . 4 ☐

Découragée : comme vous ne vous faites pas trop d'illusion, vous remettez à plus tard et votre demande se solde pas une récrimination auprès d'un autre destinataire, votre conjoint ou votre meilleur ami . . . . 3 ☐

Voilà quelques jours, voire quelques semaines, que l'ambiance n'est pas au mieux au bureau. Quelle est votre attitude ?

Vous essayez de vous protéger au maximum car ce genre de désagréments est un puissant frein à l'efficacité personnelle . . . 4 ☐

Vous convoquez chacun lors d'une réunion informelle autour de la machine à café, rien de tel que la parole pour dénouer les tensions . . . . 1 ☐

N'y tenant plus, vous mettez les pieds dans le plat, quitte à provoquer une dispute. Vous supportez difficilement les ambiances pourries et l'inertie du groupe pour y remédier . . . . 3 ☐

Cette mauvaise ambiance commence à déteindre sur votre entrain, mais vous ne savez pas quoi faire, vous attendez que ça se passe en tempérant les humeurs de chacun pour l'instant. . . . . 2 ☐

Pour vous, conflits rime avec :

Vie . . . . 1 ☐

Soucis. . . . . 2 ☐

Prendre partie. . . . . 3 ☐

Cris . . . . 4 ☐

Vous vous êtes beaucoup donné sur un projet important pour votre équipe et votre société. Vos objectifs brillamment atteints, l'urgence du lancement du projet court-circuite les honneurs qui vous sont dus :

Vous vous concentrez sur le projet en plein boum mais en profitez pour tendre quelques perches et récolter des bravos . . . . 3 ☐

Vous ne vous formalisez pas, si le projet explose littéralement, c'est grâce à votre action. Il y aura un temps plus opportun pour célébrer votre réussite . . . . 4 ☐

Vous exultez en vantant votre mérite . . . . 1 ☐

Vous êtes un peu déçu, vous avez fourni tellement d'efforts, de temps, d'énergie. Et même pas un merci digne de cet engagement/sacrifice . . . . 2 ☐

Questions relatives à la pression des objectifs (quantitatifs ou idéaux)

Vous vous réjouissez à l'idée de votre projet de week-end à la campagne dans un relais château. Le repos, le silence, la verdure… mais un énorme dossier arrive sur votre bureau la veille du départ (avec la notice non avouée de Duboss de le déposer traité lundi matin). Réaction :

Vous explorez rapidement les solutions à disposition et refilez une partie du dossier à des collègues, tandis que vous conservez l'autre partie pour la travailler dans le train. Vous revaudrez le service plus tard et rassemblerez l'ensemble lundi matin en arrivant plus tôt au bureau. . . . . 3 ☐

Vous emportez votre dossier à la campagne et faites votre maximum . . 1 ☐

Vous décidez d'en parler à votre supérieur pour essayer d'obtenir un délai de quelques jours en l'assurant de l'importance du week-end et aussi de votre efficacité décuplée au retour . . . . 2 ☐

Après divers noms d'oiseaux à l'encontre du supérieur sans-gêne et tout-puissant, voire quelques larmes de rage vite ravalées, vous annulez votre projet, c'est ça ou vous faites une croix sur votre crédibilité professionnelle durement et longuement acquise . . . . 4 ☐

« Pression » rime le mieux avec :

Bouton . . . . 1 ☐

Patron . . . . 2 ☐

Pognon . . . . 3 ☐

Promotion . . . . 4 ☐

Pour vous quel est le meilleur levier d'efficacité au travail ?

L'adéquation personnalité/travail . . . . 1 ☐
L'argent . . . . 2 ☐
Le plaisir . . . . 4 ☐
Les perspectives d'évolution. . . . . 3 ☐

Que vous inspirent les constats désabusés de certains sur leur absence d'évolution au sein de leur poste/ leurs aspirations professionnelles déçues ?

De l'empathie. C'est assez douloureux de faire ce bilan. . . . . 2 ☐
De l'incompréhension. Il ne faut pas attendre que le poste évolue de lui-même, il faut le faire évoluer . . . . 4 ☐
De l'indifférence. Ils n'ont qu'à se former pour évoluer ou changer de job . . . . 3 ☐
De la pitié. Pour rien au monde, vous ne voudriez être à leur place, vous les plaignez . . . . 1 ☐

Que vous évoque la consigne « dossier important à traiter absolument dans les délais » ?

De nombreuses soirées studieuses en perspective, voire quelques nuits blanches et le stress qui les accompagnent . . . 4 ☐
Un goût de déjà lu/entendu/vu : c'est le cas pour de nombreux dossiers mais dans la réalité, il y a toujours une rallonge aux délais et un peu plus de souplesse . . . . 1 ☐
Une chape de plomb. . . . . 2 ☐
Une surcharge de travail et l'absolue nécessité d'organiser sa répartition jusqu'à l'échéance . . . . 3 ☐

Questions relatives au stress lié à l'inconnu et l'ambiguïté

Un nouveau collaborateur intègre votre équipe. Votre première réaction à cette annonce :

Bienveillante : s'il a été recruté, il y a sûrement de bonnes raisons pour l'équipe et la société . . . . 3 ☐

Curieuse : vous cherchez à faire connaissance rapidement et l'initiez aux ficelles de l'entreprise . . . . 4 ☐

En attente... de confirmation de sympathie et d'efficacité de la part du nouveau venu . . . . 2 ☐

Neutre : vous êtes avant tout là pour travailler ensemble, s'il est sympa, tant mieux . . . . 1 ☐

Vous aviez une mission en interne à traiter en solo. À choisir, vous préférez :

Avoir le champ libre pour la mener . . . . 3 ☐

Donner l'impulsion mais viser régulièrement l'évolution du projet avec certains collaborateurs . . . . 2 ☐

Qu'elle soit définie au préalable dans les grandes lignes . . . . 4 ☐

Que le cadre soit posé, vous vous occupez du reste . . . . 1 ☐

Bien rémunérée, quelle tâche vous est le moins pénible :

Une tâche ingrate . . . . 4 ☐

Une tâche mal définie . . . . 3 ☐

Une tâche pénible/laborieuse . . . . 2 ☐

Une tâche complexe . . . . 1 ☐

Il court des bruits au sein de l'entreprise qu'un projet d'envergure prévoit de refondre certaines activités ou certains services. Vous seriez susceptible de penser que :

C'est la marche du progrès, défaire pour faire différemment et si possible mieux . . . . 1 ☐

C'est peut-être une grosse erreur, en tout cas un gros risque . . . . . . 3 ☐

C'est une bonne idée pour conserver une société dynamique et adaptable . . . . 4 ☐

Le temps dira si c'est une bonne chose . . . . 2 ☐

Vous arrive-t-il de penser que les choses sont acquises ?

Non, car c'est la voie vers le confort et l'inertie . . . . 2 ☐

Non, on ne sait jamais, un revers de fortune . . . . 3 ☐

Oui, parce que je les ai acquises ou construites par mes propres moyens, et donc je pourrais réitérer l'expérience. . . . . 1 ☐
Pour certaines choses oui, j'ai une certitude . . . . .4 ☐

Décryptage

Sur chaque critère vous pouvez obtenir un score de 5 à 20 points.
Si vous avez entre 5 et 9 points, vous avez une sensibilité au stress faible.
Si vous avez entre 10 et 14 points, vous avez une sensibilité au stress moyenne.
Si vous avez entre 15 et 20 points, vous avez une sensibilité au stress forte.

Le stress du temps

Additionnez vos points :

Nombre de 1 :	x 1 =
Nombre de 2 :	x 2 =
Nombre de 3 :	x 3 =
Nombre de 4 :	x 4 =
	Total =

Le stress émotionnel et relationnel

Additionnez vos points :

Nombre de 1 :	x 1 =
Nombre de 2 :	x 2 =
Nombre de 3 :	x 3 =
Nombre de 4 :	x 4 =
	Total =

Le stress lié à la pression des objectifs

Additionnez vos points :

Nombre de 1 :	x 1 =
Nombre de 2 :	x 2 =
Nombre de 3 :	x 3 =
Nombre de 4 :	x 4 =
	Total =

Le stress lié à l'inconnu et à l'ambiguïté

Additionnez vos points :

Nombre de 1 :	x 1 =
Nombre de 2 :	x 2 =
Nombre de 3 :	x 3 =
Nombre de 4 :	x 4 =
	Total =

Le stress du temps

Vous avez entre 5 et 9 points

Sensibilité faible au stress temporel

Le moins que l'on puisse dire, c'est que le temps semble ne pas avoir de prise sur vous. Il se pourrait même que vous fassiez parfois bien peu de cas de lui ! Ah, le temps ! Celui-là même qui semble être perçu par beaucoup comme un « tyran » ou à tout le moins comme une contrainte forte… Eh bien pour vous, pas question de courir après lui ni de presser le pas inutilement. Il semblerait bien que vous mettiez un point d'honneur à refuser de devenir esclave du temps. Par conséquent, ce n'est que de façon très ponctuelle que vous pouvez le ressentir comme un « stresseur » potentiel.

Suggestions

Drapé dans une attitude de défiance (d'arrogance ?) face au temps qui passe, n'oubliez pas que refuser de se soumettre au temps, c'est aussi une façon plus ou moins détournée de ne pas se confronter à l'impérieuse nécessité d'avoir à le gérer. Attention toutefois… Si vous refusez de gérer le temps, celui-ci pourrait bien vous rattraper tôt ou tard… En effet, si vous ne vous préoccupez pas du temps, sachez que le temps ne se préoccupera pas non plus de vous. Quoi qu'il arrive, il continuera à filer, inexorablement… Ayez également toujours à l'esprit que les personnes avec lesquelles vous pouvez être en relation n'ont pas toute la même attitude que vous face au temps. Aussi, votre nonchalance vis-à-vis des impératifs temporels pourrait bien agacer ceux pour qui le temps compte (ou est compté…). Apprenez à respecter le temps, le vôtre, celui des autres. Vous verrez, le temps peut aussi être un précieux allié lorsqu'il est bien géré !

Vous avez entre 10 et 14 points

Sensibilité moyenne au stress temporel

Pour vous, le temps est avant tout un repère. En le mettant à votre service et en apprenant à le gérer avec intelligence, vous avez su vous en faire un allié précieux. En effet, c'est bien le temps qui vous permet de vous situer dans vos journées, dans vos semaines, de planifier des échéances et au final de programmer votre progression vers les buts qui comptent réellement pour vous. Bien sûr, il vous arrive aussi de ressentir le stress du temps. En effet, il n'est pas toujours facile de le gérer. Qu'il s'agisse du vôtre ou de celui des autres, le temps est toujours un partenaire exigeant, inflexible et pas toujours accommodant.

Suggestions

Pour optimiser encore un peu plus votre rapport au temps, prenez le temps parfois de marquer une pause, de vous accorder le temps du bilan. Acceptez de ne pas être systématiquement dans la maîtrise de celui-ci. Lâcher prise est quelquefois un puissant antidote au sentiment d'impuissance prompt à se saisir de chacun d'entre nous lorsque nous nous accrochons fébrilement à ce que nous ne pouvons contrôler qu'imparfaitement ! Le temps est exigeant, apprenez à être exigeant avec lui également ! Sachez parfois lui dire non et repousser ses avances…

Vous avez entre 15 et 20 points

Sensibilité forte au stress temporel

Pour vous, le temps est définitivement une contrainte. Qu'il s'agisse des projets à rendre, de votre agenda qui se remplit à vitesse grand V ou encore des deadlines en tout genre… Tout pour vous est échéance ! Vous courez après le temps et avez souvent l'impression d'être en retard. De ce fait, vous vivez dans un état d'urgence perpétuel. Peut-être avez-vous le sentiment que le temps est extrêmement précieux ? Du coup, ne voulant le gâcher pour rien au monde, vous cherchez systématiquement à optimiser l'utilisation que vous pourriez en faire…

Suggestions

Première résolution à prendre d'urgence : apprenez à faire la différence entre l'important et le « simplement urgent ». Alors que l'important est constitué des tâches qui comptent et qui peuvent avoir un impact capital sur votre réussite personnelle et professionnelle, l'urgent est quant à lui constitué de tout ce qui « doit » être fait au plus tôt ! Jetez y un œil de plus près… Vous constaterez rapidement que dans ces choses soi-disant urgentes, très peu sont en réalité véritablement importantes. Deuxième manière de faire baisser la pression : travaillez votre organisation ! Des techniques existent pour apprendre à donner des priorités aux tâches et gérer son quotidien. Dernier conseil enfin : refusez de subir la pression, surtout celle qui vous est proposée (imposée?) par les autres. Prenez aussi le temps de ne rien faire tout simplement, vous verrez, vous allez adorer!

Le stress émotionnel et relationnel

Vous avez entre 5 et 9 points

Sensibilité faible au stress émotionnel et relationnel

Pour vous, les relations sont tout sauf stressantes. Elles peuvent être sources de joie, de plaisir, de déception voire de peine parfois, mais certainement pas de stress. Est-ce une manière habile de vous protéger de l'impact potentiellement aversif des autres sur votre équilibre personnel? Est-ce dû à un investissement relativement faible de vos connexions aux autres? Ou peut-être est-ce plus simplement induit par votre capacité à «jouer» facilement avec le registre émotionnel? Quoi qu'il en soit, vous ne ressentez nullement cette «pression» souvent jugée insupportable par certains dès lors qu'il s'agit des relations interpersonnelles.

Suggestions

Tout le monde ne possédant pas votre capacité à «faire avec» les aléas de la relation à l'autre, ayez toujours à l'esprit qu'une relation n'est pleinement partagée qu'à partir du moment où chacun s'y sent à l'aise et en sécurité. Vous voulez améliorer un peu plus la qualité de vos relations aux autres? Apprenez à vous centrer sur les ressentis des autres. Soyez à l'écoute des signaux non verbaux, ces inclinations de la tête ou ces froncements de sourcils imperceptibles au premier coup d'œil mais qui trahissent mieux qu'aucune parole le décalage qui peut parfois exister entre ce que nous croyons partager avec l'autre et ce que celui-ci expérimente réellement en son for intérieur.

Vous avez entre 10 et 14 points

Sensibilité au stress émotionnel et relationnel moyenne

En ce qui vous concerne, la sphère des relations à l'autre peut être tour à tour source d'épanouissement et de tensions. Si vous êtes particulièrement à l'aise avec certaines personnes, ceux qui vous sont chers, ceux avec lesquels vous avez su mettre en place un mode de communication authentique, certains types de relations peuvent *a contrario* vous apparaître bien plus complexes à gérer. Comment réagissez-vous face aux conflits ? Avoir à dire non vous positionne-t-il dans une situation inconfortable ? Les relations aux autres sont loin d'être un long fleuve tranquille, certes. Est-ce une raison toutefois pour continuer à subir certains stress relationnels ?

Suggestions

Si affronter les conflits en mode frontal vous rebute, pourquoi ne pas travailler à les anticiper avec davantage d'attention ? Beaucoup d'incompréhensions peuvent être levées par ce moyen. Vous constaterez rapidement que ce genre d'attitude vous permettra d'expérimenter davantage de confort dans vos relations aux autres. D'autant plus que dans ce domaine plus que dans tout autre, le préventif est souvent bien plus efficace que la mise en œuvre de stratégies curatives une fois les incompréhensions et les conflits installés !

Vous avez entre 15 et 20 points

Sensibilité élevée au stress émotionnel et relationnel

En ce qui vous concerne, le domaine des relations aux autres est à n'en pas douter une source de stress potentiel particulièrement explosive ! Que ces tensions soient latentes ou présentes, exprimées ou non, elles semblent avoir un retentissement particulièrement important au sein de votre dynamique personnelle. Peut-être avez-vous des attentes particulièrement exigeantes en ce qui concerne votre rapport à l'autre ? Difficile dans ce cas pour les autres de parvenir à être à la hauteur…

Suggestions

Si vous avez l'impression que vos relations aux autres sont une source récurrente de stress et d'incompréhensions, il pourrait s'avérer urgent de revoir votre façon de communiquer ! Vous pensez que les autres devraient deviner vos attentes ou adhérer spontanément aux standards d'excellence que vous vous fixez pour vous-même ? Exprimez-vous, Faites « parler » vos attentes ! Et surtout, faites-le de manière claire. Prenez par exemple le temps d'expliquer quels sont les points de la relation qui sont importants pour vous, définissez clairement ce que vous attendez de chacun et n'hésitez pas à émailler d'images parlantes votre discours. Une fois que les autres sauront exactement quelles sont vos attentes, vous aurez beaucoup plus de chances pour qu'ils y répondent favorablement.

Le stress lié à la pression des objectifs

Vous avez entre 5 et 9 points

Sensibilité faible au stress lié à la pression

En ce qui vous concerne, les objectifs semblent davantage recouvrir la qualité d'indicateurs, fournissant des informations générales concernant la direction à suivre, bien plus que celle d'impératifs absolus à respecter strictement. Dans votre conception des choses, ce sont les objectifs qui doivent être à votre service et non le contraire. Du coup, pas question pour vous de tomber dans le piège du « toujours plus », de l'escalade au « toujours mieux » et de la surenchère à la performance. Cette attitude peut parfois même vous pousser à vous y soustraire… Après tout, la meilleure manière d'échapper à la pression des objectifs n'est-elle pas encore d'éviter de s'en fixer ?

Suggestions

La stratégie peut tenir un temps… Si toutefois certains projets vous tiennent réellement à cœur, vous devez apprendre à vous fixer des objectifs ambitieux… et à vous y tenir ! Ayez toujours en tête que les objectifs ne servent pas seulement à sanctionner. Bien choisis et gérés de manière efficace, ils peuvent même vous permettre de vous assurer de votre bonne progression vers les buts que vous vous fixez à vous-même. De plus, dans le cadre du travail, tout le monde possède des objectifs et c'est sur le fait d'atteindre ces objectifs que vous êtes « noté » ! Être capable d'intégrer les objectifs qui vous sont assignés, s'y soumettre et les atteindre, c'est faire montre d'un niveau de responsabilité propre à encourager votre supérieur à vous faire toujours davantage confiance.

Vous avez entre 10 et 14 points

Sensibilité moyenne au stress lié à la pression des objectifs

Même s'il vous arrive de ressentir la pression des échéances avec une certaine intensité, d'une façon plus générale, les objectifs peuvent également exercer sur vous une influence hautement stimulante. En fonction des échéances et de la nature même des impératifs fixés, ceux-ci peuvent tantôt dynamiser votre action dans la direction attendue, tantôt ils peuvent exercer sur vous une pression pesante en définitive pas toujours positive. D'ailleurs, vous préférez certainement vous fixer vos propres objectifs plutôt que de « subir » les exigences des autres.

Suggestions

Vous gagneriez à apprendre à accepter les objectifs « externes », ceux-là mêmes qui sont suggérés par d'autres que vous… En travaillant votre capacité à soutenir les exigences des autres, vous signifierez à votre entourage votre aptitude à vous inscrire dans des projets communs. En effet, le fait pour une personne d'être capable d'intégrer d'autres exigences que les siennes signe un caractère coopératif et véritablement centré sur le collectif. Une qualité indispensable dès qu'il s'agit de travailler en équipe ou sur des projets ambitieux. Au besoin, n'hésitez pas à négocier ces objectifs ou à demander un allongement des délais nécessaires pour les atteindre si vous l'estimez utile. C'est souvent un moyen fort efficace pour quiconque souhaite s'approprier réellement des exigences externes.

Vous avez entre 15 et 20 points

Sensibilité élevée au stress lié à la pression des objectifs

Vous vivez les objectifs comme de véritables points de validation et de sanction. Cette attitude révèle souvent une crainte d'être perçu comme insuffisamment compétent ou trop peu digne de confiance. En effet, des objectifs non atteints pourraient mettre en évidence vos manquements, voire une inaptitude chronique à délivrer les résultats attendus. C'est sans doute pour cette raison que vous avez tendance à percevoir ce qui apparaît à d'autres comme de simples repères comme une véritable menace ! L'une des stratégies souvent employée par les personnes qui vivent les objectifs de cette manière est de faire en sorte de s'y soustraire. Peut-être pensez-vous que votre travail ne peut s'accommoder de moyens de mesure stricts ? Certainement aspirez-vous à une appréciation qualitative de votre travail.

Suggestions

Apprenez à mettre les objectifs à votre service. Lorsqu'ils sont fixés de manière judicieuse, les objectifs sont de réels outils au service de votre efficacité personnelle et professionnelle. La clé pour réussir : fixez-vous des buts réalistes. Abandonnez l'idée d'atteindre l'Everest en une seule étape. Divisez les objectifs les plus ambitieux en étapes. Cela vous permettra d'expérimenter le succès au quotidien, tout en continuant à œuvrer pour un but réellement ambitieux !

Le stress lié à l'inconnu et à l'ambiguïté

Vous avez entre 5 et 9 points

Sensibilité faible au stress lié à l'inconnu et à l'ambiguïté

Évoluer dans des environnements peu définis, voire un peu chaotiques ne vous pose pas réellement de problèmes… à partir du moment où vous vous y retrouvez ! Pour vous, la nouveauté et le changement constituent bien davantage des opportunités que des menaces. Certainement doté d'une personnalité flexible et prompte à embrasser le changement lorsque vous avez l'intime conviction que celui-ci vous portera vers de belles expériences, votre façon de faire peut parfois être vécue par les autres comme aventureuse et même pas toujours raisonnable…

Suggestions

Si le sentiment de sécurité intérieure qui vous habite vous permet d'aborder le changement avec sérénité, vous gagneriez parfois à structurer davantage votre approche, plus particulièrement lorsque vous abordez des situations inédites. En effet, votre caractère téméraire et votre impétuosité peuvent parfois vous jouer des tours. En préparant quelquefois votre action de façon plus minutieuse, vous pourriez bien vous épargnez quelques revers de fortune.

Vous avez entre 10 et 14 points

Sensibilité moyenne au stress lié à l'inconnu et à l'ambiguïté

Bien sûr, vous appréciez de bénéficier d'une certaine stabilité et vous aimez que les choses soient prévisibles, au moins un peu… Pour autant, pas question pour vous de vous endormir dans une routine trop confortable ! L'inconnu et l'ambiguïté font partie de la vie et vous l'avez parfaitement intégré. Votre attitude générale face au « non certain » vous permet de vous engager de manière réfléchie dans la voie du changement et de saisir les opportunités lorsque celles-ci se présentent. Pas spécialement enclin en revanche à « tenter le tout pour le tout », vous pourriez sans doute vous montrer plus rétif à faire le grand plongeon si des opportunités plus « risquées » venaient à se présenter…

Suggestions

Votre attitude met en lumière une certaine mesure dans la prise de risque. Si cela vous permet de border efficacement la majeure partie de décisions que vous êtes amené à prendre dans votre vie personnelle ou professionnelle, vous pourriez peut-être parfois vous aventurer encore un peu davantage en dehors de votre zone de confort… Les plus belles réussites nécessitent parfois de tenter le tout pour le tout. Nul besoin toutefois de vous mettre inutilement en danger. Laissez parler votre intuition et vos ressentis. Ils sont souvent de bien meilleurs guides qu'une logique froide et calculatrice lorsqu'il s'agit de nous porter vers ce qu'il y a de meilleur pour (et « en ») chacun d'entre nous !

Vous avez entre 15 et 20 points

Sensibilité élevée au stress lié à l'inconnu et à l'ambiguïté

Cartésien dans l'âme, vous aimez ce qui relève de la logique. Pour vous, rien de plus stressant que d'être confronté à une situation inhabituelle et que vous avez l'impression de ne pas maîtriser totalement. Voir vos repères mis à mal ou votre environnement excessivement perturbé, voilà qui pourrait bien provoquer chez vous un certain malaise. C'est certainement pour cette raison que vous faites en sorte de conserver le contrôle sur votre environnement, quel qu'en soit le prix à payer, pour vous… mais aussi pour les autres.

Suggestions

Tout n'est pas prévisible, mesurable, quantifiable… Exercez-vous à appréhender les situations de manière parfois plus intuitive. Libérez cette intelligence du cœur et des sentiments qui permet de « ressentir » les situations y compris lorsque celles-ci sont totalement inédites. Vous maîtrisez parfaitement l'utilisation de votre cerveau gauche, celui de la raison et de la logique ; apprenez à fonctionner à « cerveau total » ! En stimulant votre hémisphère droit (celui de la créativité et de l'intuition) vous vous doterez d'outils puissants pour appréhender votre environnement avec plus souplesse et de confort. Et, bénéfice non négligeable, vous gagnerez énormément en adaptabilité !

Mélangez-vous travail et sentiments ?

À l'heure où la mode, en entreprise, est aux stages de communication, il n'est pas toujours aisé pour le salarié de faire la part entre ce qui relève de ses liens professionnels et de relations plus intimes.

Bien sûr, personne ne laisse ses petits tracas privés à la porte d'entrée du bureau. Il nous appartient en revanche de ne pas laisser la confusion s'installer entre le « perso » et le « boulot ». Au risque de ne plus pouvoir bien vivre ni l'un ni l'autre. Ce test vous permettra de détecter les petits signes qui trahissent un surinvestissement – ou un désinvestissement – affectif dans vos relations professionnelles.

Avez-vous déjà été délégué de classe ?

Chaque année pendant toute ma scolarité . . . . ★ ☐
Jamais, heureusement ! . . . . ▲ ☐
Parfois et j'aimais ça . . . . ● ☐
Une fois ou deux mais ce n'était pas agréable . . . . ■ ☐

Dans un couloir, vous surprenez une de vos collègues en train de pleurer :

La réconfortant, vous l'invitez à se confier . . . . ■ ☐
Vous la prenez dans vos bras chaleureusement et la réconfortez en lui donnant quelques conseils . . . . ★ ☐
Vous lui demandez ce qui se passe . . . . ● ☐
Vous passez à côté discrètement, pour éviter de l'embarrasser . . . . ▲ ☐

Deux collègues se mettent à se disputer devant vous :

Vous essayez de tempérer la situation, assumant un rôle nécessaire de médiateur . . . . ■ ☐

Vous leur demandez gentiment de régler leur problème entre eux, un peu plus loin . . . ● □
Vous observez la scène, distrait dans votre travail . . . ▲ □
Vous prenez part à leur débat houleux et manifestez votre opinion sur leur différend . . . ★ □

En vacances, vous êtes plutôt du genre à :

Appeler vos collègues histoire d'avoir les dernières nouvelles du bureau . . . ★ □
Envoyer une carte postale de rêve avec un petit mot d'encouragement . . . ■ □
Froncer les sourcils si l'on vous demande votre profession . . . ▲ □
Tout oublier du travail . . . ● □

La pause-café, pour vous, c'est un peu comme :

Aller chez l'ostéopathe . . . ● □
Aller lire *Voici* . . . ■ □
Entrer dans la cage aux lions . . . ▲ □
Rentrer à la maison . . . ★ □

Le plus difficile à supporter pour vous serait :

Un bureau à la maison . . . ■ □
Un bureau mal équipé . . . ● □
Un bureau seul . . . ★ □
Un open space . . . ▲ □

Prendre un verre avec des collègues en dehors du cadre professionnel, cela vous arrive :

À l'occasion . . . ● □
Jamais . . . ▲ □
Si nécessaire . . . ■ □
Souvent . . . ★ □

Selon vous, au travail, les émotions doivent être :

Contrôlées . . . ● □
Dissimulées . . . ▲ □

Partagées .... ★ ☐
Utilisées .... ■ ☐

Selon vous, vos collègues vous imagineraient volontiers :

Chercheur .... ▲ ☐
Comédien .... ★ ☐
Enseignant .... ● ☐
Psy .... ■ ☐

Un nouvel arrivant dans votre service c'est :

Un nouveau nom à retenir .... ▲ ☐
Une nouvelle amitié à construire .... ★ ☐
Une nouvelle dynamique de groupe .... ● ☐
Une personne à intégrer .... ■ ☐

Un reproche d'un collègue que vous risquez de mal digérer :

« Arrête d'être toujours d'accord avec tout le monde ! » .... ■ ☐
« Exprime-toi ! » .... ▲ ☐
« Tais-toi un peu ! » .... ★ ☐
« Tu ne fais vraiment pas grand-chose ! » .... ● ☐

Un collègue qui vous raconte volontiers sa vie, c'est :

À consommer avec modération .... ● ☐
Jamais arrivé .... ▲ ☐
Un plaisir à partager ! .... ★ ☐
Une marque de confiance .... ■ ☐

Une amie vous annonce qu'elle est tombée amoureuse de son patron qui, d'ailleurs, lui a fait des avances… Votre réaction :

Je n'aimerais pas que ça m'arrive ! .... ▲ ☐
Raconte-moi tout ! .... ★ ☐
Situation délicate ! .... ▲ ☐
Y aurait-il de la promotion dans l'air ? .... ■ ☐

Vendredi soir… Vous :

- Êtes soulagé de ces deux jours sans collègues ▲ ☐
- Attendez déjà d'être lundi pour retrouver tout le monde ★ ☐
- Faites un post-it pour vous rappeler de demander des nouvelles de la standardiste lundi ■ ☐
- Souriez à l'idée de ce que vous allez faire ● ☐

Votre équipe vit une crise : sous l'impulsion du responsable hiérarchique, une réunion est proposée afin que chacun fasse part de sa vision des choses :

- Votre tour venu, vous abordez franchement le problème, et écoutez le point de vue des autres pour mieux comprendre ce qui se passe ● ☐
- Vous essayez de profiter de l'occasion pour re-motiver les troupes, et incitez chacun à faire part de ses sentiments ■ ☐
- Vous laissez les autres parler, et quand vient votre tour, résumez votre vision en trois ou quatre phrases concises ▲ ☐
- Vous saisissez l'occasion pour dire tout ce que vous avez sur le cœur ★ ☐

Votre mère et le travail :

- Elle a su trouver le bon équilibre ● ☐
- Elle n'a jamais travaillé ▲ ☐
- Elle travaillait à la maison ■ ☐
- Elle y a consacré plus de temps qu'à sa famille ★ ☐

Votre père et le travail :

- Il était souvent euphorique ● ☐
- Il s'en plaignait tout le temps à table ▲ ☐
- Il y était tout le temps. On le voyait peu à la maison ★ ☐
- Vous l'avez beaucoup vu au chômage ■ ☐

Vous arrivez un matin au bureau l'air sombre, préoccupé par un souci familial. Face aux questions de vos collègues et à leur air intrigué, vous :

Évitez leur regard et vous plongez dans vos dossiers en retard. . . . ▲ □
Leur dites que ça va, juste quelques soucis. . . . . ● □
Leur racontez vos mésaventures et cherchez auprès d'eux un peu de réconfort... . . . . ★ □
Prenez un air de circonstance et attendez qu'une personne vienne vous demander ce qui se passe pour lui faire part de vos soucis . . . . ■ □

Décompte des points

Nombre de ★ :
Nombre de ▲ :
Nombre de ● :
Nombre de ■ :

Total : 18

Décryptage

Si vous avez une majorité de ★

Votre bureau, une seconde famille

Vous l'aurez sans doute compris : le travail est votre seconde famille. Et d'ailleurs, vous dites-vous, pourquoi tout séparer? Chacune de vos relations fait partie d'une seule grande tribu : la vôtre. Votre lieu de travail, tous ceux que vous y côtoyez et tout ce qui s'y passe font partie intégrante de votre vie.

Vous fonctionnez sur un mode d'investissement total, voire fusionnel. Vous avez beaucoup de mal à garder secrets des éléments de votre vie personnelle.

Le besoin de partager les moindres détails de votre existence avec vos collègues est plus fort que vous. Dans les relations de bureau, la tempérance n'est pas votre credo. Au risque d'en oublier les territoires de chacun. Parfois même, vous profitez d'oreilles attentives sur votre lieu de travail pour entamer une sorte de « thérapie de bureau ».

Certes, votre bonne humeur peut motiver toute votre équipe. Mais quand surgissent des temps plus moroses, votre déprime peut démoraliser tout le service. Alors attention : en dire trop et se dévoiler entièrement peut jouer en votre défaveur.

Ménager des zones d'incertitudes vis-à-vis de vos collègues s'avère parfois nécessaire et salutaire, afin d'éviter que certains collaborateurs trop rusés ne profitent de vos confessions pour vous manipuler… Il y a une différence entre les enjeux d'une relation avec un collègue et ceux d'une relation avec un proche, un intime.

Si vous avez une majorité de ▲

Un lieu sans affect

Pour vous, le travail se résume simplement à un lieu où vous exercez des fonctions définies, au milieu de personnes qui ont, elles aussi, une fonction définie. Vous éprouvez rarement le sentiment de faire partie d'une équipe ou d'une entreprise !

Vous semblez être assez solitaire sur votre lieu de travail, vous tenant à distance de tout échange ou manifestation affective. Vos collègues pourraient dire de vous que vous êtes discret, effacé. Vous donnez très rarement votre avis sur les discussions personnelles, n'appréciant pas particulièrement qu'on vous le demande.

Vous tenez ainsi vos sentiments secrets dès que vous arrivez sur votre lieu de travail. Selon vous, les autres n'ont pas à être informés de votre vie privée, puisque celle-ci est, par définition… privée ! Parfois, cette attitude peut cacher une crainte de donner des éléments de pouvoir aux autres : en effet, parler de vous, faire part de certaines de vos émotions pourrait donner l'occasion à quelqu'un de s'en servir contre vous.

Vous avez le sentiment que dévoiler vos sentiments, c'est trahir votre vulnérabilité et vous exposer aux jugements des autres. Vous préférez donc cultiver avec soin l'art du secret. Ce qui peut vous coûter lorsque l'émotion est forte et par conséquent difficile à contenir et à dissimuler.

Si vous avez une majorité de ●

Un bel équilibre relationnel

Vous êtes de ceux qui arrivent assez facilement à faire la part des choses entre vos différents lieux de vie. Ainsi, vous considérez votre lieu de travail comme tel, mais quitte à vivre huit heures par jour avec des gens, autant les connaître un peu et nouer des relations agréables. Certes, si on est là pour travailler, on n'en est pas moins des êtres humains !

Même si vous ne vous confiez pas à eux comme vous le faites volontiers avec vos proches, vous aimez être entouré de vos collègues, et entretenez avec quelques-uns d'entre eux des relations privilégiées. Vous pouvez ainsi envisager de temps à autre une sortie avec l'un ou l'autre, mais il est rare que vous intégriez une relation de travail à votre cercle d'intimes.

Si vous avez un problème personnel, vous n'en faites part que succinctement, sans entrer dans les détails, simplement pour donner une explication à votre air soucieux. Par ailleurs, si vous rencontrez un désagrément dans votre travail, vous l'exprimerez clairement le moment venu.

Vous savez faire part de vos émotions, sans excès, à la juste dose, et en respectant toujours le travail et l'intimité des autres. Vous faites en sorte que votre vie privée ne parasite pas votre vie professionnelle, et inversement. Félicitations.

Si vous avez une majorité de ■

Une affectivité manipulatrice

Au travail, vous êtes de ceux qui aiment recueillir les confidences des autres, leurs impressions, leurs histoires. Vous semblez en effet avide de confessions, et incitez volontiers vos collègues à vous voir comme une personne à qui l'on peut parler, assumant ainsi un rôle de, au choix, manager humain ou psy de l'équipe.

Pour vous, l'important est de donner une bonne image et d'être apprécié du plus grand nombre. Pour cela, vous jonglez habilement avec les émotions des uns et des autres. Caméléon, vous savez prendre tous les rôles pour vous adapter et plaire. Vous aimez que l'on vous sollicite, que l'on fasse appel à vous.

Autant vous aimez que les autres vous confient leurs secrets, autant vous ne dévoilerez votre vie privée et vos émotions que dans les situations où le partage pourra vous attirer la sympathie d'un collègue. Il y a du calcul dans votre attitude. Derrière cette approche se cache un besoin d'être accepté et surtout aimé. Et vous semblez croire que pour être apprécié de l'autre, il faut se plier à ses attentes, adopter les mêmes attitudes que lui et, surtout, aller dans le même sens que lui.

En cas de crise par exemple, au lieu de faire part de votre réelle opinion, vous mettez toute votre énergie à savoir quelle attitude vous donnera la meilleure image aux yeux des autres et vous permettra de ne vous mettre personne à dos.

Quel âge avez-vous intérieurement ?

Il y a bien sûr la date de naissance inscrite sur votre état civil. Mais vous-même n'y croyez pas vraiment ! À l'intérieur de vous, vous vous sentez parfois étonnamment jeune. À d'autres moments, vous avez l'impression d'avoir 100 ans ! Mais indépendamment de ces fluctuations, votre personnalité s'est pour ainsi dire arrêtée à un certain âge. « J'ai 10 ans… Je sais que c'est pas vrai, mais j'ai 10 ans », dit la chanson. Qu'en est-il pour vous ? Vous sentez-vous « en herbe » ou étonnamment vieux ? Quel âge avez-vous… vraiment ? Pour le savoir, répondez spontanément à ces dix questions.

Votre patron vous fait des reproches à moitié mérités :

- Vous lui expliquez votre erreur et soulignez le bon côté du reste . . . . 3 ☐
- Vous l'écoutez les yeux baissés en attendant que ça passe . . . . 1 ☐
- Vous le laissez croire qu'il a raison . . . . 4 ☐
- Vous lui donneriez bien votre démission sur-le-champ . . . . 2 ☐

Les autres envient souvent votre :

- Répartie . . . . 2 ☐
- Patience . . . . 4 ☐
- Détermination . . . . 3 ☐
- Débrouillardise . . . . 1 ☐

Pour une soirée entre amis, vous optez pour un restaurant :

- Où se produisent des groupes de musique indépendants . . . . 2 ☐
- Aux allures feutrées d'un piano-bar . . . . 4 ☐
- Avec concours d'improvisations ou karaoké . . . . 1 ☐
- Dans lequel on peut faire quelques pas de salsa . . . . 3 ☐

Vos parents vous disent qu'ils ont une grande nouvelle à vous annoncer :

Vous ouvrez de grands yeux et manifestez votre impatience . . . . . . 1 ☐
Vous vous méfiez de ce qu'ils pensent être une grande nouvelle. . . . 2 ☐
Vous les questionnez sur ladite nouvelle . . . . 3 ☐
Vous leur faites remarquer qu'ils ont l'air de grands gamins . . . . 4 ☐

Votre conjoint vient de vous faire un reproche :

Vous lui demandez d'expliquer un peu mieux
ce qu'il vous reproche . . . . 3 ☐
Vous quittez la pièce, vexé . . . . 1 ☐
Vous lui énumérez la liste de ses propres défauts . . . . 2 ☐
Vous vous dites qu'il fait des montagnes de pas grand-chose . . . . . . 4 ☐

Souvent, vous ponctuez vos phrases d'un :

« J't'explique… » . . . . 2 ☐
« J'adore… » . . . . 1 ☐
« Je comprends… » . . . . 4 ☐
« Je vois… » . . . . 3 ☐

Dans vos relations sexuelles, vous êtes particulièrement sensible :

Aux mots tendres. . . . . 4 ☐
Aux situations insolites . . . . 2 ☐
À la sensualité des caresses . . . . 3 ☐
À la complicité . . . . 1 ☐

Votre sœur vous confie son petit garçon pour la soirée :

Vous jouez avec lui en attendant l'heure du coucher. . . . . 3 ☐
Vous lui racontez une histoire, puis lui chantez une berceuse . . . . . . 4 ☐
Vous regardez un DVD de dessins animés avec lui . . . . 1 ☐
Vous en profitez pour lui apprendre quelques mots d'argot . . . . 2 ☐

Un ami vous propose de rencontrer une personnalité que vous admirez :

Vous pensez à une ou deux questions que vous aimeriez lui poser . . 3 ☐
Vous vous pincez plusieurs fois pour être sûr de ne pas rêver . . . . . . 1 ☐
Vous appelez quelques amis pour les allécher . . . . 2 ☐
Vous n'êtes pas sûr que ce soit vraiment votre place. . . . . 4 ☐

Un de vos amis vient d'être quitté par sa femme :

Vous lui dites qu'il ne faut pas qu'il se laisse faire . . . . 2 ☐
Vous lui conseillez de laisser le temps arranger les choses. . . . . 4 ☐
Vous lui demandez de vous expliquer ce qui s'est passé . . . . 3 ☐
Vous essayez de détendre l'atmosphère pour le distraire un peu. . . . 1 ☐

Additionnez vos points :

Nombre de 1 :	x 1 =
Nombre de 2 :	x 2 =
Nombre de 3 :	x 3 =
Nombre de 4 :	x 4 =
	Total =

Décryptage

Vous avez entre 10 et 18 points

Vous avez entre 6 et 10 ans, l'âge de l'innocence...

S'il existe une clef du jardin de l'enfance, il se pourrait bien que vous ne l'ayez jamais jetée. On trouve en effet chez vous une très grande part de spontanéité : vous passez du rire aux larmes en un rien de temps et avez besoin de vivre intensément les émotions qui vous animent.

Cherchant à inscrire votre existence dans un univers de créativité et de jeu, vous fuyez activement les contraintes de ce « monde des grands » qui ne vous parle pas.

Car le monde qui vous émerveille offre une liberté et une innocence qui permettent de plonger au cœur de vos rêves et de leur donner vie. La légèreté que vous cultivez vous permet ainsi de tenter de nombreuses expériences.

Mais, si vous ne veillez pas à inscrire ce potentiel dans un cadre solide et constructif, vous risquez de papillonner sans jamais donner de réelle consistance à vos désirs. De plus, votre spontanéité et vos élans créatifs pourraient se transformer en impulsions mal canalisées ou en caprices égoïstes.

Aussi, prenez soin de vos rêves : offrez-leur un monde riche et stable dans lequel s'incarner.

Vous avez entre 19 et 25 points

Vous avez 16-18 ans, l'âge de la révolte !

Votre âme d'adolescent est encore très active. Vous aimez être entouré et vous faire une place bien à vous au sein de la société, non sans y aller de quelques coups de gueule.

En effet, vous adorez marquer votre territoire en affichant une image faite d'originalité, d'audace, mais aussi d'insoumission. Pour ce faire, vous usez de votre penchant naturel pour la rébellion et l'esprit de contradiction. Un brin provocateur, vous aimez tester les réactions des autres et vos propres limites.

Toutes ces attitudes vous permettent de définir votre identité en marquant votre différence. Mais attention aux excès ! Car si cette quête de liberté peut conduire à l'indépendance, elle peut aussi vous mener à la marginalité. Dans ce cas, provocations et rébellions risquent de prendre le devant de la scène et vous empêcher de vous inscrire positivement dans la société, et donc dans votre vie.

Aussi, cultivez votre franc-parler, votre énergie et votre autonomie, mais n'oubliez pas d'être attentif à l'originalité des autres.

Vous avez entre 26 et 31 points

Vous avez 35-40 ans, l'âge de la raison

Vous menez votre barque avec l'âme d'un vrai capitaine. Mettant en avant un esprit critique et analytique, vous privilégiez le raisonnement aux émotions, la réflexion aux impulsions. Vous aimez définir des objectifs, mener vos actions à terme, construire autour de vous un univers stable qui réponde à vos désirs et besoins.

De plus, vous favorisez la sincérité et l'authenticité dans vos rapports, cherchant à approfondir vos relations et à entretenir des liens solides. Car bien qu'actif, vous appréciez de pouvoir vous ressourcer au sein d'un foyer chaleureux et fiable. Tout ceci montre que vous avez la faculté de réaliser concrètement vos attentes.

Mais prenez garde à ne pas oublier la légèreté de l'existence et les bienfaits du changement ! Car à être « trop adulte », vous pourriez tomber dans une monotonie et un automatisme appauvrissant, oublier spontanéité, surprises et autres petits coups de folie, en vous reposant perpétuellement sur vos acquis sans plus rêver à d'autres horizons…

Vous avez entre 32 et 40 points

Vous avez 50-60 ans, l'âge de la sagesse

La vie semble vous avoir mené tout droit à l'âge de la sagesse. Vous aimez relâcher les rênes de votre existence et prendre du recul par rapport aux événements.

Souvent féru de spiritualité, vous pensez que c'est en ne cherchant plus que l'on finit par trouver. En retrait de l'agitation du monde et de ses superficialités, vous préférez aux relations sociales des liens profonds, faits de complicité et de tendresse. D'ailleurs, vous vous mettez fréquemment en position d'écoute et de soutien vis-à-vis des autres, prodiguant conseils et phrases à méditer.

Cet état d'esprit vous permet d'être plus confiant face aux doutes et autres difficultés de la vie. Mais poussée à l'extrême, cette attitude peut engendrer une renonciation aux désirs ! Vous pourriez alors vous retrouver prisonnier d'un cocon se fermant progressivement à l'extérieur…

Aussi, cultivez la sagesse sans retenue, mais en veillant à bien l'inscrire dans une relation au monde et aux autres active et fertile.

Quel est votre âge sentimental ?

Le nombre des années n'a souvent aucune influence sur le comportement amoureux. Ainsi, certaines personnes d'âge mûr font preuve d'une fraîcheur que les plus jeunes pourraient leur envier. Et à l'opposé, à 20 ans, certains réagissent avec un sérieux et un recul étonnants. Dans le domaine amoureux, chacun évolue à son rythme, au fil de ses expériences et de son histoire personnelle. Et vous, sur l'échelle de la maturité sentimentale, où vous situez-vous ?

Le moment le plus fort d'une histoire d'amour :

- La rencontre . . . . ● □
- La réconciliation . . . . ▲ □
- L'engagement pour la vie . . . . ★ □
- Le jour des noces d'or (50 ans !) . . . . ■ □

Le surnom le plus mignon :

- Mon amour . . . . ● □
- Celui que l'autre a inventé pour vous . . . . ▲ □
- Ma puce . . . . ★ □
- Vous n'aimez pas les surnoms . . . . ■ □

Quel personnage trouvez-vous le plus remarquable ?

- Le dalaï-lama . . . . ■ □
- Marie Curie . . . . ● □
- Mère Teresa . . . . ★ □
- Le commandant Cousteau . . . . ▲ □

Le paysage le plus propice aux déclarations d'amour :

La plage, le soir avec le roulement des vagues en bruit de fond . . . ▲ □
En plein cœur de la forêt, les oiseaux pour témoins . . . . ● □
En ville, dans la rue, parmi les anonymes . . . . ■ □
Au soleil couchant, sur une route de campagne . . . . ★ □

Enfant, quel spectacle préfériez-vous au cirque ?

Les jongleurs . . . . ● □
Les acrobates . . . . ■ □
Les clowns . . . . ★ □
Les dresseurs d'animaux . . . . ▲ □

Les soirées déguisées :

Vous adorez. . . . . ★ □
Vous détestez . . . . ■ □
Vous aimez bien, mais en comité restreint et à petite dose . . . . . . ● □
Vous ne savez jamais quoi mettre. . . . . ▲ □

Les histoires drôles :

Vous appréciez et vous aimez bien en raconter. . . . . ★ □
Vous aimez mais vous ne les retenez jamais . . . . ▲ □
Elles vous font rarement rire . . . . ■ □
Vous oubliez toujours la fin . . . . ● □

Les couples qui disent ne jamais se disputer :

Vous ne les croyez pas. . . . . ■ □
Vous doutez de leurs sentiments amoureux . . . . ▲ □
Vous les admirez. . . . . ★ □
Vous trouvez ça triste... . . . . ● □

Au cinéma, vous arrive-t-il de pleurer devant des scènes émouvantes ?

Jamais. . . . . ■ □
Parfois, mais vous essayez de le cacher . . . . ● □
Souvent. . . . . ★ □

Cela dépend de votre humeur . . . . ▲ ☐

Le défaut que vous supporteriez le plus difficilement chez l'autre :

La méfiance . . . . ★ ☐
La prétention . . . . ● ☐
La mauvaise foi. . . . . ▲ ☐
La fainéantise . . . . ■ ☐

Six mois que vous êtes ensemble. Ce soir :

Vous fêterez cela ensemble . . . . ★ ☐
Un baiser suffira pour marquer la date . . . . ▲ ☐
Vous ne direz rien. La relation est trop récente à vos yeux . . . . ■ ☐
Rien. Les anniversaires amoureux, ce n'est pas votre style . . . . ● ☐

Si vous gagniez au Loto, que feriez-vous pour lui faire plaisir ?

Un cadeau somptueux, vous avez votre petite idée . . . . ■ ☐
La maison de vos rêves pour tous les deux . . . . ★ ☐
Un magnifique voyage en amoureux. ● ☐
Vous chercheriez une idée vraiment originale . . . . ▲ ☐

De son portefeuille, s'échappe une jolie photo d'une personne qui vous est inconnue. Il s'agit soi-disant de son (sa) cousin(e) :

Vous n'en croyez pas un mot et vous lui faites une scène. . . . . ▲ ☐
Vous ne mettez pas sa parole en doute . . . . ★ ☐
Vous faites semblant d'y croire mais sans conviction. . . . . ● ☐
Vous laissez dire mais vous allez faire votre petite enquête . . . . . . ■ ☐

Lorsque vous vous disputez :

Vous criez, parfois même vous hurlez. . . . . ▲ ☐
Vous terminez le plus souvent en pleurs . . . . ★ ☐
Vous parlez beaucoup, ce qui permet de faire des mises au point . ● ☐
C'est toujours pareil et ça ne sert à rien. . . . . ■ ☐

Depuis trois jours, pas moyen de l'avoir au téléphone. Pourtant, vous vous appelez tous les jours :

- Vous pensez au pire. Un accident, un problème de santé… . . . . . ★ ☐
- Vous doutez de sa fidélité . . . . ▲ ☐
- Vous ne vous alarmez pas. Trois jours, c'est rien . . . . ● ☐
- Message reçu cinq sur cinq ! Vous ne l'appelez plus . . . . ■ ☐

Décompte des points

Nombre de ★ :
Nombre de ▲ :
Nombre de ● :
Nombre de ■ :

Total : 15

Décryptage

Vous avez une majorité de ★

Quelle jeunesse !

Côté cœur, vous avez gardé l'enthousiasme et la spontanéité de l'enfance. Lorsque vous aimez et que vous vous sentez aimé en retour, plus rien ni personne ne saurait venir gâcher votre bonheur. Vous êtes sur votre petit nuage et vous regardez l'autre avec une tendresse presque aveugle. Vous l'écoutez et vous le croyez sans arrière-pensée parce que, pour vous, amour rime avec confiance. Il ne vous vient même pas à l'esprit que votre partenaire pourrait vous mentir ou vous jouer un mauvais tour. Comme vous êtes sincère, vous pensez que l'autre l'est forcément aussi. À vos yeux, remettre en question son authenticité serait une façon de douter de ses sentiments et de sa parole. De vos jeunes années, vous avez conservé une certaine naïveté qui pourrait se transformer en crédulité si vous n'y prenez garde. En réalité, vous avez tellement envie de croire que votre amour est partagé, que vous préférez ignorer les risques de dérapage. C'est votre petit côté autruche qui vous permet ainsi d'économiser les souffrances que l'excès de prudence engendre. Cette fraîcheur sentimentale fait aussi partie de votre charme.

Vous avez une majorité de ▲

La force et l'intensité de l'adolescence...

L'amour tiède, ce n'est pas pour vous. Lorsque vous éprouvez des sentiments pour quelqu'un, vous avez envie et besoin de les manifester avec fougue et transport. Vous vous sentez prêt à déplacer des montagnes pour lui prouver la puissance de votre attachement et vous attendez en retour des démonstrations de la même envergure. Vous ne commandez pas vos émotions, ce sont elles qui vous dirigent. De l'adolescence, vous avez gardé une certaine impulsivité et beaucoup d'exigences. Alors, lorsque votre partenaire vous donne l'impression de regarder d'autres que vous, votre sang ne fait qu'un tour et les reproches pleuvent. Vous avez du mal à vous contrôler mais le souhaitez-vous vraiment ? La question est là. Vous aimez sentir l'intensité des sentiments. Cela vous donne l'impression d'avoir une vie bien remplie et exaltante. Cela ne cacherait-il la peur de la solitude et de l'ennui ? Essayez peut-être, pour retrouver un peu plus de sérénité et de recul, d'utiliser votre énergie dans des activités sportives ou artistiques qui vous apaiseraient.

Vous avez une majorité de ●

Le bel âge

L'amour fou, vous y croyez. Vous savez par expérience que la modération des sentiments est une utopie. Quand Cupidon a décoché sa flèche, il est difficile, voire impossible de se montrer raisonnable, contrôlé, réfléchi. Les disputes, la jalousie, la rivalité font presque toujours partie de la vie sentimentale. Mais ce n'est pas une raison d'après vous pour se laisser aller à tous les débordements. Les crises, les scènes, vous essayez autant que possible de les éviter parce que cela laisse toujours des souvenirs un peu douloureux. En réalité, vous ne recherchez pas à pimenter vos relations avec ce type d'ingrédients. Sans être un modèle de calme, vous ne provoquez pas les conflits qui finissent à la longue par entamer la confiance et la profondeur des sentiments. En un mot, vous êtes réaliste et vous avez compris que l'amour ne peut pas durer si on ne fait parfois preuve d'une certaine maturité. Pour en arriver à une telle conclusion, n'auriez-vous pas vécu une histoire un peu trop tumultueuse que vous n'avez pas du tout envie de renouveler ? Si c'est votre cas, vous avez su en tirer profit et gagner en sérénité.

Vous avez une majorité de ■

L'âge de raison

Vous n'êtes pas né de la dernière pluie et vous vous efforcez de regarder la réalité en face, sans vous raconter d'histoire. Pour vous, homme et femme réagissent tous de la même façon lorsqu'ils sont amoureux, avec leurs qualités mais aussi avec leurs défauts. Ils ne deviennent pas des anges du jour au lendemain. Même s'ils montrent le meilleur d'eux-mêmes dans un premier temps, à un moment donné, les mauvais côtés finissent aussi par se révéler. Ainsi, il vous semble tout à fait normal de passer par des épisodes de grande générosité à des périodes où l'on se montre plus égoïste. C'est pour cela que vous faites preuve de scepticisme lorsque l'on vous parle du grand amour qui est censé durer toute la vie, sans subir l'usure du temps. Vous n'y croyez pas vraiment. Encore que, derrière votre méfiance, se cache peut-être la peur de tomber dans les filets de l'amour et de devenir, à votre tour une proie consentante, prête à faire des serments, les yeux fermés. En réalité, vous cherchez à vous protéger contre vous-même mais votre enthousiasme et votre fougue ne sont pas endormis pour autant.

Êtes-vous un douillet affectif ?

Déménager vous angoisse, vous redoutez la moindre dispute et vous aimez pleurer au cinéma ? Vous êtes peut-être un « douillet affectif ». Un profil psychologique mis en évidence par Boris Cyrulnik dans son livre *De chair et d'âme* (Odile Jacob). Pour ce grand neuropsychiatre, ce n'est pas un nouveau trouble psychique mais un « style affectif d'existence », une « façon d'être au monde ». Le résultat d'une histoire personnelle émaillée de ruptures mal digérées, de situations affectives perturbantes, ou du moins vécues comme telles. Pour savoir si vous faites partie de ces hypersensibles de la vie, répondez spontanément à chaque proposition suivante et cochez la case « oui », « non » ou « parfois » qui correspond le mieux à votre vécu (si vous n'avez pas d'enfant par exemple, tentez de l'imaginer...).

L'enfance

Avec vos parents :

J'avais le souci de leur plaire, quitte à brider mes désirs propres .... ☐ oui ☐ non ☐ parfois

J'étais très sensible à leurs compliments ...... ☐ oui ☐ non ☐ parfois

J'étais inquiet quand je lisais de la réprobation sur leur visage .... ☐ oui ☐ non ☐ parfois

Je me taisais même s'ils étaient injustes, de peur d'être abandonné .... ☐ oui ☐ non ☐ parfois

Je préférais passer mes vacances avec eux qu'avec mes copains.................... ☐ oui ☐ non ☐ parfois

À l'école :

Mes profs et mes parents devaient être satisfaits de mes résultats ☐ oui ☐ non ☐ parfois

L'idée d'être puni me terrifiait ☐ oui ☐ non ☐ parfois

J'avais peur d'arriver en retard en classe ☐ oui ☐ non ☐ parfois

Dans les petites classes, j'offrais des cadeaux à la maîtresse ☐ oui ☐ non ☐ parfois

J'étais incapable de me défendre quand quelqu'un m'embêtait ☐ oui ☐ non ☐ parfois

Les copains :

Les disputes me bouleversent ☐ oui ☐ non ☐ parfois

J'ai toujours été fidèle en amitié ☐ oui ☐ non ☐ parfois

Je continue de voir des amis d'enfance ☐ oui ☐ non ☐ parfois

J'aime aider les plus faibles, ceux qui sont en difficulté ☐ oui ☐ non ☐ parfois

Même quand mes amis abusent, je suis incapable de dire non ☐ oui ☐ non ☐ parfois

Le premier amour :

J'étais sensible au moindre de ses mots ☐ oui ☐ non ☐ parfois

Je craignais ses reproches ☐ oui ☐ non ☐ parfois

Je pensais que nous resterions toujours ensemble ☐ oui ☐ non ☐ parfois

Je le comblais de cadeaux ☐ oui ☐ non ☐ parfois

Quand nous avons rompu, je me suis senti inconsolable ☐ oui ☐ non ☐ parfois

L'âge adulte

En couple :

Le plaisir de l'autre passe avant le mien ☐ oui ☐ non ☐ parfois

Notre séparation serait catastrophique, je ne m'en remettrais jamais ☐ oui ☐ non ☐ parfois

Je ne supporte pas les disputes ☐ oui ☐ non ☐ parfois

Mon besoin de l'autre me fait tout accepter . . . ☐ oui ☐ non ☐ parfois

Il est impensable que j'aie des relations extraconjugales . . . . ☐ oui ☐ non ☐ parfois

Avec vos enfants :

Il est important que toute la famille se réunisse chaque dimanche. ☐ oui ☐ non ☐ parfois

Je suis prêt à accepter entièrement leur façon de vivre, même si elle heurte mes valeurs morales . . . . ☐ oui ☐ non ☐ parfois

Rien n'est plus terrible à mes yeux qu'un enfant qui souffre . . . . ☐ oui ☐ non ☐ parfois

L'idée qu'ils grandissent et quittent un jour la maison me rend d'avance malheureux. . . . ☐ oui ☐ non ☐ parfois

Être parent, c'est soutenir son enfant et être présent pour lui éternellement. . . . . . . ☐ oui ☐ non ☐ parfois

La vie quotidienne :

Je m'attache intensément et donne énormément aux autres . . . . ☐ oui ☐ non ☐ parfois

Je suis triste quand je dois changer de voiture ou même de frigo. ☐ oui ☐ non ☐ parfois

Je peux rester très longtemps dans la même entreprise . . . . ☐ oui ☐ non ☐ parfois

J'ai besoin de rituels relationnels : dîner avec les Martin chaque vendredi, vacances à l'hôtel des Flots l'été. . . . . ☐ oui ☐ non ☐ parfois

J'aime les films tristes à cause de l'émotion qu'ils me procurent . . . . ☐ oui ☐ non ☐ parfois

Nombre de oui :	**x 2 =**
Nombre de non :	**x 0 =**
Nombre de parfois :	**x 1 =**
	Total =

Calculez votre nombre de « oui », de « non » et de « parfois ». Comptez 2 points pour chaque « oui », 1 point pour chaque « parfois » et 0 point pour chaque « non ». Additionnez le nombre de points et reportez-vous au profil correspondant. Si, à 1 point près, vous êtes proche de deux profils différents, lisez les deux et retenez celui qui paraît vous correspondre le mieux.

Essayez ensuite de repérer les situations (avec vos parents, avec vos amis, en couple, avec vos enfants…) où vous avez le plus de « oui ». Elles indiquent vos principales zones de fragilité.

Vous pourrez peut-être constater qu'enfant, vous étiez davantage douillet affectif qu'aujourd'hui, ou bien, au contraire, que vous l'êtes devenu avec les années…

Décryptage

Vous avez moins de 25 points

Vous êtes très – trop ? – peu douillet affectif

Les ruptures ne vous font pas peur, les cassures de rythme sont même nécessaires à votre équilibre. Vous êtes un aventurier de la vie, avec des besoins de stimulation intenses. Vivre vite, telle est votre devise. Vous prenez des risques, vous récoltez donc des bleus.

Vous multipliez les aventures – amoureuses, sexuelles, humaines. Vous misez sur la pluralité : vous ne devez rien aux autres, ils ne vous doivent rien. D'ailleurs, vous manifestez quelques difficultés à tenir compte de leurs désirs s'ils ne les expriment pas d'une façon claire et déterminée. Vous êtes convaincu qu'en amitié, comme en amour, il y a toujours des problèmes : les conflits font partie des relations humaines. Les gens envient souvent votre désinvolture, votre absence d'attache, votre liberté, votre témérité, vos prises de risque. C'est vrai, vous semblez plus solide que beaucoup. Pourtant, comme presque tous vos semblables, vous risquez de vous retrouver très seul un jour, à force de ne pas ménager votre entourage. Votre partenaire, vos amis semblent supporter vos incartades ? Il n'est pas dit qu'il en sera ainsi demain… Il serait important que vous fassiez davantage attention aux autres.

Appliquez-vous à leur faire de petits cadeaux, à découvrir leur monde mental, à faire davantage attention à leurs besoins.

Essayez de vous enraciner, de vous stabiliser davantage. Vous souhaitez que vos enfants prennent leur autonomie le plus vite possible et cessent de dépendre de vous ? C'est d'abord en leur apportant une sécurité de base que vous pourrez espérer un jour les voir voler de leurs propres ailes.

Vous avez entre 25 et 34 points

Vous êtes un douillet affectif modéré

La hantise des ruptures est le lot de beaucoup d'entre nous. Elles sont toujours source de déstabilisation. Mais dans un monde où amour rime rarement avec toujours et où passer sa vie professionnelle dans la même entreprise est devenu rare, savoir les affronter sans trop de déplaisir est un atout. L'air ambiant est plutôt propice à un certain nomadisme. Vous n'êtes pas un fan des métamorphoses, vous ne les recherchez pas, bien au contraire, mais vous acceptez leur nécessité.

Vous êtes suffisamment sensible pour être à l'écoute des autres, de leurs besoins, et ceux qui vous entourent apprécient vos capacités d'empathie. Vous n'aimez pas les disputes mais vous n'ignorez pas que les conflits sont parfois nécessaires. Et vous préférez asséner une vérité bien sentie plutôt que ménager l'autre pour éviter une rupture. Surtout quand l'une de vos convictions profondes est en cause. Ce n'est pas toujours facile pour vous, cependant vous savez vous faire respecter. Votre peur de déplaire, de blesser l'autre n'est pas assez intense pour vous mener à l'autosacrifice. Si vous vivez bien avec votre fragilité, surtout, ne changez rien à ce que vous êtes…

Vous avez entre 35 points ou plus

Vous êtes un grand douillet affectif

Même si vous êtes plus vulnérable que beaucoup, vous pouvez vivre aussi bien que n'importe qui si vous avez votre cocon protecteur. Si vous vous organisez une existence basée sur des interactions de qualité, avec un réseau d'amis sûrs, des rencontres, des sorties régulières, vous serez – vous êtes – tout à fait heureux. Votre grand atout : vous êtes quelqu'un de facile à aimer. Les autres s'attachent à vous, votre entourage apprécie vos qualités d'écoute, votre faculté de vous mettre à la place d'autrui.

Toutefois, entraînez-vous à être moins sensible aux disputes et aux désaccords. Une prise de bec n'est jamais fatale si l'autre est une personne qui vous apprécie réellement. Tâchez de vous persuader que vous n'êtes pas moins important que vos proches, que vous avez le droit d'exprimer vos besoins et vos désirs.

Ne vous sentez pas obligé d'assister vos enfants jusqu'à votre dernier jour : ils ont leur vie à vivre. En leur passant tous leurs caprices, vous ne les aidez pas à devenir adultes. Même si vous osez leur dire non, ils ne cesseront pas de vous aimer. Il faut parfois en passer par des conflits pour apaiser une situation. En vous intéressant plus aux autres qu'à vous-même, vous ne vous faites pas toujours du bien. Vous risquez de mener une existence qui n'est pas vraiment la vôtre. Restez à votre écoute.

Savez-vous exprimer vos sentiments ?

Parler de soi n'est pas toujours facile. Tomber le masque, dans certaines circonstances, est même parfois impossible. Cependant certains manient l'expression de soi sans problème : ils osent révéler ce qui est en eux et, généralement, trouvent les mots justes. D'autres préfèrent se taire, éluder les questions ou parfois même mentir car l'exercice est trop difficile pour eux. Pour s'exprimer, il faut parfois vaincre certains blocages. Y arrivez-vous le plus souvent ? Pour le savoir, lancez-vous !

Qu'est-ce qui vous agace le plus ?

Les gens qui parlent trop fort . . . . 3 ☐
Les gens qui parlent trop bas. . . . . 2 ☐
Les gens qui ne terminent pas leurs phrases . . . . 1 ☐

Vous assistez à une dispute sévère entre deux de vos amis :

Vous essayez de les calmer. . . . . 2 ☐
Vous ne vous en mêlez pas . . . . 3 ☐
Vous intervenez, quitte à prendre parti . . . . 1 ☐

Vous arrive-t-il de rougir quand on vous fait des compliments ?

Souvent. . . . . 3 ☐
Parfois . . . . 2 ☐
Rarement. . . . . 1 ☐

Vous arrivez chez des amis. À peine le seuil franchi, éclat de rire général. Votre première réaction :

Il y a de l'ambiance. C'est sympa. . . . . 1 ☐

Qu'est-ce que j'ai de ridicule ? . . . . 3 ☐
Vous demandez la raison de ce fou rire. 2 ☐

Le pire défaut dont on puisse vous accuser :

La méchanceté . . . . 2 ☐
L'hypocrisie . . . . 1 ☐
L'immaturité . . . . 3 ☐

Au cinéma, face à une scène très émouvante :

Vous craquez. Impossible de retenir vos larmes . . . . 1 ☐
Vous résistez et essayez de ne rien montrer, mais c'est dur… . . . . 2 ☐
Vous pleurez rarement devant un film . . . . 3 ☐

Pour l'anniversaire d'un ami proche, on vous a demandé de faire un petit discours :

Si on vous a choisi, vous ne pouvez pas refuser . . . . 1 ☐
Pas question ! Vous avez horreur de parler en public . . . . 3 ☐
Ok mais juste quelques mots . . . . 2 ☐

Vous venez de tomber amoureux :

Vous le dites à tout le monde. . . . . 1 ☐
Vous en parlez à vos proches . . . . 2 ☐
Vous le gardez pour vous. Au moins au début… . . . . 3 ☐

Vous patientez devant le cinéma. Deux personnes arrivent et vous passent devant :

Vous leur dites de prendre la queue, comme tout le monde . . . . 1 ☐
Vous fulminez, mais n'osez rien dire . . . . 2 ☐
Pas très grave ! . . . . 3 ☐

Si vous étiez journaliste, vous préféreriez travailler pour :

La télévision . . . . 1 ☐
La radio . . . . 2 ☐
La presse écrite. . . . . 3 ☐

Pour une soirée déguisée, vous choisiriez plutôt une tenue :

Originale . . . . .2 ☐
Drôle . . . . .1 ☐
Élégante . . . . .3 ☐

Qu'est-ce qui vous qualifie le mieux ?

La tolérance . . . . .2 ☐
La sensibilité. . . . . .3 ☐
La sincérité. . . . . .1 ☐

Quel animal vous est le plus sympathique ?

La tortue . . . . .3 ☐
Le hérisson. . . . . .1 ☐
L'escargot . . . . .2 ☐

Aimez-vous raconter des histoires drôles ?

Oui et vous vous en sortez plutôt bien .1 ☐
Non, et quand vous essayez, ce n'est pas un franc succès . . . . .3 ☐
Ça dépend de l'ambiance, des circonstances, des gens . . . . .2 ☐

Pour vous défouler, qu'est-ce qui serait le plus efficace ?

Crier à plein poumons . . . . .1 ☐
Taper dans un punching-ball . . . . .3 ☐
Piquer un sprint. . . . . .2 ☐

Additionnez vos points :

Nombre de 1 :	x 1 =
Nombre de 2 :	x 2 =
Nombre de 3 :	x 3 =
	Total =

Décryptage

Vous avez moins de 25 points

Oui, dans l'excès

Votre spontanéité vous honore. Lorsque vous éprouvez des sentiments forts, vous ne cherchez pas à les faire taire. Au contraire. Votre enthousiasme, votre optimisme sont même communicatifs. Comme si vous aviez envie de partager les émotions que vous ressentez. Par exemple, lorsque vous aimez, tout le monde le sait, tout le monde le voit. Cela transparaît même si vous ne l'exprimez pas avec des mots. Mais parfois, cela vous gêne un peu. Vous préféreriez pouvoir cacher un peu mieux vos émotions. Vous vous sentez comme submergé par elles, sans défense, avec l'impression d'être mis à nu parce que vous ne pouvez pas les passer sous silence. Un peu comme si votre sincérité vous trahissait. C'est le propre des émotions. Quand elles sont puissantes, elles sont en général incontrôlables. Cependant, si vous souhaitez acquérir une meilleure maîtrise de vous-même, le yoga, la sophrologie ou les arts martiaux pourraient s'avérer une aide très efficace.

Vous avez entre 25 et 35 points

Oui, suivant la situation

Lorsque vous vous sentez en confiance avec les gens, vous arrivez à parler de ce qui vous tient vraiment à cœur. Dans ces cas-là, vous savez faire taire votre pudeur et exprimer vos sentiments avec sincérité et naturel. En revanche, lorsque vous ne connaissez pas bien vos interlocuteurs, vous n'êtes pas du tout à l'aise. Vous essayez de gérer au mieux vos émotions, mais vous avez souvent l'impression de ne pas trouver les mots justes pour dire ce que vous éprouvez, de perdre le contrôle, de « déraper ». Sitôt après, vous regrettez et vous pensez, mais trop tard : « J'aurais dû dire », « il a dû comprendre que… » Bref, vous n'êtes pas fier de vous. Mais derrière l'appréhension d'être mal perçu, il y a peut-être la peur de vous-même et de ce que vous ressentez vraiment. Vous avez du mal à admettre vos sentiments contradictoires, confus ou excessifs. Essayez de mieux vous accepter, avec vos bons, mais aussi vos moins bons sentiments. C'est humain et cela fait aussi partie de votre charme…

Vous avez 36 points et plus

Plutôt difficilement

Il n'y a chez vous ni froideur, ni indifférence même si parfois vous laissez entre vous et les autres un peu de distance. Parce que vous éprouvez une certaine difficulté à parler de vous, à vous mettre en avant. Vous préférez rester en retrait et ne pas prendre le risque de révéler ce qui vous tient trop à cœur. Pour vous, ce serait de l'indiscrétion. Il vous semble important de préserver votre jardin secret. C'est une forme de pudeur mais aussi l'expression de votre sensibilité. Cependant, vous ressentez parfois une certaine frustration à ne pas pouvoir vous exprimer plus librement, de façon spontanée, sans vous poser trop de questions. Ce qui vous freine, c'est la peur du jugement des autres. Vous préférez vous taire plutôt que de prendre le risque de susciter des critiques. C'est une façon de vous mettre à l'abri, de vous protéger derrière un voile de silence. Cela ne cacherait-il pas un très léger soupçon d'orgueil ? Peut-être ?

Êtes-vous jaloux ?

Par les passions, nous retrouvons des émotions que nous avons déjà éprouvées dans notre enfance et dont nous avons gardé la nostalgie. La jalousie est ressentie, avec plus ou moins de violence, par tout être psychologiquement en bonne santé.

Un peu, beaucoup, passionnément, à la folie ? À quel point êtes-vous jaloux en couple ?

Pour vous, quel objet symbolise le mieux la vie quotidienne ?

Un journal ouvert . . . . 1 ☐
Une lampe de chevet. . . . . 4 ☐
Une corbeille à papiers . . . . 3 ☐
Un bouquet de crocus . . . . 2 ☐

Oublier le passé vous semble :

Impossible . . . . 4 ☐
Prudent . . . . 2 ☐
Une erreur . . . . 3 ☐
Normal. . . . . 1 ☐

Vous pourriez faire mettre son téléphone sur écoute, pour :

Vérifier tout ce qui se passe dans son bureau . . . . 1 ☐
Entendre ce que votre conjoint dit quand il parle avec sa mère . . . . 3 ☐
Savoir ce que votre conjoint dépense . . . . 2 ☐
Apprendre si votre conjoint vous est infidèle . . . . 4 ☐

Trompé par la femme ou l'homme que vous aimez, vous trouvez que vous ressemblez :

À un nouvel homme ou une nouvelle femme . . . . 2 ☐

Au fantôme de Casanova ou d'Emma Bovary . . . . .3 ☐
À la Tour Eiffel un jour de pluie . . . . .1 ☐
À plus rien du tout . . . . .4 ☐

Quelle phrase vous semble résumer le mieux votre personnalité :

« La raison nous trompe plus souvent que la nature »
Vauvenargues, *Réflexions et Maximes* .2 ☐
« La jalousie, c'est un manque d'estime pour la personne
qu'on aime » Bounine, *Le Sacrement de l'amour* . . . . .1 ☐
« Il y a dans la jalousie plus d'amour-propre que d'amour »
La Rochefoucauld, *Maximes* . . . . .3 ☐
« L'homme qui aime normalement sous le soleil, adore
frénétiquement sous la lune » Maupassant, *Sur l'eau*. . . . . .4 ☐

À quoi condamneriez-vous son amant (sa maîtresse) si votre conjoint en avait un ou une ?

À travailler jour et nuit . . . . .1 ☐
À vous rencontrer . . . . .2 ☐
À être écorché vif . . . . .4 ☐
À être exilé dans un pays lointain. . . . . .3 ☐

Quand vous le sentez soupçonneux, vous êtes prêt à :

Lui proposer un voyage à deux . . . . .2 ☐
Le faire suivre . . . . .4 ☐
Lui faire un bébé. . . . . .3 ☐
Vous raisonner . . . . .1 ☐

7 heures du matin, le réveil vous fait violemment sursauter. Quels sont vos premiers mots ?

- « Où es-tu ? Où es-tu ? » . . . . 3 ☐
- « Qui vas-tu voir aujourd'hui ? » . . . . 4 ☐
- « J'ai plein de choses intéressantes à faire, vite ! » . . . . 1 ☐
- « Cinq minutes encore ! Le temps d'un câlin... » . . . . 2 ☐

Que vous dit votre conjoint le plus souvent ?

- « Si je te le dis, c'est vrai » . . . . 2 ☐
- « Dis-moi que tu m'aimes... » . . . . 3 ☐
- « Attends-moi, j'arrive ! » . . . . 1 ☐
- « Mais non, tu as trop d'imagination... » . . . . 4 ☐

Selon vous, être jaloux, c'est :

- Douter de soi-même . . . . 1 ☐
- Défendre son bien . . . . 4 ☐
- Prouver son amour . . . . 2 ☐
- Vouloir être le seul à rendre son partenaire heureux . . . . 3 ☐

Additionnez vos points :

Nombre de 1 :	x 1 =
Nombre de 2 :	x 2 =
Nombre de 3 :	x 3 =
Nombre de 4 :	x 4 =
	Total =

Décryptage

Vous avez entre 10 et 19 points

Un peu

Jaloux ? Un peu… et seulement si vos soupçons se vérifient.

Car pour vous, la jalousie n'est pas une émotion acceptable, vous la percevez comme culturellement vile ou indigne de vous. Et surtout inutile, prouvant qu'il est trop tard, votre relation avec votre partenaire traversant une crise dès que vous le suspectez de ne pas être fidèle à ses engagements.

Vous refusez donc le ridicule de vous montrer jaloux. Surtout si vous soupçonnez votre conjoint d'être plus heureux que vous, ou de connaître plus de plaisir (sexuel ou matériel). La jalousie vous semble être la manifestation de votre instinct de possession le plus profond. Quand l'estime de celui que vous aimez vous devient impossible, quand celui-ci semble ne plus coïncider avec l'image idéale que vous avez de lui, et sur laquelle est basé votre amour.

Vous ressentez alors une insécurité, mêlée de culpabilité. Parfois inspirée par votre modèle parental, votre jalousie peut être aussi une forme de représailles si votre vie commune ne vous satisfait pas. Comme vous ne l'exprimez pas, pour prouver votre confiance en votre partenaire et par peur d'être moins aimé, quitte à paraître indifférent, votre absence de réactions peut être assimilée à un manque de passion ou de virilité. En fait, votre jalousie est un refus de remettre en question l'avenir, et d'assumer l'angoisse et les risques en résultant (peine, abandon, solitude, privations de ressources, etc.).

Pour ne pas encourager des émotions seulement soupçonnées et favoriser ce que vous craignez le plus, exprimez vos sentiments.

Vous avez entre 20 et 25 points

Beaucoup

Jaloux ? Beaucoup… car dès que votre partenaire vous semble un peu distrait, vous ressentez d'abord un sentiment d'insécurité, de la peur, puis de la colère, et enfin de la tristesse.

Mais vous exprimez votre jalousie seulement lorsque vous sentez que l'attitude de votre partenaire vous met en danger. Vous appréhendez la perte de son amour, autant que la modification d'un avenir jugé satisfaisant. Bien connaître les femmes (ou les hommes), et les êtres capables de les séduire, vous rend très méfiant. Et quitte à dévaloriser votre partenaire par votre attitude, ou restreindre sa liberté sociale, vous ne pouvez pas vous empêcher d'être jaloux, mais en évitant d'avoir des réactions agressives, sans intrusions, pour ne pas détruire votre relation.

Vous extériorisez modérément votre jalousie pour ne pas consolider une intimité seulement soupçonnée, dans le cas où l'infidélité existerait réellement. Tout en cherchant des comportements dissimulateurs chez votre partenaire, qui prouveraient le bien-fondé de vos doutes. De plus, vous êtes jaloux selon vos états d'âme. Quand vous ressentez un manque affectif, quand vous vous sentez d'humeur séductrice envers une autre femme (ou un autre homme), dans ce cas, éprouver du désir pour quelqu'un d'autre réconforte votre ego, ou quand vous focalisez vos pensées sur vos sentiments d'infériorité. Manque de confiance en votre position sociale, votre apparence physique ou vos relations sexuelles. Même si vous prenez le risque de discréditer votre image.

Réfléchir pour comprendre les motifs de votre jalousie et ne pas chercher à savoir ce qu'on ne vous dit pas spontanément, serait une position constructive.

Vous avez entre 26 et 31 points

Passionnément

Jaloux ? Passionnément ! Méfiant à l'extrême, vous êtes capable d'éprouver une jalousie composée d'angoisse mêlée de colère, puis de douleur teintée de rage.

Elle est souvent motivée par l'intensité des émotions et des sentiments que vous éprouvez pour votre partenaire. En vous révélant la profondeur de votre amour, votre jalousie est le déni d'une réalité redoutée : la modification de la relation amoureuse dont vous êtes un des protagonistes. Vous aspirez à vivre celle-ci selon un schéma toujours identique, celui qui vous conforte dans l'estime que vous vous portez. Les fantasmes d'infidélité que vous attribuez à votre partenaire vous évitent de vous analyser, et d'assumer votre propre infidélité quand c'est le cas.

Pour vous, n'être pas jaloux serait ne pas aimer. Vous l'êtes d'ailleurs autant du passé de votre partenaire que de son futur. Et si vos soupçons sont non fondés, vos propos et vos comportements peuvent l'inciter à songer à être infidèle, vos réactions étant toujours les mêmes, quelle que soit son attitude. Vous avez aussi presque autant besoin de ressentir de la jalousie, que de lui en inspirer, pour stimuler votre envie de plaire, raviver son désir pour vous. Rendre l'autre jaloux vous donne le sentiment de réaffirmer votre rôle avec lui et de conserver votre pouvoir.

Laissez votre partenaire exister indépendamment de vous. Et essayez plutôt de prendre l'avantage sur la personne que vous soupçonnez l'intéresser à partir de conversations, d'activités communes, de loisirs correspondants à vos goûts.

Vous avez entre 32 et 40 points

À la folie

Jaloux ? À la folie ! Car avec ou sans soupçons, vous êtes presque perpétuellement jaloux. Affective, charnelle ou matérielle, votre jalousie est extrême.

Vous surveillez, testez, vérifiez les dires ou les gestes de votre partenaire et le harcelez sans scrupule. Sans réels motifs, par habitude et réactions instinctives, dès que vous vous sentez frustré.

Émotionnelle ou existentielle, votre jalousie vous procure un sentiment d'abandon, et vous cherchez pourtant toujours des preuves d'être mal ou moins aimé. Jaloux, vous essayez de contrôler les pensées de votre partenaire et surtout son vécu, pour vous l'approprier. Sans vraiment parler avec lui, ni essayer d'analyser votre vie quotidienne, ou les motifs de vos dissensions, vous avez besoin d'exprimer vos fantasmes masochistes de trahison. Altérant l'utilisation de votre énergie, vous êtes jaloux pour combler vos manques ou vos besoins affectifs, votre suspicion vous tenant lieu de relation amoureuse, entretenir inconsciemment votre jalousie excitant votre libido. Vous refusez aussi le passage du temps, et vous tentez de conserver, ou de retrouver des émotions passées impossibles à revivre. Ce désir vous inspire surveillance et interdits.

Être perpétuellement jaloux peut dissimuler un désir d'infidélité donnant un motif de se détacher du partenaire, donc d'avoir d'autres relations sentimentales ou sexuelles sans culpabilité, ou dissimuler une part d'homosexualité refoulée. Cherchez les motifs réels de votre jalousie, peut-être dus depuis l'enfance à une ambiance affective ou à un milieu vous dévalorisant.

Êtes-vous yin ou yang ?

Nous ne sommes pas faits d'un seul bloc. Nous ne sommes pas mus par une seule force. Et pour certaines traditions, comme le taoïsme, nous avons même à l'intérieur de nous deux énergies complémentaires et pourtant opposées. Correspondant d'une certaine manière au pôle masculin et féminin, ce yang et ce yin renvoient à des manières d'être et d'agir différentes. Même si « le yin est dans le yang et vice versa », quelle est la polarité dominante dans votre personnalité ? Pour le découvrir, répondez aux questions suivantes.

Parmi les cinq éléments de la tradition chinoise, auquel êtes-vous le plus sensible ?

Le bois (vent) . . . . 4 ☐
Le feu . . . . 5 ☐
La terre . . . . 3 ☐
Le métal (air) . . . . 2 ☐
L'eau. . . . . 1 ☐

Votre saveur préférée dans un plat c'est :

Le piquant (ail, fenouil, tabac) . . . . 2 ☐
L'acide (citron, tomate, orange) . . . . 4 ☐
Le salé (crabe, huître, pigeon) . . . . 1 ☐
L'amer (verveine, café, asperge). . . . . 5 ☐
Le doux (miel, banane, bœuf) . . . . 3 ☐

Un instrument de musique vous évoquant la nuit serait plutôt :

La cloche métallique . . . . 2 ☐
Le violon . . . . 5 ☐
Les castagnettes . . . . 4 ☐

Le tambour .... 1 ☐
L'ocarina .... 3 ☐

La couleur à laquelle vous êtes le plus sensible est le :

Jaune .... 3 ☐
Noir .... 1 ☐
Blanc .... 2 ☐
Vert .... 4 ☐
Rouge .... 5 ☐

Vous feriez le bilan de votre vie par un jour…

De sécheresse .... 2 ☐
De froid .... 1 ☐
De vent .... 4 ☐
De chaleur .... 5 ☐
D'humidité .... 3 ☐

Qu'est-ce qui caractérise le mieux vos histoires d'amour ? Leur :

Début .... 4 ☐
Fin .... 1 ☐
Déclin .... 3 ☐
Évolution .... 5 ☐
Stabilité .... 2 ☐

Quel est le sens le plus important pour vous ?

Le goût .... 5 ☐
Le toucher .... 1 ☐
La vue .... 4 ☐
L'ouïe .... 3 ☐
L'odorat .... 2 ☐

La matière qui vous rassure le plus et que vous aimez toucher est :

Le métal .... 2 ☐

Le bois .... 5 ☐
La soie .... 3 ☐
La peau... 1 ☐
La terre .... 4 ☐

Que possédez-vous le plus ?

La passion .... 5 ☐
L'esprit.. 2 ☐
La sensibilité.................................... 1 ☐
La conscience .... 4 ☐
Du bon sens....................................... 3 ☐

Il vous semble important d'avoir :

De l'espérance.................................... 1 ☐
De la volonté .... 2 ☐
De la joie de vivre .... 5 ☐
La certitude de sa propre valeur.................. 4 ☐
Des idées géniales .... 3 ☐

Quelle phrase préférez-vous ?

« Le bois embellit la terre » .... 4 ☐
« Le feu forge le métal ». .... 5 ☐
« La terre contient de l'eau » .... 3 ☐
« Le métal protège le bois » .... 2 ☐
« L'eau maîtrise le feu » .... 1 ☐

Vous attendez debout. Quelle position adoptez-vous ?

Les mains dans les poches .... 4 ☐
Les bras ballants le long du corps................ 3 ☐
Les mains croisées sur le ventre .... 1 ☐
Vous tournez votre bague (ou alliance) avec le pouce
de la main qui la porte .... 2 ☐
Vous faites les cent pas.......................... 5 ☐

La chance pour vous, c'est :

Le jeu du hasard . . . . 4 ☐
Un signe du destin . . . . 2 ☐
Le résultat de beaucoup de travail . . . . 5 ☐
Un cadeau de la vie . . . . 1 ☐
Une preuve d'intelligence . . . . 3 ☐

L'obélisque de la place de la Concorde vous fait penser à :

Une victoire de Napoléon . . . . 4 ☐
Un symbole phallique . . . . 5 ☐
L'Égypte . . . . 3 ☐
Une colonne de pierre . . . . 2 ☐
Un élément de décor en carton-pâte hollywoodien . . . . 1 ☐

On vous offre un arbre à planter. Lequel ?

Un chêne . . . . 5 ☐
Un saule pleureur . . . . 1 ☐
Un sapin . . . . 2 ☐
Un palmier. . . . . 4 ☐
Un cerisier . . . . 3 ☐

Additionnez vos points :

Nombre de 1 :	x 1 =
Nombre de 2 :	x 2 =
Nombre de 3 :	x 3 =
Nombre de 4 :	x 4 =
Nombre de 5 :	x 5 =
	Total =

Décryptage

Vous avez entre 15 et 30 points

Excès de yin (féminité dominante)

Selon la symbolique chinoise, vous êtes en résonance avec l'élément « eau », qui correspond au nord et à l'hiver. Ainsi que : la couleur noire, le rein, la salive (excès ou manque), l'oreille, la vessie, l'os, le cheveu, la peur, la note *ré*, la saveur salée, la préservation, le froid, le métal mercure, la gravité, la sensibilité.

Instinctif jusqu'à l'excès, intuitif et hypersensible, vous vous contentez parfois de rester à la surface des choses. L'excès de yin induit une passivité, un manque de volonté et une difficulté à passer à l'acte. Cette attitude peut se traduire par un côté indécis et nonchalant susceptible de mettre vos relations en état de crise. Vous manquez parfois de recul par rapport aux obligations et soucis de la vie quotidienne, cause possible d'un état de stress permanent. Cela peut causer des symptômes physiques (palpitations, maux de tête, insomnies), car vous somatisez souvent vos problèmes. Et si vous ne ressentez pas de peurs, cet excès de yin vous conduit parfois à perdre le sens des limites et donc à vous mettre en danger. Surtout financièrement.

D'une grande mansuétude, vous savez être touché par les autres. Mais parfois capable de tyrannie, vous évoluez souvent dans un climat émotionnel survolté. Vous n'hésitez pas à provoquer des dissensions, luttes de pouvoir, jalousies, frustrations, pour avoir l'impression que vos passions sont toujours à leur paroxysme.

En vous abstenant de juger ou de prendre des décisions, qui vous amèneraient à vous engager ou à passer peut-être pour un égoïste, vous vous maintenez en état d'apesanteur émotionnelle. Vous restez « en suspens ».

Profitez de ce détachement apparent pour prendre la réalité à bras-le-corps ! Essayez de percevoir les énergies animant toutes choses, et participez au dynamisme du monde d'une façon plus efficace !

Vous avez entre 31 et 41 points

Insuffisance de yang (dit aussi yin de yang)

Selon la symbolique chinoise, vous êtes en résonance avec l'élément « métal », qui correspond à l'automne et à l'ouest. Ainsi que : la couleur blanche, les poumons, le gros intestin, le nez, la peau, les pleurs, la note *sol*, la saveur âcre, la sécheresse, la mélancolie, le désir, les scrupules...

Vous êtes très féminin et vous avez un tempérament nerveux. Comme si vous étiez terrorisé par des souvenirs d'enfance, ou ressentiez le sentiment d'être pris en faute, vous vous culpabilisez souvent et ressassez le passé, en éprouvant des remords pour des choses lointaines qui n'ont plus d'importance.

Socialement, dans la pensée chinoise, vous jouez un rôle à la fois vital et secondaire correspondant à celui de concubin, ou deuxième homme ou femme, dans le couple chinois. Parce que ce ne sont pas vos efforts, ou vos erreurs, qui influencent votre comportement, mais le bon vouloir de ceux qui vous entourent. En même temps, pour préserver votre image, vous refusez tout acte trop individualiste, un peu original ou créatif, comme si vous aviez peur de vous mettre en danger. En essayant de cacher à ceux qui vous entourent votre véritable nature face aux difficultés. Voulant que votre identité soit reconnue, vous êtes tolérant jusqu'à l'acceptation de tout. Que vous ayez une attitude réservée ou une sexualité épanouie, pour votre partenaire vous êtes le symbole de l'enfant qui fait confiance au parent dont il dépend. Cherchez à mettre en valeur les compétences qui sont les vôtres, en restant en accord avec les événements que vous vivez sans dresser vous-même des obstacles sur votre chemin.

Vous avez entre 42 et 49 points

Équilibre yin-yang

Selon la symbolique chinoise, vous êtes en résonance avec l'élément « terre », qui correspond à la fin de l'été et au centre. Ainsi que : la couleur jaune, l'humidité, la rate, l'estomac, la bouche, la chair, la pensée, la note *fa*, le chant, la saveur sucrée, le métal plomb, l'équilibre, la transformation, la préoccupation…

Animé par une force impulsive, vous vous sentez responsable de vos actes et de vos actions. En général, vous obtenez ce que vous voulez de la vie. Vous savez vous associer aux autres pour faire aboutir vos projets, car ils vous apportent l'affection, l'amitié ou l'amour dont vous avez besoin pour vous réaliser. Vous savez accorder vos pensées et vos actes.

Vous aimez la beauté, l'intelligence, vous êtes touché par les démarches altruistes ou charismatiques. Vous avez une nature désintéressée, car vous savez donner sans rien attendre en retour et vous faites confiance *a priori* aux autres. Dans les relations, vous recherchez avant tout l'authenticité.

Cependant, vous auriez aussi tendance à fuir, ou à vous morfondre. Attention donc à la solitude qui peut vous affaiblir et vous rendre vulnérable, quasi dépressif.

Évitez de vous disperser de passions en passions en choisissant celles qui vous sont prioritaires, celles vous semblent importantes pour votre équilibre. Et tentez de contrôler vos désirs.

Vous avez entre 50 et 59 points

Insuffisance de yin (dit aussi yang de yin)

Selon la symbolique chinoise, vous êtes en résonance avec l'élément « bois », qui correspond au printemps et à l'est. Ainsi que : les couleurs vert et bleu, l'œil, le foie, la vésicule biliaire, les tendons et ligaments, l'engendrement, le vent, les ongles, la note *la*, la saveur acide, le métal étain, le savoir, la colère…

Pour les Chinois, la colère est associée au sentiment de frustration, à une agressivité rentrée qui utilise une bonne partie de votre énergie naturelle. Elle entrave votre indépendance en vous empêchant de prendre le recul nécessaire pour résoudre vos difficultés.

L'insuffisance de yin crée un problème de volonté, et de détermination : soit il y en a trop, ou pas assez. Maniez plutôt naturellement les événements, sans partir systématiquement en guerre contre tout ce qui ne vous plaît pas. Soyez plus souple, moins égotiste. D'un « yang de yin », les Chinois disent : « Il va, il vient, ballotté par le vent. Il doit avoir la persévérance du guerrier, mais ne pas être le guerrier. »

Vous avez entre 60 et 75 points

Excès de yang (virilité dominante)

Selon la symbolique chinoise, vous êtes en résonance avec l'élément « feu », qui correspond à l'été et au sud. Ainsi que : la couleur rouge, le cœur, les vaisseaux sanguins, la langue, le visage, la joie, la parole, le rire, la note *do*, la saveur amère, le métal fer, la croissance, l'ardeur…

Comme le feu, vous apportez la lumière et la chaleur, vous êtes brillant, actif, débordant d'énergie.

Mais l'excès de yang vous pousse à être excessif dans tous les domaines, et donc à vous brûler vous-même. Quand vous aimez, vous aimez trop ; quand vous haïssez, vous haïssez trop. Votre plaisir de vivre peut devenir une certaine fébrilité : rires extravertis, excitation, superficialité.

Prenez garde à la recherche de sensations fortes, qui peuvent vous conduire à des situations d'échec cruelles, ainsi qu'à une certaine dépendance à l'alcool ou aux drogues.

Commencez par reconnaître que vous ne pouvez pas toujours avoir le premier rôle, que vous pouvez user de modération en toute chose, et que vous pouvez faire confiance aux autres. Utilisez votre énergie pour avoir une attitude constructive, pour établir des relations authentiques, et non fondées sur le pouvoir.

Vivez-vous la vie qui vous va ?

Bien des personnes aiment la vie qu'elles mènent car celle-ci est en phase avec leurs aspirations. Mais certaines ont l'impression de vivre une histoire qui ne leur correspond pas, tandis que d'autres éprouvent la sensation de subir des événements qu'elles ne peuvent contrôler. Le regard que nous posons sur notre vie dépend en effet de notre capacité à concrétiser les désirs enfouis en nous. Notre satisfaction est donc liée à notre aptitude à nous connecter à ce moi le plus profond. Et vous, aimez-vous votre vie ? Pour le savoir répondez sincèrement aux questions suivantes.

Votre séjour aux Seychelles est annulé, mais l'agence vous propose l'Île Maurice :

Ah non ! Vous aviez déjà préparé tout votre périple ! . . . . 1 ☐
Pourquoi pas, vous ne connaissez pas encore cette île. . . . . 2 ☐
Vous acceptez du moment que vous partez loin. . . . . 3 ☐
Vous ne pouvez pas refuser : l'employée fait de son mieux . . . . 4 ☐

Une amie songe à quitter son poste pour trouver le travail idéal. Vous la conseillez :

Ne quitte pas ta place avant d'avoir trouvé ailleurs ! . . . . 4 ☐
Pars de ton boulot tout de suite :
tu auras plus de temps pour chercher ! . . . . 3 ☐
Si tu n'es pas bien où tu es, tu as raison de chercher ailleurs ! . . . . . 2 ☐
Tu sais ce que tu perds, mais pas ce que tu gagnes ! . . . . 1 ☐

Vous adorez le théâtre et un cours de comédie ouvre ses portes près de chez vous :

Vous songez à prendre quelques cours pour le plaisir. . . . . 2 ☐
Pourquoi faire ? . . . . 4 ☐
Dommage que je n'aie pas le temps ! . . . . 1 ☐
Vous vous inscrivez et imaginez déjà votre book . . . . 3 ☐

Votre amoureux vous propose de venir habiter chez vous :

D'accord, mais pour un essai de trois mois . . . . 3 ☐
Vous angoissez : vais-je pouvoir vivre à deux ? . . . . 1 ☐
Vous acceptez : il serait déçu si vous refusiez ! . . . . 4 ☐
Vous êtes ravi car vous en aviez envie aussi ! . . . . 2 ☐

Enfant, lorsque vous parliez du métier de vos rêves, on vous répondait :

Passe ton bac d'abord ! . . . . 1 ☐
Tu feras ce que tu aimeras . . . . 2 ☐
Dans la vie, on ne fait pas toujours ce que l'on veut ! . . . . 4 ☐
Peu importe, mais il faudra que tu sois le meilleur . . . . 3 ☐

Vous faites un rêve : on vous donne une voiture toute rayée :

Vous cherchez à vous procurer un plus beau véhicule. . . . . 3 ☐
Vous la repeignez puis vous vous installez . . . . 2 ☐
Vous n'osez pas montrer votre déception . . . . 4 ☐
L'important c'est qu'elle roule bien ! . . . . 3 ☐

Votre patron vous convoque dans son bureau. Votre première pensée est :

J'espère que c'est pour une augmentation. . . . . 2 ☐
Pourvu qu'il ne m'annonce rien de fâcheux ! . . . . 1 ☐
J'espère ne pas avoir fait de bêtise. . . . . 4 ☐
S'il continue, je m'en vais ailleurs ! . . . . 3 ☐

Selon vous, la vie rêvée est liée à :

L'écoute des autres . . . . 4 ☐
L'aventure . . . . 3 ☐
L'écoute de soi . . . . 2 ☐
La sécurité . . . . 1 ☐

Votre amoureux vous reproche votre intransigeance :

On a tous nos défauts, il faut faire avec . . . . 1 ☐
Je devrais peut-être essayer de changer ? . . . . 2 ☐
J'aimerais tant être seul sur une île déserte ! . . . . 3 ☐
Vous acquiescez pour ne pas l'énerver . . . . 4 ☐

La conjoncture n'est pas bonne, mais vous aimeriez bien déménager :

Vous en parlez tout de même autour de vous . . . . 2 ☐
Vous y repenserez quand les loyers auront baissé ! . . . . 4 ☐
Vous vous raisonnez : après tout vous êtes bien ici. . . . . 1 ☐
Vous faites toutes les agences de la ville . . . . 3 ☐

Additionnez vos points :

Nombre de 1 :	x 1 =
Nombre de 2 :	x 2 =
Nombre de 3 :	x 3 =
Nombre de 4 :	x 4 =
	Total =

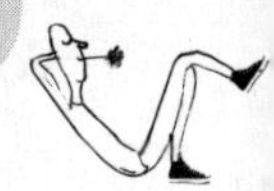

Décryptage

Vous avez entre 10 et 18 points

Vous vous persuadez que votre vie est belle

Vous avez l'impression d'être satisfait de votre vie et il vous arrive même d'affirmer que vous ne la changeriez pour rien au monde. Mais le choix de vos réponses indique que vous êtes surtout attaché à la stabilité de votre existence. Et que vous supportez mal tout ce qui pourrait ébranler vos journées bien huilées.

De quoi avez-vous peur pour défendre ainsi votre position ? Peut-être des bouleversements qui résultent d'un changement d'habitude. Mais à force de vouloir vous protéger de toute menace de transformation, vous risquez de vous enfermer dans un cadre rigide.

Il serait préférable d'analyser votre besoin de tout maîtriser et de vous en délivrer. Car le plus souvent, l'évolution passe par la création et le changement. C'est dans le renoncement que le vrai moi se fait entendre et que vous pourrez percevoir vos véritables aspirations.

Servez-vous de votre esprit méthodique pour abandonner par moments votre environnement sécurisant et plonger dans l'ouverture de l'inconnu. En laissant entrer l'imprévu dans votre vie, vous vous remettrez en cause et vous vous laisserez surprendre par de nouvelles attitudes qui vous guideront vers des relations plus souples et plus fluides avec votre entourage.

Vous avez entre 19 et 25 points

Votre vie vous ressemble

L'existence que vous menez semble vous correspondre et vous plaire. La raison provient sans doute d'une solide connaissance de vos aspirations. Vous avancez dans la vie avec comme but principal, celui de votre bien-être.

Même lorsque la vie vient vous bousculer, vous sentez très intuitivement que ces moments peuvent devenir des occasions de changement. Vous vous connectez à votre moi le plus profond pour saisir les tournants qu'il vous faut prendre pour améliorer votre quotidien. Et vous n'hésitez pas à vous remettre en question afin d'être dans un processus de transformation. Avec juste cette petite peur bien naturelle d'abandonner un passé sécurisant pour entrer dans une phase nouvelle.

Cette attitude fait de vous une personne créative, voire originale, capable de surprendre. Vous avez cette faculté de vous projeter dans un futur que vous imaginez meilleur pour vous. Vous prenez le temps d'être à l'écoute de vos envies. Même si elles ne correspondent pas aux désirs de votre entourage.

Continuez de vous ouvrir aux métamorphoses que vous propose la vie, mais n'oubliez pas que le véritable équilibre se trouve dans un double respect : de soi et des autres.

Vous avez entre 26 et 31 points

Vous rêvez d'une autre vie

Vos réponses semblent indiquer que vous aimeriez bien transformer votre vie. Il est possible que vous soyez disposé à vous lancer dans un nouveau travail, ou décidé à partir à l'autre bout du monde. Vous ne manquez pas d'idées et vous tentez souvent de les imposer grâce à votre conviction. Vous aimez explorer de nouvelles voies, adopter de nouvelles expériences.

Toutefois, vous les abandonnez parfois pour vous tourner vers d'autres routes lorsque vous doutez de vous. Il serait intéressant de comprendre ce sentiment d'insatisfaction qui vous pousse à tout lâcher par moments. Peut-être cache-t-il un malaise intérieur.

Dans ce cas, vous agiter sans comprendre les raisons de votre fuite n'est peut-être pas une bonne idée. À force de courir pour atteindre un bonheur idéal, vous risquez de vous épuiser et de vous dénigrer. Les blessures passées ne peuvent pas être guéries à la hâte. C'est au contraire dans le calme que vous pourrez transformer ces douleurs.

Il serait préférable de vous connecter à votre véritable être intérieur afin de répondre à vos aspirations les plus profondes. Cessez d'imaginer qu'il existe une vie idyllique. La meilleure des vies est celle qui vous correspond. Elle n'est pas « ailleurs » mais en vous…

Vous avez entre 32 et 40 points

La vie par procuration

Vous semblez avoir une sensibilité particulièrement tournée vers les autres. Vous avez sans doute une grande soif d'être apprécié et aimé. D'ailleurs vous craignez les conflits et vous fuyez parfois les communications trop agressives. On vous apprécie car vous savez écouter et comprendre tout votre entourage.

Mais votre formidable empathie envers vos parents ou vos amis risque de vous inciter à voir l'existence à travers leur regard. Et de vivre leur vie plus que la vôtre. Recherchez l'origine de votre comportement dans votre passé. A-t-on exigé de vous un comportement irréprochable et une soumission lorsque vous étiez enfant ? Faites le bilan et percevez s'il vous est souvent arrivé de gommer nombre de vos désirs pour faire plaisir à vos proches.

Si c'est votre cas, il vous serait profitable d'écouter votre petite voix intérieure dorénavant. Elle vous soufflera sans doute les changements que vous devez opérer pour vivre avec plus de joie. N'hésitez pas à affronter votre peur de décevoir les autres. S'ils vous aiment, ils vous accepteront dans votre authenticité la plus pure.

Alors, exprimez vos envies, vos peines et vos manques. Et faites-vous plaisir. Afin d'être finalement en accord avec vos aspirations profondes…

Quel est votre type de bonheur ?

Grandes joies, sentiment d'accomplissement, ou oubli de soi… Même si nous ne refuserions jamais aucune occasion de nous faire plaisir, nous préférons tous expérimenter un type de bonheur particulier. En cette matière, il existe une vraie palette des bonheurs. Savez-vous quel est le vôtre ? Êtes-vous plutôt « grandes balades en forêt » ou « fêtes grandioses et sophistiquées » ? Pour y voir plus clair dans vos sources de plaisir, et surtout ne pas passer à côté d'elles, répondez aux questions suivantes.

Le bonheur, vous le :

Poursuivez . . . . 1 ☐
Savourez. . . . . 4 ☐
Ressentez . . . . 3 ☐
Recevez . . . . 2 ☐

Vous avez quinze jours de vacances. Vous choisissez de :

Faire une retraite sur une île déserte . . . . 4 ☐
Louer une maison à la campagne avec vos enfants . . . . 2 ☐
Faire un stage de plongée sous-marine ou de calligraphie chinoise . . 3 ☐
Faire un voyage avec de vieux amis . . . . 1 ☐

L'animal dont vous imaginez le mieux le bonheur ?

Le cheval. . . . . 1 ☐
L'éléphant . . . . 2 ☐
Le chat . . . . 4 ☐
L'oiseau. . . . . 3 ☐

Face à un bonheur, que faites-vous ?

Vous faites tout de suite de nouveaux projets . . . . 3 ☐
Vous vous asseyez et vous pensez au chemin parcouru. . . . . 2 ☐
Vous criez et sautez de joie. . . . . 1 ☐
Vous fermez les yeux et savourez . . . . 4 ☐

La musique, vous aimez :

Aller l'écouter en concert avec des amis . . . . 1 ☐
Avoir le disque et le passer quand vous voulez . . . . 2 ☐
La jouer. . . . . 3 ☐
Vous en souvenir et la chantonner. . . . . 4 ☐

Un verbe pour décrire le bonheur :

Avancer . . . . 3 ☐
Construire . . . . 2 ☐
Renoncer. . . . . 4 ☐
Partager . . . . 1 ☐

La plus belle mort :

Durant votre sommeil . . . . 4 ☐
En faisant l'amour . . . . 1 ☐
Après une fête de famille . . . . 2 ☐
Absorbé dans un travail que vous aimez . . . . 3 ☐

Le plus grand bonheur avec une maison que vous aimez :

La construire. . . . . 1 ☐
L'entretenir et l'embellir . . . . 3 ☐
L'habiter . . . . 2 ☐
La quitter et la retrouver . . . . 4 ☐

Des moments de bonheur avec un enfant :

Lui apprendre quelque chose. . . . . 3 ☐
L'écouter . . . . 4 ☐
Partager ses jeux. . . . . 1 ☐
Le regarder vivre . . . . 2 ☐

Le bonheur qui vous ferait frissonner le plus fort ?

Sauver la vie de quelqu'un . . . . 1 ☐
Survoler une montagne en planeur, au soleil couchant . . . . 3 ☐
Endormir un enfant dans vos bras. . . . . 4 ☐
Recevoir un prix Nobel à Stockholm ou un oscar à Hollywood . . . . 2 ☐

Additionnez vos points :

Nombre de 1 :	x 1 =
Nombre de 2 :	x 2 =
Nombre de 3 :	x 3 =
Nombre de 4 :	x 4 =
	Total =

Décryptage

Vous avez entre 10 et 18 points

Le bonheur d'action

Devise : « Agir et partager »

Ce type de bonheur est lié à la plénitude ressentie en participant à des événements extérieurs. C'est celui que l'on peut éprouver lors d'une fête, en la préparant ou en s'y amusant, ou lors de tâches accomplies en commun, comme restaurer une vieille maison achetée par des amis, ou les aider ensuite à déménager. C'est un bonheur d'action, mais aussi de lien et de partage. C'est aussi un bonheur d'appartenance, ressenti le plus souvent lors d'une action commune.

Une monoculture de ce bonheur peut conduire à une certaine superficialité, à une dépendance marquée aux plaisirs et stimulations de l'extraversion, à une dépendance à autrui pour se sentir exister. Mais les vertus du bonheur d'action sont aussi bien réelles : il s'exprime et se perçoit facilement, et il se communique et se transmet donc volontiers à l'entourage. Le bonheur est une richesse, et le partager en est un des devoirs…

Vous avez entre 19 et 24 points

Le bonheur d'aboutissement

Devise : « S'asseoir et savourer »

Ce type de bonheur est lié au recul et à la satisfaction ressentie grâce à l'atteinte de certains objectifs, liés par exemple à la possession (biens matériels) ou au statut (professionnel, social). C'est celui que l'on peut ressentir en faisant le bilan d'une année bien remplie, de certains succès. Il n'est pas uniquement matérialiste. Il peut aussi découler du fait d'avoir aidé autrui à être heureux. Par exemple, c'est le bonheur de regarder ses enfants s'amuser, ou de voir des amis prendre plaisir à une soirée que l'on a organisée. C'est un bonheur de lien au monde, mais mentalisé, ressenti plus dans le recul que dans l'action.

Privilégier à l'excès ce type de bonheur de satisfaction, basé sur l'atteinte d'objectifs investis peut induire matérialisme (s'ils sont atteints) ou insatisfaction (s'ils ne le sont pas). Cependant, le bonheur d'aboutissement représente une puissante source d'énergie pour entreprendre et construire. Contrairement à ce que l'on entend souvent, le bonheur est parfaitement compatible avec la créativité et la motivation…

Vous avez entre 25 et 30 points

Le bonheur de maîtrise

Devise : « S'engager et aller au bout »

Ce type de bonheur se caractérise par le fait d'être totalement absorbé et épanoui dans une activité investie, et découle du sentiment agréable de contrôle alors ressenti. On parle de l'état de « *flow* » pour décrire cette sensation de flux harmonieux de pensées et, surtout, de sensations. Lire, jouer de la musique, pratiquer un sport, bricoler, cuisiner, toutes les activités dans lesquelles on excelle peuvent permettre d'accéder à cet état de bonheur palpable. C'est un bonheur d'action, mais surtout d'intériorisation, un bonheur tourné sur lui-même et ses propres sensations.

Cultiver exclusivement ce bonheur de maîtrise, centré sur les bénéfices personnels d'une activité intense, risque d'aboutir au mieux à de l'activisme, à une dépendance au travail ou à l'action, et au pire à de l'égoïsme. Mais le bonheur de maîtrise permet aussi l'excellence et l'expertise : il est la nourriture de celles et ceux qui aspirent au dépassement de soi…

Vous avez entre 31 et 40 points

Le bonheur de sérénité

Devise : « Présence et distance au monde »

Ce quatrième type de bonheur est lié au recul et à une certaine distance prise avec le monde qui nous entoure. Il suppose un relatif détachement de l'environnement, qui n'est pas de l'indifférence. Car il survient presque toujours à l'occasion d'un moment de vie : en regardant un coucher de soleil, ou une aurore, alors que tout le monde dort encore ; en entendant un air de musique ; en réalisant tout simplement que l'on se trouve au calme, et heureux de l'être… Ce bonheur repose sur un mélange de réceptivité, de repos, de distance avec la marche du monde. On se sent alors heureux d'être là, à côté du monde, mais pas absorbé par lui.

Ne développer dans sa vie que ce bonheur de sérénité peut induire une certaine forme de passivité, de fatalisme, de désengagement envers certains combats de la vie. Pourtant, ce même bonheur favorise grandement l'accès à la paix intérieure et à la tolérance, qui peuvent représenter de meilleures bases à l'action que bien des émotions négatives…

Pour conclure avec votre personnalité et vous

Alors, surpris ? Ce que vous croyiez être des défauts chez vous s'avère finalement plus acceptable que vous ne le supposiez au départ ? Et certaines de vos qualités sont moins bénéfiques qu'elles n'en ont l'air ? Voilà tout l'avantage de ces exercices où vous pouvez prendre du recul : ils vous révèlent des aspects de vous-même sur lesquels vous aviez beaucoup de jugement mais un seul son de cloche : le vôtre !

Soyez prêt à méditer à nouveau sur ces découvertes que vous venez de faire. Vous pouvez en parler avec vos intimes aussi, pour voir s'ils sont d'accord avec le portrait de vous qui se dessine. Ce moment de sincérité partagé peut vous donner une belle occasion de préciser qui vous souhaiteriez être. Et si quelques traits de caractère vous déplaisent franchement ou vous empoisonnent la vie, essayez d'abord de les comprendre : d'où viennent-ils ? À quel adulte auquel vous vous seriez identifié quand vous étiez enfant vous font-ils penser ? Quelle anecdote de votre histoire passée pourrait les expliquer ? L'enquête sur vous-même est loin d'être bouclée…

Bloch

Vous et *votre vie relationnelle*

Une première trame de vous-même est apparue grâce aux tests précédents, mais vous n'existez pas en solo, comme une entité isolée. Vous êtes d'abord un être de relations, de rencontres, car toute la journée vous communiquez (plus ou moins !) avec votre entourage proche ou vos concitoyens. Et ces échanges, qu'ils soient conflictuels ou amicaux, vous modèlent et vous transforment peu à peu. Ainsi, un copain de classe a pu encourager votre passion pour la musique, quand un professeur vous répétait à longueur de journée que vous étiez trop rêveur. Comme l'a écrit Jean-Paul Sartre : « Nous ne sommes nous qu'aux yeux des autres et c'est à partir du regard des autres que nous nous assumons comme nous-même. »

Comment apparaissez-vous donc aux yeux de tous ces êtres autres ? Savez-vous quelle image ils garderont de vous ? Et vos amis, comment vous trouvent-ils ? Si vous avez l'impression de ne pas réussir à être à l'aise dès qu'il y a plus de deux personnes avec vous dans une pièce, ou si vous avez tendance à négliger totalement l'existence des autres, cette seconde sélection de tests devrait bien vous aider !

Comment vous reliez-vous aux autres ?

Écoute et empathie; curiosité; autorité et assurance... Nous avons tous une façon spécifique d'entrer en relation avec nos contemporains. Ces comportements sont hérités de notre histoire psychoaffective. En ce sens, on parle aujourd'hui « d'intelligence relationnelle ». À chaque intelligence relationnelle ses spécificités et ses avantages, mais aussi sa face sombre, qu'il vaut mieux identifier afin d'équilibrer et, parfois, d'assainir notre manière de vivre en collectivité. De quoi est faite la vôtre ?

1. Vous apprenez qu'un collègue en qui vous aviez confiance, mais qui vise la même promotion que vous, répand des critiques fielleuses sur votre compte. Quelle riposte choisissez-vous ?

- L'attaque frontale, de préférence en public . . . . ▲ ☐
- Une invitation pour un déjeuner en tête à tête afin de le « retourner » ● ☐
- Malgré votre déception, vous vous taisez pour ne pas entrer dans ce jeu malsain . . . . ■ ☐
- Vous resserrez davantage les liens avec votre équipe ou avec vos proches . . . . ★ ☐

2. Vous organisez une grande fête qui rassemble votre éclectique tribu d'amis. Pour que le courant passe entre eux :

- Vous faites un petit discours qui souligne leurs points communs et l'affection que vous leur portez. . . . . ▲ ☐
- Vous organisez des petites tablées par affinités . . . . ● ☐
- Vous multipliez les attentions envers leurs conjoints . . . . ■ ☐

Vous cadrez gentiment mais fermement les petits dérapages dans les échanges de « vannes » . . . . ★ ☐

3. Votre enfant se plaint d'être de moins en moins invité aux anniversaires de ses camarades :

Vous invitez toute sa classe pour une fête splendide . . . . ▲ ☐
Vous lui conseillez de ne pas montrer sa vulnérabilité et de serrer les dents en attendant que le vent tourne . . . . ● ☐
Vous l'invitez à questionner les plus sympathiques de ses camarades afin de découvrir ce qui se passe. . . . . ■ ☐
Vous enquêtez à l'école tout en passant plus de temps à jouer avec lui pour dissiper sa tristesse . . . . ★ ☐

4. Lors d'un dîner entre amis, un conflit éclate. Vous seul pouvez y mettre un terme en donnant une information clé. Que faites-vous ?

Vous laissez le conflit enfler, puis vous délivrez solennellement l'information en question. . . . . ▲ ☐
Vous la divulguerez en secret à votre meilleur ami au moment opportun . ● ☐
Vous transmettez l'information de manière à donner raison à chacun. . ■ ☐
Vous délivrerez l'info à froid, plus tard. Pour l'instant, mieux vaut ne pas vous en mêler . . . . ★ ☐

5. Vous louez une maison de vacances avec des amis et leurs enfants. Rapidement, vous vous rendez compte que vos modes de vie sont difficilement compatibles :

Vous faites des efforts d'adaptation. Après tout, changer d'habitudes et voir les choses autrement, cela peut être enrichissant . . . . ▲ ☐
Vous prenez sur vous pour que l'ambiance reste au beau fixe, quitte à faire des sacrifices . . . . ● ☐
Le deuxième jour, vous distribuez « la charte des vacances réussies », concoctée la veille au soir . . . . ■ ☐
Vous vous arrangez pour les culpabiliser par petites touches jusqu'à ce qu'ils adoptent votre mode de vie . . . . ★ ☐

6. Courriels, textos, chat… Avec les nouvelles technologies, la communication est devenue :

Plus intense. Les liens se resserrent et se renouent . . . . ▲ ☐
Plus intime. On peut en dire davantage plus facilement . . . . ● ☐
Plus efficace. On va droit au but, on perd moins de temps . . . . . . ■ ☐
Plus ludique. On peut surprendre, charmer, se voiler, se dévoiler à loisir . . . . ★ ☐

7. Avec vos beaux-parents, le courant ne passe pas, à la grande tristesse de votre conjoint. Que faites-vous pour adoucir vos relations ?

Rien. À eux de mettre de l'eau dans leur vin . . . . ▲ ☐
Vous leur offrez des petits cadeaux et leur proposez la garde de votre enfant pendant tout un week-end . . . . ● ☐
Vous préparez un grand banquet familial pour leur montrer votre sens du clan . . . . ■ ☐
Vous allez les voir pour crever l'abcès en douceur . . . . ★ ☐

8. Votre supérieur hiérarchique est en train d'accumuler les mauvaises décisions. Comment vous positionnez-vous ?

Vous réunissez votre service et débattez du problème avant de mettre vos questions par écrit . . . . ▲ ☐
Vous le laissez s'enfoncer. Après tout, il ne demande rien à personne . . ● ☐
Vous agissez avec lui comme vous auriez aimé qu'on le fasse avec vous : vous le mettez en garde, discrètement . . . . ■ ☐
L'air de rien, vous évoquez vos craintes avec son supérieur hiérarchique . . . . ★ ☐

9. Très pris par son travail, votre conjoint néglige votre vie de couple. Comment lui administrez-vous la « piqûre de rappel » ?

En lui lançant un ultimatum musclé ! . . . . ▲ ☐
En le rendant jaloux . . . . ● ☐

En multipliant les petites attentions . . . . ■ ☐
En amorçant le dialogue sur ses préoccupations . . . . ★ ☐

10. Dans le hall de votre immeuble, votre voisine vous arrête pour vous raconter ses problèmes de santé. Vous allez être sérieusement en retard :

Elle est âgée et isolée, vous lui devez bien ça,
tant pis pour votre retard ! . . . . ▲ ☐
Vous prenez l'air navré et vous abrégez la conversation
en lui promettant de lui rendre visite bientôt . . . . ● ☐
Vous lui dites clairement que vous n'avez pas le temps . . . . ■ ☐
Vous lui donnez votre numéro de portable et incitez
vos voisins à en faire de même . . . . ★ ☐

11. Courriels sans réponse, conversations téléphoniques écourtées, projets de sorties annulés… Vous ne comprenez pas l'éloignement de votre ami. Comment réagissez-vous ?

En appliquant sa politique, mais un cran au-dessus pour qu'il s'explique
le premier . . . . ▲ ☐
En interrogeant ses proches pour voir ce qui se passe . . . . ● ☐
En lui faisant part de votre incompréhension et de votre tristesse . . . ■ ☐
En lui parlant de vos soucis et de vos tracas pour tester son empathie
et… réveiller sa culpabilité ! . . . . ★ ☐

Décompte des points

Questions	▲	●	■	★
1	A	B	C	D
2	D	C	A	B
3	C	D	B	A
4	B	A	D	C
5	D	C	B	A
6	B	A	D	C
7	D	C	B	A
8	B	D	A	C
9	D	C	B	A
10	A	C	D	B
11	D	B	A	C

Nombres de A = / B = / C = /D =

Décryptage

Votre intelligence relationnelle est basée sur...

Si vous avez une majorité de A

La compassion

Déployer vos antennes pour capter tous les messages de l'autre afin de faire corps avec ses émotions, assimiler son point de vue dans toutes ses nuances, telle est votre façon d'entrer en relation. Avant d'échanger, vous privilégiez l'écoute compatissante, qui inspire confiance et invite aux confidences. Votre grande empathie vous permet d'être quasiment médiumnique dans la communication : vous sentez et devinez votre interlocuteur, au point de parfois devancer ses mots. Dans un tel climat de complicité, les liens intimes et affectifs se tissent vite. Ce talent est aussi votre faiblesse. Car si votre sens de la compassion et votre hypersensibilité font merveille quand l'harmonie règne, elles vous desservent dans les situations de conflits. Dominé par l'affectif, vous avez beaucoup de mal à répondre aux critiques ou aux attaques, surtout de la part de proches. Autre vulnérabilité : votre propension à donner sans compter (votre temps, votre aide, vos conseils...) et sans attendre de retour, ce qui vous condamne souvent à l'abnégation, voire au sacrifice. En clair, vous passez derrière l'autre et vous trouvez cela normal, même si vous en souffrez.

Pistes à explorer

Il faudrait peut-être interroger votre croyance selon laquelle l'autre a forcément priorité sur vous. Avez-vous dû, dans votre enfance, déployer beaucoup d'énergie pour vous faire aimer ? Quels critiques, conflits ou colères avez-vous refoulés par peur d'être rejeté ? Pour revenir au centre de votre existence, vous pourriez aussi apprendre à vous faire plaisir (en listant, par exemple, ce qui vous tente et que vous vous interdisez sous différents prétextes), mais aussi à recevoir (du temps, des compliments, des cadeaux...), sans forcément donner en premier ou en retour.

Si vous avez une majorité de B

L'adaptation

Mettre du liant dans le groupe, rassembler les bonnes volontés, pacifier les ambiances explosives... pas de doute, vous savez faire. Diplomate de cœur et de raison, vous êtes un négociateur subtil et tenace. Si vous savez écouter, ce n'est pas tant pour vous mettre sur la même longueur d'onde que vos interlocuteurs que pour enregistrer toutes les données qui vous permettront de vous intégrer au groupe de votre choix. Vous savez écouter, mais vous savez aussi vous faire entendre, non parce que vous parlez plus fort que les autres, mais parce que vous utilisez les arguments qui produiront, autour de vous, le meilleur consensus. Doté d'un véritable esprit d'équipe – voire de clan –, vous ne vous épanouissez vraiment que dans le collectif.

Dévoué, idéaliste, enthousiaste et loyal dès qu'il s'agit de faire corps pour affronter les difficultés ou pour atteindre ensemble un objectif collectif, vous perdez en revanche tout votre allant, votre motivation et votre joie de vivre si vous vous sentez exclu.

Pistes à explorer

Pour garder le sens du collectif sans en être (trop) dépendant, il vous faudrait travailler l'autonomie, la capacité à passer du « nous » au « je » sans souffrance. Peut-être votre besoin d'intégration provient-il d'anciennes séparations douloureuses ou de la nécessité d'avoir dû vous suradapter pour conserver ou pour susciter l'amour… Quoi qu'il en soit, c'est en faisant régulièrement l'expérience d'une solitude sereine et riche (activités artistiques ou sportives individuelles) ou en apprenant à assumer un choix qui n'est pas forcément validé par les autres (en continuant à fréquenter cet ami que votre conjoint n'aime pas beaucoup…) que vous pourrez goûter aux joies de la singularité.

Si vous avez une majorité de C

La séduction

Charmer pour convaincre, séduire pour ne pas avoir à demander, tel est votre savoir-faire.

Votre communication, mélange subtil de prudence et d'assurance, vous fait souvent apparaître comme quelqu'un en retrait. En réalité, cette qualité de présence discrète vous permet d'étudier vos interlocuteurs pour mieux les attirer dans vos filets. Votre botte secrète : manifester une curiosité passionnée et une admiration naïve pour ceux dont vous espérez aide ou gratification. Dans le meilleur des cas, vos soutiens deviennent vos fidèles alliés mais, souvent, ils disparaissent lorsque vous avez obtenu satisfaction.

Cela dit, votre séduction s'exerce aussi envers tous ceux que vous rencontrez, et vous n'hésitez pas à déployer votre charme auprès de parfaits inconnus. Ce qui peut apparaître – parfois à raison – comme une stratégie consciente part d'un besoin inconscient d'attirer l'attention, le désir ou l'amour de l'autre pour nourrir ou pour restaurer un amour de soi déficient.

Pistes à explorer

Derrière ce comportement se cachent probablement d'anciennes blessures narcissiques. Le problème est que votre intelligence relationnelle est en soi une stratégie pour vous éviter toute prise de risque affective et, tant qu'elle « fonctionne », vous ne trouvez aucune raison d'en changer. Avez-vous grandi dans l'ombre d'un aîné ? Ou auprès d'une mère manipulatrice qui jouait avec les émotions d'autrui ? Que craignez-vous de perdre en prenant le risque d'avancer à découvert ? Ces interrogations pourraient vous aider à mieux comprendre pourquoi vous avez du mal à vous engager dans une relation sans vous en servir comme tremplin ou faire-valoir. Pour mettre davantage de gratuité dans vos relations, pourquoi ne pas essayer de faire preuve de générosité envers vos amis, mais de manière anonyme ? À leur insu, faites circuler sur eux des compliments, venez-leur en aide, et savourez le plaisir qu'il y a à donner pour donner.

Si vous avez une majorité de D

La domination

Vous n'avez pas votre pareil pour en imposer, garder les autres à distance ou mettre au jour leurs vulnérabilités. Votre communication est directe, pleine d'autorité, basée sur des faits concrets et des arguments imparables. Les échanges légers et gratuits, très peu pour vous ! Votre sens du temps qui passe, écho d'une possible angoisse existentielle, vous interdit toute dispersion relationnelle. Vous aimez échanger utile, et de préférence avec ceux qui peuvent vous aider à atteindre vos objectifs. Vous préférez les affirmations aux interrogations, et vos jugements, laissant peu de place à la nuance, sont toujours délivrés avec une certaine agressivité. Ce qui a pour effet immédiat d'étouffer dans l'œuf les velléités de contestation ou d'opposition. Votre intelligence relationnelle, mélange d'intimidation et d'intuition, est celle des chefs autoritaires, charismatiques, qui sont craints plus qu'aimés. De fait, votre communication vous isole, et lorsque vous tentez d'aller vers les autres, votre maladresse provoque de la gêne. Du coup, blessé, vous regagnez vos hauteurs protectrices.

Pistes à explorer

Sans doute est-ce la peur d'être dominé et de perdre le contrôle qui vous fait opter systématiquement pour les rapports de force, même quand cela est inutile. Avez-vous été écrasé ? Sur qui prenez-vous une revanche ? Êtes-vous sûr d'être aimé pour ce que vous êtes ? Tant que vous ne prendrez pas la mesure des conséquences de votre fonctionnement relationnel, vous resterez prisonnier de vos peurs. Le moyen d'avancer ? Pourquoi ne pas entamer un travail, en groupe de préférence, pour vous affirmer sans écraser les autres ? Mais vous pouvez commencer, au quotidien, par assouplir votre comportement avec ceux qui vous connaissent et qui apprécient vos qualités. Tout simplement en sollicitant les points de vue et les conseils de vos amis, sur le mode : « Qu'en penses-tu ? », « Que ferais-tu ? »

Quelle place prenez-vous ?

Ce qui guide nos choix en fonction des vraies valeurs qui résonnent en nous, c'est notre moi, comme le nomme la psychologie. Mais, aussi évident qu'il soit, suivre nos envies personnelles n'est pas toujours facile. Car celles-ci sont souvent entravées par celles des autres. Il nous revient donc d'écouter ou d'étouffer ce moi. Ainsi, certaines personnes imposent leurs besoins, d'autres les dissimulent. Ce test vous permettra de comprendre comment vous vous positionnez dans les échanges sociaux et amicaux.

Votre famille a décidé de passer Noël sous les tropiques. Mais vous préféreriez le passer à la neige :

Vous les prévenez : sous les tropiques la fête se fera sans vous . . . ★ ☐
Vous ne dites rien : l'important est d'être ensemble. . . . . ▲ ☐
À force de les entendre parler soleil, ça vous fait envie
et vous adhérez à leur choix . . . . ● ☐
Vous expliquez votre préférence : la majorité l'emportera . . . . ■ ☐

Votre meilleure amie ne vous a pas appelé depuis longtemps. Vous pensez :

Elle doit être débordée en ce moment, elle appellera plus tard . . . ★ ☐
J'espère qu'elle n'est pas fâchée contre moi ! . . . . ▲ ☐
Je me demande si elle n'attend pas que je l'appelle ? . . . . ● ☐
Je vais lui passer un coup de fil pour prendre de ses nouvelles . . . . ■ ☐

Un éditeur vous propose d'écrire vos mémoires :

Parfait ! Mais je veux qu'on me laisse carte blanche . . . . ★ ☐
Mais je n'ai rien à raconter de spécial ! . . . . ▲ ☐

Je ne sais pas si j'y arriverai. . . . . ● □
Vous profitez de l'occasion pour lui proposer un sujet
qui vous tient à cœur. . . . . ■ □

C'est votre anniversaire. Pour fêter ça, vous :

Organisez une fête somptueuse dans un endroit huppé . . . . ★ □
Ne prévoyez aucune invitation : vos amis se sentiraient obligés
de vous acheter un cadeau. . . . . ▲ □
Appelez vos amis pour savoir s'ils préfèrent aller chez vous
ou au resto . . . . ● □
Décorez votre appartement et invitez tous vos amis . . . . ■ □

Lors d'un rêve vous imaginez ouvrir une porte et entrer dans une salle où vos amis sont réunis en cercle. Où vous placez-vous ?

Au centre pour voir tout le monde. . . . . ★ □
Vous restez près de la porte pour ne pas déranger . . . . ▲ □
Vous attendez qu'une des personnes vous appelle. . . . . ● □
Dans le cercle, entre les deux personnes que vous préférez. . . . . . ■ □

Vous avez remporté un gros contrat à l'aide de votre collaborateur. Vous croisez votre patron qui vous félicite :

Vous en profitez pour demander une augmentation . . . . ★ □
«Je n'y suis pour rien : tout le mérite en revient
à mon collaborateur ! ». . . . . ▲ □
« C'est grâce à vous : nous avons suivi vos conseils » . . . . ● □
«Je ferai part de vos félicitations à mon collaborateur» . . . . ■ □

À la piscine, lorsqu'il fallait sauter du grand plongeoir devant les élèves de votre classe, vous :

Paradiez en premier pour prouver votre courage. . . . . ★ □
Tentiez de vous faire oublier pour éviter de plonger . . . . ▲ □
Sautiez pour faire plaisir au professeur . . . . ● □
Respiriez un bon coup pour vous donner de la force avant de sauter . . . ■ □

Vous jouez au poker avec un ami et vous vous apercevez qu'il triche :

Vous êtes hors de vous : vous avez horreur de perdre ! . . . . ★ ☐
Vous laissez faire. Ça lui fait tellement plaisir de gagner ! . . . . ▲ ☐
Vous trichez aussi, comme ça vous êtes à égalité ! . . . . ● ☐
Vous lui signalez que tricher n'est pas jouer et lui proposez un autre jeu . . . . ■ ☐

Avant son mariage, vous accompagnez une amie chez le coiffeur :

Vous montrez au coiffeur la photo que vous avez apportée : c'est la coupe idéale selon vous . . . . ★ ☐
Vous vous plongez dans les magazines. Pas question de donner votre avis. Si jamais la coupe n'est pas bonne . . . . ▲ ☐
Vous avez bien une idée de coupe, mais vous préférez qu'elle choisisse selon ses goûts. . . . . ● ☐
Vous donnez votre avis à chaque suggestion . . . . ■ ☐

Le garagiste vous avait réservé cette voiture à un bon prix. Mais lorsque vous venez l'acheter, il vous apprend qu'il a reçu une offre plus alléchante :

Vous l'obligez à vous la vendre et le menacez d'un procès . . . . . . ★ ☐
Vous comprenez. Mais vous êtes triste d'avoir raté une affaire . . . . ▲ ☐
Vous cherchez à savoir comment le faire changer d'avis. . . . . ● ☐
Vous trouvez plutôt positif de ne pas avoir traité avec un vendeur si peu intègre . . . . ■ ☐

Avant d'aller rejoindre des amis au karaoké, vous :

Vous entraînez à la maison histoire de créer un petit effet . . . . ★ ☐
Angoissez : pourvu qu'ils ne me forcent pas à chanter ! . . . . ▲ ☐
Prévoyez d'aller chanter en duo avec une de vos amies . . . . ● ☐
Êtes joyeuse de retrouver vos amis pour rire et chanter . . . . ■ ☐

Votre conjoint gagne deux fois plus d'argent que vous :

Vous êtes agacé : je vais chercher un travail mieux rémunéré ! . . . . ★ □
C'est normal car mon conjoint a un poste important. . . . . ▲ □
Je n'aurais sans doute pas la capacité d'assumer son rôle. . . . . . . ● □
Bien payé, mais trop de stress ! Je préfère ma place. . . . . ■ □

Enfant, lorsque vos parents se disputaient, vous :

Aviez peur qu'ils se séparent et qu'ils vous délaissent . . . . ★ □
Restiez dans un coin tranquille en attendant que l'orage passe . . . ▲ □
Cherchiez à leur faire plaisir le plus possible . . . . ● □
Ne vous préoccupiez guère des histoires des grands. . . . . ■ □

Un ami vous reproche d'être trop égoïste :

« Comment ? Moi qui fais tout pour les autres ! ». . . . . ★ □
Vous êtes triste et lui offrez un cadeau pour lui prouver votre amitié . . . . ▲ □
Vous cherchez à changer l'image qu'il a de vous . . . . ● □
Vous cherchez ce qui a bien pu provoquer une telle sentence . . . . ■ □

Voilà une heure que vous l'attendez au restaurant. Lorsque la personne arrive enfin, vous :

Lui lancez que vous venez d'être invité à une autre soirée . . . . . . ★ □
N'en parlez pas. Ça peut arriver d'être en retard ! . . . . ▲ □
Mentez : vous venez juste d'arriver. . . . . ● □
Lui demandez ce qui lui est arrivé. . . . . ■ □

Alors que vous présentez votre recherche en réunion, votre pire ennemi vous mitraille de critiques :

Vous en profitez pour le descendre en énumérant toutes les fautes qu'il a déjà commises . . . . ★ □
Vous continuez votre présentation sans conviction . . . . ▲ □
Finalement vous pensez que votre recherche ne tient pas la route . . ● □
Vous trouvez certaines critiques intéressantes mais en combattez d'autres avec vigueur. . . . . ■ □

Votre conjoint vient de vous quitter. Vous pensez :

Il le paiera ! . . . . ★ □
Je n'ai pas su le garder . . . . ▲ □
Peut-être que si je m'y étais pris autrement . . . . ● □
Je vais faire un break et réfléchir pour que ce scénario ne se répète pas. . . . . ■ □

Vous essayez un jean sans conviction.
La vendeuse affirme que vous le portez à merveille :

Vous l'arrêtez : «Je suis capable de faire mon choix moi-même ! » . . ★ □
Vous n'osez pas la contredire et achetez le pantalon . . . . ▲ □
Vous hésitez. Vous reviendrez avec une amie pour savoir ce qu'elle en pense. . . . . ● □
«Merci, mais je vais quand même essayer d'autres jeans» . . . . . . ■ □

Enfant, lors des récréations, vous :

Imposiez les règles des jeux afin d'obtenir le meilleur rôle . . . . ★ □
Cédiez aux demandes des autres, même pour des jeux que vous n'aimiez pas . . . . ▲ □
Aimiez jouer aux jeux que vos meilleurs amis préféraient . . . . ● □
Aviez vos jeux favoris que vous proposiez à tout le monde . . . . . . ■ □

Lors d'une soirée, votre meilleure amie prend le micro pour faire vos louanges devant tout le monde :

Vous aimeriez que ce moment dure éternellement . . . . ★ □
Vous êtes gênée : vous aimeriez être dans un trou de souris . . . . . ▲ □
Vous vous demandez si elle parle bien de vous ! . . . . ● □
Vous êtes ému et vous la remerciez chaleureusement . . . . ■ □

Décompte des points

Nombre de ▲ :
Nombre de ■ :
Nombre de ● :
Nombre de ★ :
Total : 20

Décryptage

Si vous avez une majorité de ★

Un moi imposant

Vous semblez être une personne affirmée qui parvient à défendre habilement ses points de vue. Imposer une idée lors des réunions de famille ou à votre travail vous est sans doute facile. D'ailleurs, vos arguments sont parfois si convaincants que vos interlocuteurs en restent pantois. Cet aplomb vous permet peut-être d'obtenir ce que vous souhaitez et d'asseoir une autorité auprès de vos collègues ou de vos proches. Toutefois attention, vos jugements de valeur ne doivent pas s'ériger en lois universelles que chacun devrait suivre à la lettre ! En effet, vos réponses laissent apparaître une certaine crainte que l'on vous contredise ou que vos projets soient refusés. Dans ces cas-là, vous voyez rouge ! Il est possible que toute atteinte à vos idées soit ressentie comme une menace pour votre identité. Avez-vous peur qu'on vous vole votre place ou qu'on vous rejette ? Prenez garde, à trop tirer sur la corde, vous risquez de vous retrouver seul, ou bien mal entouré. Alors, si vos relations tournent trop souvent au conflit, prenez le temps de découvrir pourquoi vous avez ce besoin impérieux de dominer chaque échange.

Nos suggestions

Il vous serait profitable de comprendre pourquoi vous gonflez ainsi votre moi et la raison pour laquelle il est si important de vous affirmer. Cette insolente assurance est peut-être votre seule arme pour vous sentir reconnu tant dans votre cercle professionnel que personnel. Tentez de savoir si, enfant, vous n'avez pas subi la forte autorité d'adultes. Car peut-être reproduisez-vous maintenant ce comportement. Votre attitude peut aussi résulter du poids trop grand de l'attente parentale. Si l'on a souhaité que vous soyez le meilleur, cette exigence vous a obligé à toujours vous battre pour être le préféré. Écoutez les plaintes de l'enfant qui est en vous afin de ne plus être réactivé dans votre peur d'être mal aimé. En restaurant votre sentiment de sécurité intérieure, vous pourrez communiquer avec votre entourage avec plus de légèreté. Une nouvelle relation s'installera. Afin que chacun puisse exprimer sa part de vérité dans un respect mutuel.

Si vous avez une majorité de ▲

Un moi trop timide

Vous semblez évoluer dans un monde de partage et d'abnégation. Toujours prêt à rendre service, vous aimez faire plaisir à vos proches. Votre entourage loue sans doute votre gentillesse et votre humilité. Cependant, vous ne recherchez ni les compliments ni les remerciements. Les effusions vous mettent souvent mal à l'aise. Dans ces moments-là, vous souhaiteriez plutôt qu'on vous ignore car le don de soi vous est naturel. Vous n'aimez pas non plus être sur le devant de la scène. Lors des réunions, par exemple, vous préférez rester dans le silence. Vous auriez trop peur que les autres pensent que vous tirez la couverture à vous. Même lorsque vous voudriez exprimer votre mécontentement, vous vous taisez. Apparemment votre moi ne semble pas être très encombrant. Vous l'étouffez pour qu'il ne gêne pas les autres. Mais à quel prix ? Pourquoi n'osez-vous pas imposer vos propres idées ? Une éducation rigide peut être la cause d'un tel effacement. Peut-être vous a-t-on enseigné qu'il valait mieux vous faire tout petit lorsque les autres s'exprimaient. Il est aussi possible que vous ayez gardé de votre enfance le sentiment douloureux de ne pas vous sentir à la hauteur. Et vous continuez alors de penser qu'il est préférable de jouer profil bas pour qu'on vous apprécie.

Nos suggestions

L'image que vous donnez de vous est celle d'une personne calme et paisible. Cependant, il est probable que tous les sentiments hostiles que vous avez si bien contenus pendant des années aient été refoulés dans un coin de votre inconscient. Vous faites taire cette partie car il vous est sans doute difficile de tolérer votre part d'opposition. Afin d'éviter les problèmes, vous fuyez les conflits et les paroles vives qui ébranlent votre besoin de sécurité. Il vous serait pourtant profitable d'affronter votre part d'ombre. En acceptant votre passé et votre véritable personnalité, vous finirez sans doute par abandonner cette exigence d'être parfait et irréprochable. En accédant à tous vos désirs et vos aspirations enfouis, vous vous autoriserez à prendre la place qui vous revient vraiment.

Si vous avez une majorité de ●

Un moi insaisissable

Il vous est sans doute bien difficile de savoir quelle place prend votre moi car il semble que vos différentes facettes s'expriment à tour de rôle, s'imposant plus ou moins selon les circonstances et les gens qui vous font face. À certains moments, vous parvenez à imposer vos avis ou à faire accepter vos projets. À d'autres, vous vous repliez sur vous-même et vous doutez de vos capacités. Dans ces instants-là, il vous arrive d'imaginer que ceux qui vous entourent détiennent des clefs que vous ne possédez pas. Alors vous décortiquez leurs paroles et leurs comportements afin de mieux comprendre leurs pensées. Vous pensez peut-être que toute cette attention vous permettra de percer le mystère de leurs aspirations et de les faire vôtres pour être en phase avec eux. Il est honorable de vouloir faire plaisir à vos proches. En vous préoccupant de leurs envies, vous puisez en vous des ressources si diverses qu'elles vous enrichissent sans doute. Cependant il serait préférable de ne pas vivre à travers eux.

Nos suggestions

À trop endosser des avis convergents, vous ne savez plus toujours où sont vos vraies valeurs. Cette habitude a pu être intégrée dès votre plus jeune âge. Afin d'être aimé par ceux qui vous entouraient, il est possible que vous ayez incorporé leurs envies en pensant que c'étaient les vôtres. Prenez garde. À trop vous identifier, vous risquez de perdre de vue vos propres besoins. Votre moi authentique n'hésitera pas à vous faire comprendre par mille manières que vous le négligez. Colères, maladies ou tristesses sont autant de clignotants qui vous guideront vers une meilleure acceptation de vous-même. Il vous serait profitable de bien différencier les désirs de la personne que vous êtes intérieurement, des demandes factices qui ne vous appartiennent pas. Affirmez vos désirs. Cette attitude vous permettra d'exister en tant qu'être à part entière. Sans perdre l'amour de vos proches. Au contraire, ils vous apprécieront plus encore pour l'être unique que vous êtes.

Si vous avez une majorité de ■

Un moi à sa juste valeur

Face aux autres, votre moi est à l'image de la personne que vous êtes : bien à sa place. Vous semblez être à l'écoute de vos émotions les plus belles comme les plus douloureuses. Vous connaissez vos qualités et savez les rehausser. Mais vous percevez également votre part d'ombre que vous savez affronter et accepter pour être en paix intérieurement avec toutes les facettes qui façonnent l'individu que vous êtes. Il y a une belle cohérence entre vos actes, vos pensées et vos comportements. En effet, vous ne transgressez que très rarement vos vraies valeurs profondes. Bref, vous êtes en accord parfait avec votre moi. Cette assurance vous permet de dépendre moins des autres. Car tous vos choix vous correspondent. Vous savez que vous vous guidez vous-même vers le chemin que vous désirez. Peu importe les critiques, la confiance que vous portez en vos compétences et en votre intuition vous guide et vous rend invulnérable. Cette force étonnante provient peut-être de l'entente qui régnait entre les membres de votre famille. Ou bien d'un travail d'intériorisation personnel qui vous a permis de dégager ce qui vous a été inculqué depuis l'enfance de ce que vous êtes vraiment.

Nos suggestions

Il serait sage de préserver votre harmonie intérieure. Prenez garde de bien écouter vos émotions pour savoir si vous êtes toujours en connexion avec votre moi authentique. N'hésitez pas à approfondir votre connaissance sur vous-même. Ainsi, laissez-vous surprendre par de nouveaux comportements. Votre équilibre et la confiance que vous possédez vous autorisent un tel challenge sans pour autant vous sentir perdu. Expérimenter de nouvelles sensations vous permettra de toucher encore plus puissamment les frontières de ce moi qui grandira avec votre sagesse. En vous connectant de plus en plus profondément en vous, vous pourrez également mieux comprendre les besoins des autres et évoluer ainsi vers un respect qui vous permettra d'aimer pleinement et d'être encore plus aimé.

Êtes-vous influençable ?

Certains se coulent dans la norme et l'opinion générale pour gagner en tranquillité. D'autres se rebellent systématiquement contre l'avis des autres pour se distinguer et se sentir exister. Et vous ? Êtes-vous du genre à savoir exactement ce que vous voulez, sans avoir besoin de l'avis de vos proches ? Ou au contraire, avez-vous tendance à suivre l'opinion des autres, guidé par la pression sociale ?

Coca-Cola ou valise Samsonite, pour vous la pub, c'est :

Des petits films amusants. . . . . .3 ☐
Du nouveau intéressant. . . . . .2 ☐
Méfiance. . . . . .4 ☐
Une envie d'essayer . . . . .1 ☐

C'est obligatoire, vous devez accomplir une de ces actions. Pour laquelle optez-vous ?

Affronter une personne fourbe . . . . .4 ☐
Passer une nuit seul dans une forêt obscure .1 ☐
Plonger dans une fosse sous-marine . . . . .3 ☐
Traverser une foule en transe . . . . .2 ☐

Vous croisez un mouton dans la lande écossaise. Il vous salue, vous dit : « I love you ! » et s'en va. C'est un rêve… Quelle fin lui donnez-vous ? Vous :

Adoptez le mouton et l'installez chez vous . . . . .1 ☐
Mettez votre mouton à la broche et le mangez de bon appétit . . . .4 ☐

Ramenez le mouton à son berger . . . . 2 ☐
Suivez le mouton pour visiter le pays . . . . 3 ☐

Avant de prendre une décision importante, vous :

Avalez deux aspirines . . . . 2 ☐
Faites un sondage d'opinions autour de vous . . . . 3 ☐
N'en dormez plus . . . . 1 ☐
N'en parlez surtout à personne pour décider librement . . . . 4 ☐

Quand vous voyez une catastrophe au journal télévisé, vous vous sentez plutôt :

Angoissé . . . . 2 ☐
Apitoyé . . . . 3 ☐
Horrifié . . . . 1 ☐
Révolté . . . . 4 ☐

Dans votre vie professionnelle ou familiale, vous avez fait une faute grave. On vous menace, on vous insulte. Vous :

Contre-attaquez immédiatement . . . . 3 ☐
Devenez enragé . . . . 4 ☐
Inventez un mensonge pour vous disculper . . . . 1 ☐
Ne vous montrez plus pendant trois jours . . . . 2 ☐

De ces plaisirs, lequel préférez-vous ?

Aller dans un bon restaurant . . . . 1 ☐
Assister à un spectacle . . . . 3 ☐
Discuter entre copains . . . . 2 ☐
Pratiquer un sport . . . . 4 ☐

On vous raconte qu'un de vos voisins a gagné un voyage aux Caraïbes. Vous :

Écoutez, sans vous sentir concerné . . . . 4 ☐
Entendez le clapotis de la mer sur une plage . . . . 3 ☐

Sentez une bouffée d'envie vous submerger . . . . .2 ☐
Vous inscrivez à un concours pour gagner aussi . . . . .1 ☐

En lisant un livre terrorisant, vous :

Cherchez les solutions possibles pour aider le héros à s'en sortir . . .3 ☐
Le terminez le plus vite possible . . . . .2 ☐
Restez pétrifié dans votre fauteuil . . . . .1 ☐
Savez très bien que tout cela n'est que de la fiction. . . . . .4 ☐

Vous-même, pensez-vous pouvoir facilement influencer quelqu'un ?

À condition d'y trouver un intérêt . . . . .3 ☐
Oui, si vous l'avez décidé . . . . .4 ☐
Oui, si vous ne lui faites aucun mal . . . . .2 ☐
Pas du tout. . . . . .1 ☐

Additionnez vos points :

Nombre de 1 :	**x 1 =**
Nombre de 2 :	**x 2 =**
Nombre de 3 :	**x 3 =**
Nombre de 4 :	**x 4 =**
	Total =

Décryptage

Vous avez entre 10 et 17 points

Vous êtes fortement influençable

Extrêmement réceptif, vous êtes fortement influençable parce que vous êtes fasciné par les personnalités marginales. Vous croyant terne ou vous sentant déprécié par des événements de votre vie passée ou actuelle, qui en réalité doivent être sans importance (souvent de nature familiale ou sexuelle, pouvant donc être explicités, puis assumés sans honte ou remords), vous êtes très vulnérable à l'opinion d'autrui. Et vous entretenez un sentiment de culpabilité qui vous incite à adopter l'avis des autres pour prouver votre bonne volonté, ou convaincre que vous êtes dénué d'agressivité. Culturellement, suivre les conseils des aînés est souvent assimilé à une bonne intégration sociale. De plus, les relations familiales servent de schéma émotionnel à celles qui suivront, professionnelles, amicales ou amoureuses. Mais être un fils ou une fille, un frère ou une sœur, un époux ou une femme, un père ou une mère ou bien un ami parfait, et puis plus tard, un grand-père ou une grand-mère parfait n'est absolument pas obligatoire.

Pour ne contrarier personne, vous pliez par trop votre moi au bon vouloir de ceux qui vous entourent. Alors qu'exprimer ses choix, même inhabituels, en choquant souvent une majorité bien-pensante, et affirmer sa volonté, est plutôt faire preuve de personnalité. Exister. Ou vous rêvez d'être canonisé en essayant de tout faire bien, ou vous êtes terriblement maso. Jusqu'à la négation de vous-même.

Être fortement influençable peut vous amener aussi à faire vôtres des idées ou des actions contraires à votre absolu. Tendance à la fois dévalorisante et très dangereuse. Attention, réfléchissez seul, longuement, à vos problèmes, ou discutez-en au contraire, mais avec une ou deux personnes seulement, que vous aurez choisies pour leur bon sens et leur probité. En n'oubliant jamais que « les gens qui veulent fortement une chose sont presque toujours bien servis par le hasard » (Balzac).

Vous avez entre 18 et 25 points

Vous êtes souvent influençable

Vous êtes souvent influençable parce que vous n'êtes pas solidement accroché aux éléments constitutifs de votre vie, famille, job ou occupations, et que l'autorité vous fascine. Vous jugeant incapable d'avoir le pouvoir, vous admirez toute personne qui le possède, jusqu'à la suivre. En comptant sur la versatilité de vos sentiments, ou en manipulant vos émotions, ceux qui vous connaissent peuvent vous mener là où ils le désirent. Car, pour compenser et renforcer votre estime de vous-même, vous répondez avec une confiance aveugle à toutes les marques d'attention ou d'affection qu'on vous exprime. Et si vous choisissez souvent les solutions suggérées par vos proches, c'est parce que vous n'estimez pas avoir un idéal auquel vous référer, ou un but déterminé qui vous donnerait l'énergie d'imposer vos convictions. Vous acceptez donc facilement des idées qui vous semblaient sans fondement peu de temps auparavant. Cette attitude vous entraîne à manquer de fiabilité. Vos opinions diffèrent en quelques mois, vos idées progressent ou régressent à la même allure, ce qui peut prouver autant une évolution psychologique qu'une lassitude de tout. Car si l'autorité vous fascine, elle vous effraie aussi. Et pour ne pas vous sentir, ou être reconnu responsable, inconsciemment, vous vous laissez influencer. Tout en étant à chaque fois dépité d'avoir subi une influence, lorsqu'il s'avère que le choix que vous avez fait n'est pas le bon. « Les choses extérieures ne dépendent pas de moi ; ma volonté dépend de moi », écrivait Épictète. Adoptez son point de vue. N'hésitez pas à vous forger un modèle familial, amical ou culturel qui vous aidera à prendre des décisions importantes, sans que leur poids, ou vos choix, écrasent votre ego et vous rendent dépendant de votre entourage.

Vous avez entre 26 et 33 points

Vous êtes peu influençable

Peu influençable, vous pouvez, avec la même énergie, soit adopter tout à fait les idées qui vous sont proposées, soit vous fermer complètement à tout conseil et vous en tenir à vos décisions. Ni pantin, ni cire molle, sans vous laisser conditionner dans votre manière d'agir, vous êtes capable de juger de ce qui est le mieux pour vous. Vous donnez l'image de quelqu'un de solide, sachant imposer sa volonté quand c'est nécessaire, en restant indépendant. C'est-à-dire en refusant de subir l'influence des autres. À votre rythme, quand vous devez prendre une décision, vous cogitez, mettez en parallèle divers avis, en parlez, demandez conseil et, finalement, tranchez en privé en toute connaissance de cause. Cette façon de réagir est la plus raisonnable, car vous vous réservez toujours la possibilité de sélectionner ce qui vous satisfait en vous servant de l'expérience des autres. Et de faire barrage contre toutes les suggestions qui ne vous semblent pas appropriées à votre personnalité. Comme vous utilisez votre culture, votre expérience et votre imagination, rares sont les personnes qui peuvent vous faire dévier de votre but. Pourtant, selon vos états d'âme ou vos motivations, vous vous laissez parfois influencer, quitte à vous tromper. Quand vous vous êtes laissé influencer de mauvaise façon, vous recommencez, opiniâtre, pour réussir cette fois-ci ce que vous aviez raté. Sacha Guitry disait « qu'il vaut mieux éprouver des remords plutôt que des regrets ». Vous êtes aussi de cet avis et êtes en outre convaincu qu'il faut toujours laisser à ses semblables leurs mauvaises idées et s'obstiner à garder les autres – les bonnes – pour soi.

Vous avez entre 34 et 40 points

Vous n'êtes pas du tout influençable

Impossible de vous influencer ! Récalcitrant à toute suggestion, vous préférez toujours trouver des solutions à vos problèmes seul, plutôt que d'écouter ceux qui vous entourent. Ce qui est une maîtrise de soi tout à fait appréciable. Pourtant, vous allez jusqu'à redouter qu'on vous conseille quoi que ce soit, même si le point de vue donné vous paraît bon. Devoir supporter la moindre pression correspondrait à un signe de faiblesse incompatible avec l'estime à laquelle vous aspirez. Vous avez, en fait, une peur viscérale de vous laisser influencer comme si approuver un tiers allait vous dépersonnaliser. Ce qui vous refrène, dans votre vie professionnelle ou en amour ; les rapports de forces – existant dans toute relation selon vous – n'étant pas précisément les bases permettant des relations constructives. En vous amenant parfois à faire des erreurs lourdes de conséquences quand vous n'avez absolument pas voulu vous laisser influencer. Mais avoir de l'expérience et être cultivé est aussi ce qui vous permet de ne pas être influençable quand vous avez une décision à prendre. Vous comparez, jugez et optez pour un choix, même si personne n'est d'accord avec vous. Quand vous avez décidé quelque chose, sans jamais perdre votre sens critique, personne ne peut vous y faire renoncer. Pourtant, certaines personnes vous donnent parfois de bons conseils, sans exiger que vous modifiez votre comportement. Pour en profiter sagement, écoutez les diverses opinions qui vous sont soumises, en vous efforçant de peser le pour et le contre. Ce qui ne vous empêchera jamais de prendre votre décision finale en toute liberté, comme vous en avez l'habitude.

Comment vivez-vous l'amitié ?

Ils partagent notre vie, dans ses bons moments comme dans ses mauvais. Ils nous stimulent et nous réchauffent le cœur, nous inspirent et nous sont fidèles ou bien s'en vont comme des voleurs et nous trahissent… Nos amis sont des compagnons de route plus ou moins proches, plus ou moins constants. Et la relation que nous entretenons avec ces alliés dépend beaucoup de nos attentes profondes envers l'idée d'amitié… Qu'en est-il de vous ? Comment vivez-vous vos amitiés ? Pour le savoir, répondez aux questions suivantes.

Au lycée, vous passiez la plupart de vos midis :

À donner des cours de soutien . . . . 1 ☐
À faire le tour des cafés avec vos copains . . . . 2 ☐
À rigoler avec votre petite bande . . . . 3 ☐
À philosopher avec votre meilleur ami . . . . 4 ☐

Avec vos amis, vous parlez souvent :

Grands idéaux . . . . 4 ☐
Bobos sentimentaux . . . . 2 ☐
Projets personnels . . . . 3 ☐
Travail . . . . 1 ☐

Votre meilleur ami part s'installer à l'étranger. Vous avez l'impression de perdre :

Votre boussole . . . . 3 ☐
Votre répertoire téléphonique . . . . 1 ☐
Votre livre de chevet . . . . 4 ☐
Votre bras . . . . 2 ☐

Il a fait une chose que vous n'aimez pas du tout. Vous :

Lui demandez de vous expliquer . . . . 4 ☐
Lui faites des reproches . . . . 3 ☐
Laissez passer . . . . 2 ☐
Ne le rappelez plus. . . . . 1 ☐

Un week-end entre amis. Cela donne :

Virée dans les boîtes branchées de la Côte . . . . 2 ☐
Maison de campagne avec grandes tablées . . . . 3 ☐
Visite du festival de théâtre d'Avignon . . . . 1 ☐
Conversations sans fin dans une petite auberge du Gers . . . . 4 ☐

Une amie ne donne plus signe de vie depuis deux mois :

Elle a sûrement ses raisons, et rappellera plus tard. . . . . 4 ☐
Vous passez un coup de fil pour savoir ce qui se passe . . . . 3 ☐
Ça ne vous étonne pas plus que ça . . . . 1 ☐
Impossible, vous vous appelez tout le temps ! . . . . 2 ☐

Votre ami vient de se mettre en couple et vous consacre beaucoup moins de temps :

Banal, il a plus intéressant à faire maintenant . . . . 1 ☐
Bien, la vie lui sourit . . . . 4 ☐
Décevant, il devrait penser un peu plus à moi ! . . . . 2 ☐
Génial, mais il me manque tout de même ! . . . . 3 ☐

Avec Julie, Marc et Thierry, vous partagez principalement :

À peu près tout ! . . . . 2 ☐
Des hobbies. . . . . 1 ☐
Des fous rires . . . . 3 ☐
Des visions du monde . . . . 4 ☐

Vous auriez bien aimé avoir comme ami :

Benoît Poolvorde. . . . . 3 ☐
Jean-Claude Brialy. . . . . 2 ☐

José Bové . . . . 4 ☐
Fabrice Luchini . . . . 1 ☐

Votre petit défaut en amitié :

Douter de la sincérité de l'autre. . . . . 1 ☐
Vous mêler un peu de ce qui ne vous regarde pas. . . . . 2 ☐
Attendre de la bonne humeur à chaque fois. . . . . 3 ☐
Être aux abonnés absents un peu trop longtemps. . . . . 4 ☐

Additionnez vos points :

Nombre de 1 :	x 1 =
Nombre de 2 :	x 2 =
Nombre de 3 :	x 3 =
Nombre de 4 :	x 4 =
	Total =

Décryptage

Vous avez entre 10 et 18 points

L'amitié distante

Vous vivez les relations amicales avec prudence et réserve.

Vous avez quelques amis, d'horizons variés. Ceux-ci ont souvent été rencontrés par le biais d'activités extérieures tels des clubs sportifs ou artistiques : vous avez alors sympathisé et eu quelques atomes crochus autour d'un intérêt commun (expos, cinéma, voyages…).

Vous échangez donc principalement sur un plan intellectuel avec eux. Ils sont comme des connaissances, vues régulièrement, mais avec qui les propos personnels sont rarement de mise. Vous concevez difficilement de leur confier vos difficultés, vos angoisses ou interrogations sur la vie ! Il vous faut beaucoup de temps pour en arriver là…

Il se pourrait bien que votre réserve à approfondir les liens et à faire de ces « connaissances » des amis plus proches, soit due au fait que vous avez un peu peur de vous confier et de vous dévoiler. Vous vous maintenez derrière l'apparence sociale pour éviter une éventuelle déception amicale.

Peut-être avez-vous été blessé par des amitiés anciennes qui vous ont plus utilisé par intérêt qu'enrichi par respect et pure amitié.

Aussi, si vous ressentez l'envie d'approfondir une relation, n'hésitez pas à faire confiance et à accepter l'idée que l'on peut réellement s'intéresser à vous, sans arrière-pensée…

Vous avez entre 19 et 24 points

L'amitié seconde famille

Les relations amicales ont chez vous une importance considérable…

Vous êtes entouré d'amis du matin au soir et partagez avec eux pratiquement tous les pans de votre vie ! Vous ressentez le besoin de leur confier le moindre événement, et sollicitez leur avis sur tout. Ils sont comme des doudous vivants, rien qu'à vous !

C'est alors plus le groupe qui compte que les individus qui le composent : tout le monde est au courant de tout et suit le même mouvement : pas question de sortir seul !

Ainsi, vos amitiés ont un rôle certain de soutien. L'union faisant la force, vous y puisez la confiance que vous ne trouvez pas seul. Votre bande vous épaule, et vous permet de mettre une barrière protectrice entre vous et la (souvent redoutée) solitude.

Indépendamment de l'aspect sympathique de partager plein de moments avec ces copains de tous les jours, le risque est de ne plus réussir à se différencier du groupe et à préserver une zone d'intimité nécessaire… Vous pourriez alors devenir tributaire de vos amis, ne pouvant rien faire avec plaisir quand vous vous retrouvez seul.

Aussi, veillez à bien garder à l'esprit votre individualité au sein de votre bande et à ne pas toujours tout partager : avec le temps on finit en effet souvent par le regretter !

Vous avez entre 25 et 30 points

L'amitié clanique

L'amitié est pour vous un souffle d'air frais qui rend la vie plus joyeuse !

Vos amis sont souvent des amis de longue date qui ont suivi votre parcours, vos coups de blues et vos grandes joies. Ils forment un petit groupe fidèle, que chacun protège et cultive avec grand soin. On joue franc jeu, et chacun sait se serrer les coudes en cas de besoin.

Ce clan vous apporte un repère, un cadre fiable, où vous aimez vous ressourcer quand la monotonie s'installe. Les moments partagés sont alors chaleureux, enjoués, le but principal étant de profiter pleinement de cette énergie positive !

Aussi, ce n'est pas tant le nombre de réunions que la qualité de celles-ci qui compte.

En effet, quand vous vous voyez, chacun se réjouit des retrouvailles, du bon temps qui s'annonce, et prépare activement la rencontre comme on prépare un rite sacré : chaque membre à son rôle et son importance, et l'harmonie du groupe tient beaucoup du respect que chacun a pour cette seconde famille, fidèle et riche.

L'amitié est pour vous un bien précieux qui vous accompagne au cours de votre chemin personnel. Tel un bon vin que l'on savoure ensemble, ses vertus sont à vos yeux innombrables, et pour un bon cru, il faut cultiver ce bien avec amour…

Vous avez entre 31 et 40 points

L'amitié sélective

L'amitié est à vos yeux quelque chose de rare…

Vous êtes assez sélectif dans vos relations amicales, pensant qu'il vaut mieux avoir un bon ami fidèle que plusieurs amis superficiels.

L'amitié ne peut en effet s'installer chez vous que si vous sentez à la base une grande estime pour l'autre. Cela vous donne alors l'envie de découvrir la personne, d'échanger longuement avec elle sur ce qui compte à ses yeux, sur ce qui l'anime. L'ami devient un compagnon de route qui marche à vos côtés le temps d'un chemin plus ou moins long.

En effet, vous ne cherchez pas à enfermer la relation amicale dans un cadre fixe trop contraignant et appauvrissant à vos yeux. La distance et le temps n'altèrent en rien vos sentiments, au contraire : ils renforcent votre désir et votre plaisir de refaire le monde une fois de plus en compagnie de cet être cher !

De plus, vous avez comme une fierté de loup solitaire qui vous donne une certaine pudeur vis-à-vis de l'autre quant à vos problèmes personnels. Vous n'aimez pas étaler ces derniers, et préférez saisir en l'amitié l'occasion de s'ouvrir aux autres et au monde.

En somme, pour vous l'amitié ressemble à deux chemins qui vont parallèles, sans chercher à empiéter l'un sur l'autre…

Comment aimez-vous votre conjoint ?

Si l'on vous interrogeait sur votre définition de l'amour, il y aurait fort à parier qu'elle ne ressemblerait pas à celle de votre conjoint, ou de vos proches et amis. Nous portons chacun en nous une façon originale et unique d'aimer. C'est le fruit alchimique de notre histoire, de nos rencontres, de notre éducation comme de notre expérience de la vie.

Cependant, au-delà de la singularité de chaque personne, des traits dominants soulignent notre façon d'aimer. Vivez-vous l'amour plutôt dans la proximité ou bien la distance, dans la protection ou le besoin de soutien, dans l'acceptation sereine de l'autre ? Vous le saurez en faisant ce test.

À quand remonte votre dernière soirée à deux ?

« À un mois. J'aimerais qu'on se voie davantage » . . . . ▲ ☐
« À vrai dire, je ne me rappelle plus » . . . . ■ ☐
« Il y a une quinzaine de jours, on avait appelé une baby-sitter ». . . ♣ ☐
« Nous le faisons très souvent ! » . . . . ★ ☐
« Pour son anniversaire » . . . . ● ☐

Après avoir donné une fête, il faut ranger le salon. Vous voyez que votre conjoint est débordé et fatigué :

Vous le laissez se débrouiller . . . . ■ ☐
Vous lui demandez ce que vous pouvez faire pour l'aider . . . . ★ ☐
Vous lui demandez ce qui ne va pas. . . . . ▲ ☐
Vous lui dites : « Laisse et va te coucher ! » . . . . ● ☐
Vous prenez spontanément la relève . . . . ♣ ☐

Avez-vous des activités personnelles (sports, loisirs, etc.)?

Moi peu, mon conjoint oui et parfois trop à mon goût . . . . ▲ □
Moi, non ; mais mon conjoint oui ; je garde les enfants. . . . . ● □
Oui, après on se raconte… . . . . ♣ □
Oui, c'est ma respiration, sinon j'étouffe ! . . . . ■ □
Pas besoin, on fait tout ensemble ! . . . . ★ □

C'est l'heure de votre séance de sport, mais votre conjoint vous appelle en urgence. Il a besoin que vous passiez à la Poste pour lui avant la fermeture :

Vous êtes agacé mais ne laissez rien paraître . . . . ▲ □
Vous lui demandez si ça ne peut pas attendre demain . . . . ■ □
Vous lui dites de ne pas s'angoisser, vous irez . . . . ● □
Vous lui expliquez que vous y passerez avant d'aller à votre séance . . ♣ □
Vous y allez sur-le-champ . . . . ★ □

La répartition des tâches à la maison ?

Il n'y a pas de conflit entre nous. . . . . ★ □
Vous dites : « Tu sais bien au fond que j'ai raison ». . . . . ● □
Vous en parlez franchement le plus vite possible, même si parfois c'est difficile. . . . . ♣ □
Vous êtes anéanti(e). . . . . ▲ □
Vous restez persuadé(e) que l'autre a tort . . . . ■ □

Quand un conflit éclate entre vous :

Il n'y a pas de conflit entre nous. . . . . ★ □
Vous dites : « Tu sais bien au fond que j'ai raison ». . . . . ● □
Vous en parlez franchement le plus vite possible, même si parfois c'est difficile. . . . . ♣ □
Vous êtes anéanti . . . . ▲ □
Vous restez persuadé que l'autre a tort . . . . ■ □

Sur votre table de chevet s'amoncellent des revues et des livres. Votre conjoint trouve que cela fait désordre. Vous lui répondez :

« C'est d'accord, je vais remettre de l'ordre » . . . . ♣ ☐
« C'est mon coin, je fais ce que je veux » . . . . ■ ☐
« Excuse-moi, je ne voulais pas te gêner… » . . . . ★ ☐
« J'enlève ça tout de suite », en ruminant intérieurement . . . . ▲ ☐
« Tu as raison, je m'en occuperai… » . . . . ● ☐

Un autre mot pour désigner l'amour :

Complicité . . . . ♣ ☐
Fusion . . . . ★ ☐
Liberté . . . . ■ ☐
Protection . . . . ● ☐
Soutien . . . . ▲ ☐

Vos préférences musicales respectives :

Sont quasiment identiques . . . . ★ ☐
Sont très différentes . . . . ■ ☐
Vous avez adopté les siennes . . . . ▲ ☐
Vous avez imposé les vôtres à la maison . . . . ● ☐
Vous avez les vôtres, mais vous aimez bien les siennes aussi . . . . . ♣ ☐

Votre conjoint aimerait prendre davantage de temps pour lui. Vous lui répondez :

« Bien sûr ! » . . . . ● ☐
« Comment vois-tu les choses ? » . . . . ♣ ☐
« On en reparlera plus tard » . . . . ■ ☐
« Pourquoi, on n'est pas bien ensemble ? » . . . . ★ ☐
« Si c'est ce que tu as décidé… » . . . . ▲ ☐

Votre conjoint réclame une caresse intime avec laquelle vous n'êtes pas très à l'aise :

Vous lui confiez vos réticences en enchaînant : « Et que dis-tu de celle-ci ? » . . . . . ♣ □
Vous lui faites comprendre que ce n'est pas une demande convenable . . . . . ● □
Vous n'avez plus très envie de faire l'amour mais vous n'en montrez rien . . . . . ★ □
Vous n'avez plus très envie de faire l'amour . . . . . ■ □
Vous vous scandalisez de sa demande . . . . . ▲ □

Votre conjoint vous avoue une infidélité d'un soir. Une fois, le choc de l'annonce passé :

Vous cherchez un moyen de le punir . . . . . ● □
Vous lui rendez la monnaie de sa pièce . . . . . ■ □
Vous partez en claquant la porte . . . . . ▲ □
Vous vous estimez trahi, sali à jamais . . . . . ★ □
Vous vous sentez prêt à pardonner mais vous voulez discuter avant . ♣ □

Votre enfant a de la fièvre le soir où vous aviez prévu une sortie avec des amis :

Vous emmenez votre enfant avec vous . . . . . ★ □
Vous interrogez votre conjoint sur la conduite à tenir . . . . . ▲ □
Vous invitez vos amis à venir chez vous . . . . . ♣ □
Vous les appelez pour annuler . . . . . ● □
Vous y allez quand même en laissant votre conjoint auprès de l'enfant . . . . . ■ □

Vous allez au restaurant ensemble :

C'est le plus proche de chez vous . . . . . ■ □
C'est une surprise que vous lui avez réservée . . . . . ♣ □
C'est votre conjoint qui vous invite . . . . . ▲ □
C'est votre restaurant habituel . . . . . ★ □
C'est vous qui décidez du lieu . . . . . ● □

Vous arrivez à la maison le soir, votre conjoint n'est pas encore rentré :

C'est inquiétant surtout s'il ne m'a rien dit. . . . . ● □
Cela arrive souvent, vous êtes autonomes . . . . ■ □
Il ne fait rien sans me prévenir . . . . ★ □
Il vous avait prévenu . . . . ♣ □
Vous préférez quand c'est le contraire . . . . ▲ □

Vous attendez de votre conjoint qu'il :

Obéisse à vos désirs . . . . ● □
Partage tout avec vous . . . . ★ □
Respecte votre territoire . . . . ■ □
Vous parle de ses désirs . . . . ♣ □
Vous soutienne de façon inconditionnelle . . . . ▲ □

Vous avez envie de faire l'amour. Votre conjoint vous fait comprendre qu'il n'en a pas envie :

Vous insistez. . . . . ● □
Vous l'embrassez en plaisantant sur votre terrible frustration . . . . . . ♣ □
Vous redoutez qu'il ne vous aime plus comme avant . . . . ★ □
Vous soupirez bruyamment et lui tournez le dos. . . . . ■ □
Vous vous demandez ce que vous lui avez fait . . . . ▲ □

Vous considérez votre conjoint comme :

Un autre vous-même . . . . ★ □
Votre complément . . . . ● □
Votre égal . . . . ♣ □
Votre moitié . . . . ▲ □
Votre vis-à-vis ou même votre concurrent. . . . . ■ □

Vous fêtez l'anniversaire de votre rencontre :

Vous dînez aux chandelles en tête-à-tête chez vous . . . . ★ □
Vous discutez de ce que vous allez faire ensemble . . . . ♣ □
Vous improvisez à la dernière minute. ■ □

Vous laissez à votre conjoint le soin de tout organiser. . . . . ▲ ☐
Vous préparez tout en secret pour lui faire plaisir . . . . ● ☐

Vous n'êtes pas d'accord sur le choix d'un film à voir au cinéma. Vous dites :

« Allons, tu verras, je suis sûr que ça va te plaire... » . . . . ● ☐
« Comment peux-tu m'imposer tes choix ? » . . . . ▲ ☐
« D'accord, on va voir le tien cette fois-ci ; la prochaine fois, c'est le mien ! » . . . . ♣ ☐
« Je ne comprends pas comment tu peux aimer ce type de film ! » . . ★ ☐
« Tant pis, j'irai le voir tout seul » . . . . ■ ☐

Décompte des points

Nombre de ★ :
Nombre de ▲ :
Nombre de ● :
Nombre de ■ :
Nombre de ♣ :

Total : 20

Décryptage

Vous avez une majorité de ★

« Je t'aime, je te veux tout proche »

Pour vous, l'amour se vit dans la proximité. Vous ne vous sentez bien que lorsque vous êtes tout près, tout contre votre conjoint... Sa présence

physique vous rassure, vous stimule, vous encourage. Cette proximité n'est pas seulement spatiale, vous avez également en commun des goûts, des idéaux, des activités (sorties, vacances, sports, loisirs).

Ces dernières restent, tout comme votre réseau d'amis, limitées. Normal : votre principal centre d'intérêt, c'est votre conjoint ! Et lorsque, par malheur, vous vous retrouvez involontairement éloignés l'un de l'autre, votre moitié reste présente dans vos pensées. Vous lui adressez des coups de téléphone ou des SMS.

Lorsqu'on vous demande quels sont ses défauts, vous n'arrivez pas à lui en trouver. Et vous ne détestez rien tant que celles ou ceux qui se permettent de lui adresser des critiques. Les différences de vue, ou les conflits entre vous deux, vous plongent dans le désarroi, vous les évitez comme la peste car cela vous bouleverse profondément : vous avez alors l'impression d'être incompris, abandonné.

Vous avez une majorité de ▲

« *Je t'aime, j'ai besoin de toi* »

Pour vous, aimer, c'est avant tout se laisser aimer par l'autre. Vous avez besoin de votre conjoint pour vous sentir plein, entier, comblé… C'est son amour qui vous donne le sentiment d'exister. La présence, le regard, les attentions de l'être aimé vous rassurent et vous valorisent. Vous éprouvez peut-être de l'admiration pour votre partenaire. Vous avez le sentiment que ses qualités rejaillissent aussi sur vous. Il est un appui, un étayage qui vous permet d'avancer dans votre vie, de vous sentir bien. Votre couple vous confère votre identité et votre solidité.

Cette grande attente se double parfois de moments plus difficiles à vivre : ceux où vous sentez comme une éclipse dans cet amour. Vous craignez souvent que l'autre ne vous aime plus autant. Ces doutes vous plongent secrètement dans l'anxiété, voire l'angoisse. Vous réclamez alors des signes de réassurance pour reprendre pied et continuer à avancer. Vous oscillez entre le bonheur d'être ensemble et une inquiétude sourde quant à l'avenir.

Vous avez une majorité de ●

« *Je t'aime, je te protège* »

Pour vous, aimer, c'est assurer la protection de l'autre, le soutenir, le rassurer en permanence car vous avez l'impression que, sans vous, votre conjoint est fragilisé, perdu. Il est de votre devoir de l'assister dans les grandes mais aussi les petits choses. Il s'agit, à vos yeux, d'une question de solidarité élémentaire.

Si vous êtes une femme, vous avez développé une attention prévenante vis-à-vis de votre conjoint que vous exercez avec zèle et tendresse. Chaque petit détail compte, le rangement de la maison, la préparation d'un repas plaisant, le règlement de petits soucis matériels ou de santé.

Si vous êtes un homme, vous voulez assurer à votre femme le maximum de confort et de sécurité matérielle quotidienne. C'est une obligation morale à laquelle vous vous soumettez avec un plaisir certain, avec la conviction réconfortante que donne l'utilité. Dans un cas comme dans l'autre, on peut dire que c'est votre activité qui protège l'autre des aléas de la vie et qui le fait vivre. Vous en retirez d'ailleurs une légitime fierté.

Vous avez une majorité de ■

« *Je t'aime, mais je reste indépendant* »

Pour vous, l'amour se vit dans l'indépendance et le respect de la liberté de l'un vis-à-vis de l'autre. Aimer l'autre, ce n'est certainement pas renoncer à son épanouissement personnel. Vous avez régulièrement des activités sans votre conjoint (sport, loisirs, sorties, etc.). D'ailleurs, vous estimez qu'il existe un accord implicite avec lui qui vous autorise à vous accorder des espaces de liberté sans en référer en permanence à l'autre. Ce qui vous donne parfois le sentiment de vous croiser…

Cela ne vous empêche pas, cependant, de privilégier d'autres occasions pour partager davantage d'intimité. Au contraire, vous considérez que c'est cette distance qui permet à votre amour de s'épanouir à la bonne distance, de conserver son attrait sans risque de se faner. À vos yeux, il n'y a pas de pire tue l'amour que le quotidien, les habitudes, la routine qui génèrent immanquablement une lassitude puis des conflits. Vous avez peut-être vécu des expériences amoureuses douloureuses qui vous invitent à la prudence...

Vous avez une majorité de ♣

« *Je t'aime pour ce que tu es* »

Pour vous, l'amour est avant tout un échange. Il consiste à trouver un subtil équilibre entre le « je » et le « nous ». Vous veillez autant à votre épanouissement personnel qu'à celui de votre conjoint. Autrement dit, le « je » ne se laisse pas étouffer par le « nous », et le « nous » n'entrave pas le « je ».

Lorsque vous menez des activités en solo (sortir avec des amis, pratiquer un sport ou une activité artistique, faire du shopping...), celles-ci ne restent pas enfermées dans votre jardin secret mais sont au contraire reversées dans le pot commun du couple. Aimer, c'est aussi découvrir ce que l'autre aime. L'idée de « faire des sacrifices » vous est étrangère, car aimer, c'est forcément vouloir le bien de l'autre.

Si vous acceptez de vous donner sans pour autant renoncer à votre autonomie, vous accordez une large place aux projets communs, qu'il s'agisse d'activités quotidiennes (courses, promenade, activités de détente, etc.) ou plus exceptionnelles (sorties, escapades, vacances, etc.).

De quelle liberté avez-vous besoin en amour ?

Pour vous, qu'est-il indispensable de préserver dans votre couple ? La liberté de penser, la liberté de mouvement ou la liberté de sentiment ?

Un test à faire à deux pour comparer vos aspirations.

Ce que l'on vous répète régulièrement en vacances :

		Partenaire A	Partenaire B
« Arrête de parler à la terre entière ! Tu as besoin de connaître tout le monde ou quoi ? »	3	☐	☐
« Enlève un peu tes lunettes noires ! On ne voit jamais ton regard ! »	1	☐	☐
« Pose-toi un peu ! Tu ne passes jamais cinq minutes sans rien faire ? »	2	☐	☐

Ce que vous ont souvent reproché vos partenaires :

		A	B
« Je ne sais jamais ce que tu penses »	1	☐	☐
« On ne fait pas assez de choses ensemble »	2	☐	☐
« Tu ne me dis pas assez que tu m'aimes »	3	☐	☐

Dans votre enfance, vous étiez de caractère :

		A	B
Autonome (« Je n'ai pas peur de la solitude »)	2	☐	☐
Indépendant (« Je n'ai pas besoin de câlins en permanence »)	3	☐	☐
Secret (« Je n'ai pas besoin de tout raconter à papa et à maman »)	1	☐	☐

Partenaire A B

En amour, la liberté la plus indispensable, c'est :

Ne pas toujours aimer l'autre à la folie . . . . 3 ☐☐
Ne pas tout dire à l'autre . . . . 1 ☐☐
Ne pas tout faire avec l'autre . . . . 2 ☐☐

La raison pour laquelle vous n'aimez pas les romans d'amour :

C'est niais . . . . 3 ☐☐
C'est plat et prévisible . . . . 1 ☐☐
Ça manque d'action . . . . 2 ☐☐

Le moins grave dans un couple :

Avoir des opinions politiques différentes . . . . 1 ☐☐
Faire chambre à part de temps en temps . . . . 2 ☐☐
Faire quelquefois semblant lors des rapports sexuels . . . . 3 ☐☐

Le plus grave, ou le plus pénible, à vos yeux, c'est que votre conjoint :

Lise votre journal intime . . . . 1 ☐☐
Vous demande tous les jours si vous l'aimez toujours autant . . . . . 3 ☐☐
Vous empêche de partir quelques jours en vacances avec vos amis en célibataire . . . . 2 ☐☐

Respecter l'autre, c'est accepter qu'il ne soit :

Pas toujours aimant . . . . 3 ☐☐
Pas toujours d'accord . . . . 1 ☐☐
Pas toujours présent . . . . 2 ☐☐

Votre conjoint vous a été infidèle. Vous pouvez le lui pardonner car son acte a été motivé par :

Un engagement pour une cause commune (l'action) . . . . 2 ☐☐
Une attirance intellectuelle (l'admiration) . . . . 1 ☐☐
Une passion charnelle (la pulsion) . . . . 3 ☐☐

Votre conjoint vous annonce qu'il veut rompre. Malgré votre chagrin, la dignité, c'est pour vous de :

		Partenaire A	Partenaire B
Ne pas chercher à le culpabiliser	3	☐	☐
Ne pas l'obliger à vous dire pourquoi	1	☐	☐
Ne pas le forcer à rester auprès de vous	2	☐	☐

Vous n'auriez jamais pu faire de politique parce que :

		A	B
Vous auriez été lassé de faire des sourires à des gens que vous n'appréciez pas	3	☐	☐
Vous n'auriez pas été capable d'adhérer à la ligne d'un parti	1	☐	☐
Vous n'auriez pas supporté d'être otage d'un tel emploi du temps	2	☐	☐

Vous vous ennuyez dans une soirée, mais votre conjoint s'amuse, impossible donc de rentrer…

		A	B
Vous allez marcher dans le quartier	2	☐	☐
Vous vous installez sur le balcon pour passer des coups de téléphone	3	☐	☐
Vous vous laissez aller à vos rêveries	1	☐	☐

Additionnez vos points :

A ☐☐☐☐☐☐☐☐☐☐☐☐

Total :

B ☐☐☐☐☐☐☐☐☐☐☐☐

Total :

Décryptage

Vous avez entre 12 et 20 points

Liberté de pensée : « Aimer sans tout dévoiler de soi... »

Vous avez besoin de garder votre esprit libre, même si vous avez offert votre cœur. La liberté amoureuse qui vous est indispensable, c'est celle qui vous permet de garder le secret sur une partie de vos pensées, sur certains de vos fantasmes, sur des épisodes de votre passé. Bref, vous ne pouvez pas vous passer de votre liberté intérieure, qui est d'ailleurs la plus vaste, la seule à pouvoir être infinie. Vous êtes d'accord avec Montaigne lorsqu'il écrit : « La vraie liberté, c'est de pouvoir toute chose sur soi. » Cette liberté de pensée, si vous l'obtenez de votre conjoint, vous rend alors légères toutes les chaînes du couple. Elle n'empêche pas un vrai respect de l'autre : lui dire tout ce qui le concerne ? Peut-être pas. Mais qu'il soit celui à qui vous en dites le plus ou à qui vous confiez les choses les plus importantes, c'est normal. Il est votre interlocuteur privilégié, mais pas exclusif. Cela vous serait impossible de tout dire à quelqu'un, et il vous serait insupportable que quelqu'un sache tout sur vous. Même quelqu'un qui vous aime et que vous aimez. Question de liberté, donc d'identité ! Vous ne voulez pas perdre la vôtre en fusionnant à ce point. Bénéfices : sur la durée, pudeur et réserve sont favorables à l'amour. Elles préservent une part de mystère, et vous rendent plus désirable. Votre façon d'être est aussi la forme de liberté au sein du couple la plus discrète qui soit : elle est une distance invisible de l'extérieur et légère au quotidien. Sauf si votre conjoint est un « fusionnel » : dans ce cas, il aura du mal à supporter cette liberté de pensée. Car c'est peut-être la plus discrète, mais c'est aussi la plus profonde. Risques : attention à ce que cette liberté de pensée ne puisse pas être confondue avec de la froideur, de l'indifférence. Pensez à faire des efforts pour rassurer la personne que vous aimez sur la force de vos sentiments à son égard : vous ne pouvez à la fois être mystérieux et distant affectivement. Ou trop souvent absent physiquement. L'écart entre vous deux deviendrait alors trop grand.

Vous avez entre 21 et 27 points

Liberté de mouvement : « Aimer sans fusionner... »

Vous avez besoin de pouvoir aller et venir sans rendre de comptes à votre partenaire, ou pire, sans devoir toujours l'avoir à vos côtés. Pour contempler un paysage, il faut prendre du recul. Et pour ressentir de l'amour, vous avez régulièrement besoin de penser à votre partenaire de loin, en son absence. Camus disait que « la liberté offre à l'homme une chance d'être meilleur ». Vous pensez sincèrement que cette forme de liberté offre à votre amour la chance de se bonifier, de se consolider, de se régénérer. Pour vous, le respect de votre partenaire passe par cette possibilité de vous éloigner sans avoir à lui mentir. Souvent, d'ailleurs, c'est de loin que vous vous rendez compte que vous l'aimez. Bénéfices : ces éloignements, suivis de retrouvailles, ressourcent votre amour. Et ce besoin de liberté est sans doute le plus simple à comprendre pour l'autre. Risques : ayez conscience que cette liberté de mouvement est un facteur de risque pour le désamour. Elle augmente « mécaniquement » les possibilités de rencontres, de les faire vivre et grandir, et peut donc être fatale aux amours bancales. À moins que votre conjoint ne fonctionne sur le même registre, auquel cas ces deux risques d'infidélité peuvent aboutir, sur la durée, à une grande fidélité. Chacun sait à quel point l'autre saura comprendre et respecter ses allées et venues. Paradoxes de la liberté...

Vous avez entre 28 et 36 points

Liberté de sentiment : « Aimer sans se forcer à aimer... »

Vous êtes capable d'aimer durablement, mais avec des hauts et des bas. Vous ne savez pas commander à votre amour et vous n'aimez pas faire semblant. Pour vous, moins aimer, ce n'est pas vouloir quitter. L'amour est quelque chose de vivant, avec ses rythmes et ses cycles. Il n'y a pas à s'en inquiéter, du moment que l'on sait être avec quelqu'un que l'on apprécie vraiment. Cette liberté vous est indispensable, car vous avez besoin de pouvoir aimer, au sens large : amitiés, sympathies, admirations, séductions, amourettes ou même liaisons sentimentales extraconjugales... On dit souvent que « la liberté, c'est de choisir ses contraintes » : vous pouvez supporter toutes les contraintes sauf celles du cœur... Bénéfices : pour vous, respecter son partenaire, c'est ne jamais se forcer à l'aimer, mais rester à ses côtés parce que vous l'estimez. De cette estime, votre sentiment amoureux renaît régulièrement. La force du lien et de l'attachement respectueux est plus forte chez vous que celle du sentiment amoureux, plus volatile. Cette liberté de sentiment est peut-être la seule qui garantisse un amour sincère : lorsque vous dites que vous aimez, c'est toujours « pour de vrai ». Risques : c'est sans doute la liberté la plus délicate à faire accepter. Certes, chacun sait que l'amour connaît ses intermittences. Mais dans un couple, elles ne surviennent pas toujours au même moment chez les deux partenaires... Si vous fonctionnez sur ce registre, il est quasi indispensable que votre conjoint présente lui aussi ce profil, ou soit prêt à faire un gros travail sur lui pour que ces distances amoureuses n'engendrent pas de trop grandes souffrances.

Comment dites-vous non ?

Il existe mille et une manière de refuser une invitation, de décliner un projet, de déjouer des sollicitations… Mais s'opposer par un « non » clair et franc n'est pas forcément la voie la plus facile. Pourquoi avons-nous parfois tant de mal à prononcer ce mot ? Peut-être parce qu'il implique de savoir reconnaître ses désirs, les respecter, et affronter la réprobation de son interlocuteur. Qu'en est-il de vous ? Quel « non » pratiquez-vous ? Voici dix questions pour le savoir.

Un ami vous demande de l'accompagner à un concert qui ne vous tente pas :

« C'est vraiment pour te faire plaisir » . . . . 2 ☐
« Ça ne me tente pas, essaie de trouver quelqu'un d'autre » . . . . 3 ☐
« Hors de question » . . . . 1 ☐
« D'accord, ça me plaira peut-être en fait » . . . . 4 ☐

Votre ex vous envoie un mail dans lequel il suggère qu'il aimerait vous revoir. Vous répondez :

« Va au diable ! » . . . . 1 ☐
« Je crois que c'est mieux pour toi que l'on ne reprenne pas contact… » . . . . 2 ☐
« Je ne souhaite pas te revoir » . . . . 3 ☐
« Si tu veux » . . . . 4 ☐

Vous gagnez une très grosse somme au loto, et une personne vous propose d'investir dans son association. Vous lui dites :

« Si ça peut rendre service, c'est avec grand plaisir » . . . . 4 ☐
« En quoi consiste votre association ? » . . . . 3 ☐
« Ce n'est pas que je ne veuille pas, mais on m'a conseillé d'autres choses » . . . . 2 ☐
« Non, je n'ai pas envie » . . . . 1 ☐

Le « non » pour vous est comme une sorte de :

Sanction . . . . 4 ☐
Pouvoir . . . . 1 ☐
Limite . . . . 3 ☐
Morale . . . . 2 ☐

Une amie en difficulté à qui vous proposez de l'aide la refuse. Vous :

Vous en tenez à sa réponse : c'est une grande fille ! . . . . 2 ☐
L'aidez malgré tout . . . . 4 ☐
Vous dites que vous n'êtes pas près de lui re-proposer votre soutien ! . . 1 ☐
Vérifiez qu'il ne s'agit pas d'une simple pudeur. . . . . 3 ☐

Un ami semble avoir oublié de vous rembourser les 100 euros que vous lui avez avancés. Vous :

Lui en parlerez à votre prochain rendez-vous . . . . 3 ☐
L'appelez de suite pour éviter que cela ne dure encore des semaines . . 1 ☐
Attendez un peu, ce n'est pas si pressé . . . . 4 ☐
Voyez avec son conjoint s'il peut lui rappeler la chose discrètement . . 2 ☐

Mariage d'un cousin. Au moment où il est censé dire oui… il dit non ! Vous pensez :

« Ce n'est pas mon cousin, c'est pas vrai ! » . . . . 4 ☐
« Il aurait pu y penser avant ! » . . . . 3 ☐

«Ça alors, ça restera dans les annales!». . . . . 1 ☐
«Quel manque de respect!» . . . . 2 ☐

Un collègue vous charge souvent de ses dossiers. Vous décidez de réagir et vous :

Bâclez ses dossiers pour que ça lui retombe dessus . . . . 1 ☐
Lui demandez de sélectionner car vous ne pouvez pas tout faire . . . 4 ☐
Lui expliquez que le patron vous a demandé de vous concentrer sur vos propres tâches . . . . 2 ☐
Lui rapportez lesdits dossiers en lui précisant que c'est son boulot. . . 3 ☐

Une très bonne amie vous offre un pull mauve… et vous avez horreur du mauve! Vous :

Lui dites que c'est une bonne idée, vous n'aviez rien de mauve! . . . 4 ☐
Lui expliquez la chose et lui proposez d'aller le changer ensemble. . . 3 ☐
Inventez qu'on vous en a offert un identique pour qu'elle propose de le changer. . . . . 2 ☐
Lui demandez si c'est une blague sur un ton ironique. . . . . 1 ☐

Ce soir, votre conjoint a très envie de faire l'amour… Pas vous. Vous :

Lui tournez le dos et remontez la couette. . . . . 1 ☐
Prétextez une fatigue harassante. . . . . 2 ☐
Lui dites que vous n'êtes pas d'humeur ce soir . . . . 3 ☐
Vous vous prêtez au jeu, ça réveillera le désir. . . . . 4 ☐

Additionnez vos points :

Nombre de 1 :	x 1 =
Nombre de 2 :	x 2 =
Nombre de 3 :	x 3 =
Nombre de 4 :	x 4 =
	Total =

Décryptage

Vous avez entre 10 et 18 points

Le « non » permanent

Votre « non » se décline sur un mode jubilatoire !

Vous êtes souvent sur le qui-vive lorsque l'autre formule une demande car vous guettez, parfois avec un malin plaisir, l'occasion de le contredire. Vous adorez vous afficher comme le rebelle qui refuse de se faire léser.

Car telle est en grande partie votre conception du « oui » : plier, céder, être le perdant… Du coup, vous vous sentez fort dans l'opposition permanente. Autant dire que les ordres et autres obligations sont pour vous des occasions d'exister intensément ! Par ailleurs, vous avez vite repéré que la position du refus systématique a tendance à attirer toute l'attention sur soi…

Il y a ainsi une double dynamique dans votre façon de dire « non » : d'un côté, cela vous permet d'attirer l'attention de façon détournée, sans même avoir à la demander. D'un autre côté, cela vous donne l'occasion de frustrer les désirs de l'autre, tout comme on a probablement dû frustrer mais aussi vampiriser les vôtres.

Car votre « non » signifie avant tout « Je ne te donnerai pas ce que tu attends ». Dire « oui » vous donnerait trop la sensation de vous perdre. Vous utilisez ainsi votre capacité à dire « non » comme un bouclier anti-satisfaction de l'autre, plutôt que pour affirmer vos désirs.

Aussi, essayez de faire la part des choses entre demande et agression : tout le monde ne souhaite pas vous manipuler !

Vous avez entre 19 et 24 points

Le « non, mais... »

Votre « non » a un petit air de justification !

Vous exprimez facilement votre envie ou la nécessité de dire non. Car vous n'êtes pas du genre à renoncer à votre bien-être par seul souci de vous dévouer à l'autre. Au contraire, vous tenez à préserver vos habitudes, et pour maintenir cet équilibre personnel, vous savez avoir recours au mot magique !

Mais êtes-vous sûr de bien assumer vos refus ? Car il semblerait que vous ayez des difficultés à les lier au « je ». Vous vous déchargez en effet de la responsabilité de votre décision en la transférant sur un autre : le patron, la morale, la voisine ou quiconque pouvant faire office de « prête-non » ! Vous avez absolument besoin d'une justification extérieure.

Pourquoi cette esquive ? S'opposer, réfuter, refuser, ou encore contredire équivaut chez vous à agresser, frustrer, voire rejeter l'autre. Vous avez l'impression que si vous dites un « non » franc et massif, l'autre va l'interpréter comme une provocation en duel. De manière consciente ou inconsciente, cette façon de faire vous permet d'éviter le conflit tant redouté avec l'autre. Car vous craignez sa réaction et surtout sa propre agressivité. Sans doute ne vous a-t-on pas permis petit de vous opposer sans menace d'une sanction...

Un conseil alors : plutôt que d'inventer mille et une justifications, acceptez peu à peu le fait que vous avez le droit de dire « non », que cela plaise à l'autre... ou non !

Vous avez entre 25 et 31 points

Le « non » apaisé

Vous avez un « non » qui fleure bon la sérénité !

Vous évoluez dans l'univers délicat des relations humaines avec un cadre visiblement bien construit. Vous savez délimiter votre territoire d'une façon juste, ce qui vous permet de vous ouvrir à l'autre et à ses désirs, sans risquer de systématiquement faire passer ces derniers avant les vôtres. Dans bien des situations, vous avez une idée claire de la limite à ne pas franchir. Bref, vous savez vous respecter tout en respectant l'autre.

Par ailleurs, vous avez compris que dire non à l'autre risquait de le frustrer un peu mais que cette frustration pouvait lui être très bénéfique. Car pour vous, combler toutes les attentes d'une personne, c'est étouffer peu à peu tous ses désirs. Et vous avez bel et bien raison sur ce point !

Plusieurs facteurs sont à l'origine de cette bonne utilisation du « non ». Enfant, on vous a certainement appris à écouter et respecter vos besoins. Devenu adulte, vous avez compris que ce respect de soi était l'une des clefs de votre équilibre. Vous assumez donc vos choix et vous êtes capable de les maintenir malgré la pression extérieure : vous sentez que votre décision est la bonne pour vous, mais vous savez aussi vous remettre en cause si nécessaire ! Enfin, vous établissez une juste différenciation entre refus et agression.

En somme, l'utilisation du « non » semble n'avoir plus aucun secret pour vous ! Alors continuez sur cette voie !

Vous avez entre 32 et 40 points

Le « non » refoulé

« Non » semble être un mot quasi absent de votre vocabulaire !

En effet, vous l'utilisez rarement, tant vous faites passer les désirs et demandes des autres avant les vôtres. Vous êtes toujours disponible pour un coup de main, et ne refusez qu'exceptionnellement (et souvent à contrecœur) les sollicitations. Dans un souci permanent de faire plaisir et d'être utile, vous en oubliez vos propres besoins et envies. Il vous est donc difficile de concilier désirs personnels et désirs de votre entourage.

D'où vient cette difficulté à vous affirmer ? Certainement au fait que l'on ne vous a jamais appris à délimiter et à protéger votre territoire. Peut-être vous a-t-on expliqué qu'agir ainsi relevait d'un égocentrisme flagrant, déplacé et donc culpabilisant.

Aussi, pour éviter d'avoir à gérer cette culpabilité, vous faites tout pour répondre aux attentes de l'autre, au risque de tomber dans l'hyper adaptabilité et parfois, la soumission. Le danger à ne pas préserver son territoire est de se laisser assaillir par les innombrables demandes de proches peu scrupuleux.

Alors un conseil : apprenez sans tarder à dire non. Commencez par de petites dénégations, qui obligeront peu à peu votre entourage à prendre en compte vos désirs. Votre affirmation de vous en ressortira grandie et renforcée.

Vous sentez-vous facilement victime ?

Chacun peut éprouver un désir sincère de changer, de travailler sur ses comportements afin de vivre plus librement, plus authentiquement. Mais nos résistances inconscientes sont parfois tenaces, notamment celles qui nous poussent à nous sentir éternellement victime. Victime des autres, des événements, de la vie… Un statut rassurant mais qui, s'il offre des bénéfices secondaires, comporte néanmoins de nombreux pièges et freine considérablement l'épanouissement. Vous sentez-vous facilement victime ? Pour comprendre pourquoi, répondez le plus spontanément possible à ces dix questions.

Un ami ayant beaucoup trop bu se met à vous injurier devant tout le monde. Vous :

- Essayez de le calmer : il n'est pas conscient de ce qu'il fait . . . . . . 2 ☐
- Le remettez à sa place en un rien de temps . . . . 1 ☐
- Lui ferez de même, mais tout à fait à jeun . . . . 4 ☐
- Pensez que vous n'avez pas de chance avec les amis . . . . 3 ☐

Votre père s'excuse de son emportement de l'autre jour. Vous :

- L'informez que vous avez passé une nuit blanche à cause de ses propos . . . . 4 ☐
- Le rassurez en lui disant que vous l'avez peut-être un peu cherché . . 2 ☐
- Lui dites qu'en effet vous n'avez pas à supporter ses sautes d'humeur. . . . . 1 ☐
- Lui faites un bisou pour oublier tout ça. . . . . 3 ☐

Dépitée, votre voisine a découvert que son mari la trompe. Vous lui dites :

« Confrontez-le sans attendre » . . . . 1 ☐
« Essayez de lui tendre la perche pour en parler » . . . . 2 ☐
« Faites-lui du chantage, ça le refroidira » . . . . 4 ☐
« Ils sont décidément tous pareils ». . . . . 3 ☐

On vous offre un travail en or à… Toronto ! Vos parents sont effondrés à l'idée de votre départ. Vous pensez :

C'est vrai que ce n'est pas très sympa pour eux . . . . 2 ☐
Il faut toujours qu'ils gâchent mes bonheurs . . . . 4 ☐
Pour une fois que je voulais me prendre en main. . . . . 3 ☐
Sur le coup ce sera dur, mais ils s'en remettront. . . . . 1 ☐

Selon vous, vos difficultés actuelles s'expliquent en grande partie par :

Le fait que vous êtes sans doute trop exigeant. . . . . 2 ☐
Le fait que vous manquez encore de clefs pour comprendre . . . . . . 1 ☐
Les bâtons que les autres vous ont mis dans les roues . . . . 4 ☐
Un karma sûrement lourd . . . . 3 ☐

Votre amie prend des nouvelles de la grippe carabinée qu'elle vous a redonnée ! Vous lui répondez :

« Ce n'est pas grave » . . . . 2 ☐
« Cela m'a fait perdre deux jours de salaire ! » . . . . 4 ☐
« Je fais avec ! » . . . . 1 ☐
« Tu sais, s'il n'y avait que ça ! » . . . . 3 ☐

Votre psy vous laisse entendre que vous vous confortez un peu dans vos problèmes. Vous :

Approfondissez le sujet avec lui . . . . 1 ☐
Lui dites que vous voulez pourtant vraiment changer. . . . . 3 ☐

Pensez qu'il a sûrement raison . . . . 2 ☐
Trouvez indécent de nier la souffrance des gens . . . . 4 ☐

Vous faites un rêve dans lequel figure une personne qui vous a blessé. Vous y :

Découvrez des ficelles dans son dos et vous mettez à l'agiter
comme un pantin . . . . 4 ☐
Découvrez une épée magique capable de vous protéger
en toutes circonstances . . . . 1 ☐
Êtes sauvé par une belle licorne qui vous met à l'abri . . . . 3 ☐
Plongez dans son esprit et découvrez la raison de son attitude . . . . . 2 ☐

Une copine de votre fille vous dit que ses parents vont divorcer. Vous pensez :

Qu'ils font ça pour son bien . . . . 2 ☐
Qu'ils ne pensent vraiment qu'à eux . . . . 4 ☐
Que ce n'est pas toujours facile d'être parent . . . . 1 ☐
Que les ennuis commencent de plus en plus tôt . . . . 3 ☐

Votre entretien d'embauche a échoué, et votre conjoint s'en veut d'être à 600 km ! Vous lui répondez :

De toute façon, j'ai été totalement nul ! . . . . 2 ☐
Il fallait bien que tu le fasses ce déplacement ! . . . . 4 ☐
J'aurais bien besoin d'un câlin, mais je patienterai ! . . . . 1 ☐
Mais tu m'aimes ? . . . . 3 ☐

Additionnez vos points :

Nombre de 1 :	x 1 =
Nombre de 2 :	x 2 =
Nombre de 3 :	x 3 =
Nombre de 4 :	x 4 =
	Total =

Décryptage

Vous avez entre 10 et 18 points

La victime combative

Vous êtes relativement bien à l'abri des pièges que recèle la position de victime. Vous arrivez à repérer les situations où vous manquez d'assurance ou bien de courage ; celles aussi où vous générez vous-même vos propres blocages ! Certes, quelques mauvaises habitudes subsistent, mais vous êtes conscient que vous seul pouvez vous prendre en charge, vous donner les moyens de surmonter les obstacles et d'avancer. Vous ressentez les blessures infligées par les autres, ou plus généralement par la vie. Mais comme vous focalisez votre énergie sur votre bien-être à venir, vous ne souhaitez pas vous apitoyer sans fin sur votre sort. Même si vous appréhendez le pas à franchir – il implique d'avancer vers l'inconnu et de créer soi-même de nouveaux comportements et de nouveaux repères – vous vous lancez avec courage. Vous acceptez de vivre les émotions riches et perturbantes liées au passage de la chrysalide au papillon, qui vole de ses propres ailes. Vous avez donc ressenti le déclic qui nous fait dire un jour « Qu'est-ce que je fais moi, maintenant, pour mon bonheur, pour ma vie ? » Et c'est tout à votre honneur, vu que vous vous êtes lancé sur la voie de l'action ! Aussi, cultivez précieusement cette énergie positive qui vous anime et vous permet d'être lucide sur vous-même et sur le chemin à parcourir. Armé de cette volonté tenace, vous irez sûrement loin, très loin…

Vous avez entre 19 et 25 points

La victime niée

Sûrement vous trouvez-vous dans la position d'une victime mais vous avez des difficultés à le reconnaître. Vous mettez beaucoup de distance entre vos blessures et vous : vous tentez de les apaiser, voire de les ignorer en vous disant que vous n'êtes pas seul, que d'autres vivent des choses pires que vous. Vous vous débrouillez avec vos problèmes, et si vos proches ne sont pas toujours attentionnés ou bienveillants, il faut les comprendre, ne pas leur en vouloir… Vous vous interdisez ainsi de reconnaître certains de vos manques. Inconsciemment, vous appréhendez certainement de perdre le rôle de protecteur que vous vous êtes assigné. Vous craignez de paraître ingrat, préoccupé par votre seul bien-être. Vous ne voulez surtout pas priver les autres de votre compréhension et de votre amour, car ce serait vous priver de leur reconnaissance. Mais en agissant ainsi, vous évitez de reconnaître la colère, la souffrance que certains ont suscité en vous. Ceux qui vous ont blessé, ignoré, manipulé ou encore rejeté. Peut-être avez-vous le sentiment que, si cette colère venait à s'exprimer, elle serait tellement dévastatrice que l'autre pourrait bien en « mourir ». Mais ceci est bien sûr pur fantasme… Car au pire, l'autre nie vos besoins et vous délaisse. Au mieux, il entend et réajuste son attitude pour préserver le lien. Alors n'oubliez pas : à trop vouloir préserver les autres et culpabiliser à l'idée de vous réaliser et d'être heureux, la personne que vous peinez le plus est cet être en vous qui ne demande qu'à se révéler. Prenez donc soin de lui !

Vous avez entre 26 et 31 points

La victime complaisante

Vous semblez avoir endossé le rôle de victime, peut-être parce qu'il vous rassure et vous protège. Tout au long de votre vie, au fil des épreuves, vous avez inconsciemment construit un refuge bien sécurisé : une identité de petit oiseau fragile, malchanceux, qui inspire gentillesse, compréhension et surtout, tolérance. Mais s'il est juste d'espérer attention et soutien dans les moments difficiles, il devient dangereux d'abuser de cette fragilité pour obtenir un intérêt permanent ! Vous croyez y trouver votre équilibre… C'est même avec une certaine lucidité que vous reconnaissez au fond de vous-même les avantages procurés par cette position. La victime n'a pas à se justifier pour qu'on l'aime, pensez-vous. Mais une question : s'agit-il d'amour ou de compassion ? Souhaitez-vous susciter de la compassion ? Le statut de victime vous permet aussi de justifier d'une certaine passivité : vous devez trouver un travail, mais on ne vous a pas appris la confiance en vous alors « je n'y peux rien ». Vous avez bien essayé de rencontrer quelqu'un mais visiblement, « personne ne me remarque »… Le chemin de l'autonomie vous paraît donc hasardeux et compliqué. Et lorsque vous tentez de vous libérer de cette vulnérabilité, vous craignez vite de ne plus intéresser personne… Et le doute s'installe. Mais sachez-le : on peut être aimé et apprécié en allant bien et même en rayonnant ! Alors sortez de votre cachette, et révélez au monde vos autres visages, tellement plus vivants !

Vous avez entre 32 et 48 points

La victime devenue bourreau

Il semblerait que vous vous soyez réfugié dans le statut de victime, avec tous les effets pervers qu'il génère. Vous avez conscience des liens parfois nocifs que vous entretenez. Vous repérez très vite dans votre entourage ceux qui vous font du mal. Mais au lieu de les fuir, vous restez car vous attendez d'eux une reconnaissance de la souffrance qu'ils vous ont infligée. Et c'est là que le piège se referme sur vous. Cette quête de reconnaissance et d'attention mobilise toute votre énergie et votre personne, à tel point que, sans vous en rendre compte, vous allez renverser les rôles : vous tentez de faire culpabiliser l'autre en lui rappelant à la moindre occasion à quel point il vous a blessé, ou à quel point vous êtes bien généreux de ne pas le repousser. Vous avez alors le sentiment d'exercer à votre tour un pouvoir sur l'autre. Ces derniers deviennent ainsi « victimes » de votre ressentiment. Peut-être utilisez-vous votre colère, votre rancœur à mauvais escient ? Plutôt que de l'affronter, l'évacuer, et grandir, vous la dirigez vers ceux qui vous blessent pour obtenir d'eux ce qu'ils ne pourront peut-être pas vous donner, et qui de toute façon, vous paraîtra certainement toujours insuffisant. Votre attente est si grande que même les pardons ne vous suffiront pas… Un conseil : sortez de cette spirale en acceptant vos manques et en en faisant progressivement le deuil… Vous vous engagerez ainsi sur la voie de l'autonomie et de l'épanouissement.

Avez-vous tendance à juger ?

Il est banal de critiquer celui qui nous dérange. Même lors d'une première rencontre, on ne peut s'empêcher de lâcher un verdict supposément approprié : « Lui, c'est un séducteur », « Elle a l'air maniaque », etc. Nous sommes alors persuadés d'être les meilleurs juges. Cette sentence est pourtant d'une subjectivité totale puisqu'elle est le fruit de notre culture familiale et de notre vécu. Et, le plus souvent, les défauts incriminés nous renvoient à nous-mêmes. Pour savoir si vous avez une propension à juger, répondez aux questions suivantes le plus spontanément possible.

Une collègue habituellement sans le sou annonce qu'elle part un mois aux Seychelles. Vous clamez tout haut :

« Tu as gagné au Loto ? » . . . . 1 ☐
« Je n'ai pas les moyens de me payer un tel luxe moi ! » . . . . 3 ☐
« Quelle chance ! Profite bien ! » . . . . 2 ☐
« Tu m'emmènes avec toi ? » . . . . 4 ☐

Une de vos amies vous raconte son énième rupture :

Vous n'osez pas l'interrompre. Elle est si malheureuse. . . . . 2 ☐
Vous la consolez en lui affirmant que chaque souffrance
a sa raison d'être . . . . 4 ☐
« J'ai l'impression d'avoir déjà entendu ce refrain ! » . . . . 1 ☐
« Tu n'en as pas assez de répéter toujours les mêmes schémas ? » . . . 3 ☐

Avant de lancer un reproche, vous :

Réfléchissez pour ne pas heurter le destinataire. . . . . 4 ☐
Prenez une grande respiration pour vous calmer . . . . 3 ☐

Avez la gorge serrée et le cœur qui bat la chamade . . . . 2 ☐
Choisissez celui qui va faire mouche . . . . 1 ☐

Votre compagnon de table a le regard fuyant :

Vous lui demandez de vous regarder bien en face . . . . 1 ☐
Vous supposez qu'il ne veut pas vous parler . . . . 2 ☐
Vous vous méfiez de lui . . . . 3 ☐
Vous imaginez que vous lui rappelez quelqu'un qu'il fuit . . . . 4 ☐

En réunion, votre patron persécute un de vos collègues :

Vous baissez les yeux et attendez que la tempête passe . . . . 2 ☐
Vous applaudissez et ironisez : « Voilà un vrai patron ! » . . . . 1 ☐
Vous le questionnez : « Pourquoi un tel acharnement ? » . . . . 4 ☐
Vous lancez : « À qui le tour ? Prenez votre ticket ! » . . . . 3 ☐

Ce pantalon ne vous met pas en valeur, mais la vendeuse trouve que vous le portez à merveille :

Vous soufflez bruyamment pour lui faire comprendre votre énervement . . . . 3 ☐
Vous souriez intérieurement : elle fait bien son travail ! . . . . 4 ☐
Vous lui rétorquez qu'elle n'a aucun goût . . . . 1 ☐
Vous observez votre reflet avec un nouveau regard . . . . 2 ☐

Vous avez adoré ce concert. Votre conjoint, pas du tout :

Vous riez : « Les goûts et les couleurs… » . . . . 4 ☐
Vous attaquez : « Ta culture musicale est si pauvre ! » . . . . 1 ☐
Vous l'incendiez : « Tu sais mieux que tout le monde ! » . . . . 3 ☐
Vous convenez que ce n'est pas le chef-d'œuvre de l'année . . . . . . 2 ☐

Vous allez enfin rencontrer votre belle-mère réputée si odieuse :

Vous préparez quelques réflexions blessantes . . . . 1 ☐
Vous redoutez ce passage obligé . . . . 2 ☐

Dès qu'elle se montrera désagréable, vous ne la raterez pas ! . . . . . 3 ☐
Vous attendez ce moment avec impatience :
est-elle vraiment si ignoble ? . . . . 4 ☐

Avant d'aller voir un nouveau film, vous :

Appelez tous vos amis pour connaître leur opinion . . . . 2 ☐
Vous laissez guider par votre instinct . . . . 4 ☐
Consultez les critiques dans les magazines spécialisés . . . . 1 ☐
Ne supportez pas que l'on vous aide dans votre choix . . . . 3 ☐

Une collègue qui vous dédaignait vient vous demander un service :

Je ne suis pas payé pour rendre service à tout le monde. . . . . 3 ☐
Vous acceptez : ainsi vous ferez plus ample connaissance . . . . 4 ☐
Comme par hasard, elle me dit bonjour quand elle a besoin de moi . . 1 ☐
Vous acceptez : c'est le moyen de grimper dans son estime . . . . . . 2 ☐

Additionnez vos points :

Nombre de 1 :	x 1 =
Nombre de 2 :	x 2 =
Nombre de 3 :	x 3 =
Nombre de 4 :	x 4 =
	Total =

Décryptage

Vous avez entre 10 et 18 points

Un besoin de pointer ce qui ne va pas

Vous semblez prompt à la critique. Il se pourrait même que votre mode relationnel repose sur cet irrésistible besoin d'adresser à vos interlocuteurs des piques que vous espérez utiles pour leur évolution. Car vous vous plaisez à penser que votre rôle consiste à révéler aux autres leurs défauts. D'ailleurs, vous excellez en la matière et vous assénez à chacun ses quatre vérités avec une dextérité remarquable. On risque cependant de vous reprocher cette franchise extrême car elle peut blesser certaines personnes.

Et si vous mettiez votre brillante faculté d'analyse à profit pour comprendre les raisons de votre comportement et en atténuer la virulence ? Peut-être avez-vous envie de vous sentir reconnu par votre entourage. Dans ce cas, pointer les faiblesses vous rassure et confirme votre propre identité. Tous les enfants s'essayent à ce petit jeu afin de se différencier de leurs parents. Toutefois, continuer à l'âge adulte témoigne d'un manque d'assurance et d'un grand besoin d'être aimé. Un travail autour de l'estime de soi vous permettrait de vous apaiser. Vos proches pourraient alors découvrir et apprécier une partie jusqu'alors méconnue de votre personnalité. La plus sensible et la plus profonde.

Vous avez entre 19 et 25 points

Une peur bleue de tout jugement

Apparemment, vous n'êtes pas du tout dans le jugement ! Bien au contraire, vous fuyez toute critique comme la peste. Car vous ressentez les réprimandes comme de véritables violences psychiques. Même lorsque les reproches ne vous sont pas adressés, ils vous mettent mal à l'aise. Votre sensibilité émotionnelle vous ouvre à une compassion très louable. Mais elle vous empêche surtout de vous exprimer vraiment. Vous êtes parfois si ému que vous osez à peine prendre la parole pour extérioriser vos sentiments.

Si vous souffrez de ce malaise, il vous serait profitable d'aller en chercher la source. Peut-être en retrouverez-vous l'origine dans votre passé. Si vous avez été la cible de blâmes affligeants durant votre enfance, il est possible que vous ayez développé une peur d'être sanctionné à nouveau. À chaque fois que vous entendez une remontrance, le tout-petit qui est en vous se réveille et vous incite à revivre inconsciemment la même peine. Il vous serait nécessaire de consoler cet enfant intérieur et de tenter de vous en dissocier. Cet apaisement vous permettra de ne plus être bouleversé lors des attaques verbales. De plus, en parvenant à être pleinement adulte, vous vous autoriserez à manifester librement vos opinions.

Vous avez entre 26 et 31 points

Une projection de vos propres défauts

Vous aimez beaucoup les gens, mais vous suspectez chez certains des attitudes qui vous horripilent. Alors, dès que vous détectez ces comportements, soit vous tirez à bout portant, soit vous râlez en tempêtant que vous êtes cerné par d'affreux égoïstes, de vils hypocrites, d'épouvantables agressifs, etc. Vous imaginez alors que vous êtes une pauvre petite chose perdue dans un monde de brutes. Si les reproches que vous constatez sont toujours les mêmes, c'est que ces traits de caractère vous sont bien familiers… Il vous serait utile de comprendre que, ce que vous n'acceptez pas chez les autres, c'est votre part d'ombre. Tels de multiples miroirs, ces êtres indésirables ne reflètent que vos propres défauts…

Alors essayez de prêter attentivement l'oreille à ce que vous dites et servez-vous de vos mots comme d'un instrument pour évoluer. Dès que vous jugez la personne qui est face à vous, posez-vous les questions suivantes :

« Quel est ce défaut que j'incrimine ? N'aurais-je pas le même travers ? » En acceptant ce côté sombre qui vous aussi vous caractérise, vous perdrez l'envie de projeter vos imperfections sur vos proches. L'enjeu est de taille puisque cette transformation contribuera à votre évolution et modifiera étonnement votre vision du monde.

Vous avez entre 32 et 40 points

Une grande capacité à critiquer

Vous avez la capacité d'analyser avec pertinence les travers des gens que vous côtoyez. Vous savez aussi être magnanime et acceptez les autres malgré leurs défauts. Si vous avez une critique à formuler, vous en soupesez bien toutes les conséquences avant de l'adresser à son destinataire. Car vous savez qu'un reproche doit pouvoir être constructif. Sinon vous préférez vous abstenir. Vous avez compris que celui qui juge mal est celui qui se juge mal. Aussi il est naturel que nombre de personnes se tournent vers vous pour vous demander conseil. Mais vous restez encore une fois très prudent lorsqu'on réclame votre avis.

Une telle sagesse témoigne d'un grand travail d'introspection. Des attaques douloureuses dans votre passé vous ont peut-être conduit à adopter cette attitude teintée de respect. Ou bien peut-être avez-vous réalisé au fil du temps que les stéréotypes condamnaient à de médiocres jugements systématiques. Le résultat semble satisfaisant puisqu'il vous a permis de saisir la nature même de votre personnalité et d'identifier avec pertinence vos propres faiblesses. Continuez d'appliquer ce contrôle subtil de vos opinions. Cette créativité vous guidera vers une observation toujours plus affinée du comportement humain.

D'où vient votre susceptibilité ?

Il suffit parfois d'une simple réflexion : « Tu dors mal en ce moment ? » et le susceptible s'assombrit puis se lance dans mille interrogations muettes. « Pourquoi m'a-t-il dit cela ? » « J'ai vraiment une sale mine ? » « Il m'en veut ? » Autant dire que le film dans sa tête passe sans relâche. Et les interprétations les plus fantaisistes lui servent à justifier sa vexation. Mais la susceptibilité ne fonctionne pas de la même manière pour nous tous car chacun réagit en fonction des racines profondes de cette manifestation. Pour comprendre quel susceptible vous êtes, répondez aux questions suivantes.

Depuis un mois, vous êtes fréquemment en retard au bureau. Ce matin, votre patron vous le fait remarquer :

- « Il doit jubiler, il n'attendait que ça » . . . . 1 ☐
- « Si je pouvais disparaître d'un coup… » . . . . 2 ☐
- « Ce n'est pas grave » . . . . 3 ☐
- « Avec tout le boulot que je fais pour lui quand même… » . . . . 4 ☐

Vous rendez un travail fait à deux et votre responsable vous semble faire beaucoup de compliments à votre collègue :

- « C'est gonflé : j'ai bossé autant qu'elle ! » . . . . 4 ☐
- « Ah ! l'impitoyable univers de l'entreprise ! » . . . . 3 ☐
- « Normal, je ne lui arrive pas à la cheville » . . . . 2 ☐
- « Il essaye visiblement de me déstabiliser » . . . . 1 ☐

Vous tombez malencontreusement dans la rue :

Vous partez très vite en longeant les murs. 2 ☐

Vous pensez qu'ils auraient tout de même pu vous aider à vous relever . . . . 4 ☐

Vous jetez un regard froid aux passants qui ricanent . . . . 1 ☐

Vous dites : « Oups ! Attention ça glisse ! » . . . . 3 ☐

Votre père a deux billets gratuits pour un concert. Il propose à votre sœur de l'accompagner :

« Il a bien le droit de faire ce qu'il veut ! ». . . . . 3 ☐

« Si avec ça, j'ai pas compris le message ! ». . . . . 1 ☐

« C'est pas juste tout de même, moi je lui offre tellement de choses » . . 4 ☐

« Il la préfère à moi » . . . . 2 ☐

Lors d'une soirée entre amis, l'un d'eux souligne votre côté susceptible :

Vous devenez grincheux . . . . 1 ☐

Vous avez l'impression d'être nul à leurs yeux . . . . 2 ☐

Vous êtes déçu de voir qu'ils croient cela. 4 ☐

Vous vous dites qu'ils veulent vous mettre en boîte ! . . . . 3 ☐

Vous devez revoir un ami pas vu depuis longtemps. Il décommande à la dernière minute sans trop se justifier :

« Ça ne me viendrait pas à l'idée de décommander de la sorte » . . . 4 ☐

« C'est mesquin de se défiler comme cela » . . . . 1 ☐

« Il doit être surbooké » . . . . 3 ☐

« C'est sûrement que ça ne lui fait pas plaisir de me voir » . . . . 2 ☐

C'est l'anniversaire de votre enfant. La maman de son meilleur ami lui a offert un paquet de bonbons :

« Le cadeau que j'avais fait au sien ne lui a peut-être pas plu ? » . . . . 2 ☐

« Dire que j'avais dépensé 20 euros pour le sien » . . . . 4 ☐

«Au moins, c'est gentil d'avoir amené quelque chose» . . . . 3 ☐
«Eh bien, elle n'a pas du se ruiner avec ça» . . . . 1 ☐

Vous faites une remarque à quelqu'un... qui le prend mal! Vous vous dites :

«Il manque d'humour» . . . . 3 ☐
«J'y ai peut-être été un peu fort» . . . . 2 ☐
«Il m'a mal compris» . . . . 4 ☐
«Quel susceptible!» . . . . 1 ☐

Vous ne supportez pas :

Qu'on vous dise ce que vous avez à faire . . . . 1 ☐
Qu'on vous compare à mieux que vous . . . . 2 ☐
Qu'on vous demande de prendre partie . . . . 3 ☐
Qu'on vous manque de respect . . . . 4 ☐

Votre conjoint souligne la grande beauté de tel acteur du sexe opposé :

Est-ce que je lui dis, moi, qu'il/elle est moins bien que Brad Pitt/Sharon Stone . . . . 4 ☐
Chacun a sa forme de beauté . . . . 3 ☐
Vous voyez tous vos défauts ressortir d'un coup . . . . 2 ☐
C'est une façon de me faire comprendre que je suis moche? . . . . . 1 ☐

Additionnez vos points :

Nombre de 1 :	x 1 =
Nombre de 2 :	x 2 =
Nombre de 3 :	x 3 =
Nombre de 4 :	x 4 =
	Total =

Décryptage

Vous avez entre 10 et 17 points

Ils m'en veulent

Les racines de votre susceptibilité se nichent dans un léger sentiment de paranoïa. Face à certaines remarques, vous avez tendance à vous positionner en victime de la mesquinerie des autres, de leur petit côté vicieux, voire vraiment méchant. Vous les pensez volontiers mal intentionnés à votre égard !

Vous ne supportez pas qu'ils vous disent ce que vous avez à faire, pire encore, qu'ils remettent en cause vos actes, vos décisions, votre personne. Aussi, face à leurs propos parfois mal interprétés, vous avez tendance à réagir sur le mode : « Il m'en veut », « Il cherche à me nuire » ou « Il est jaloux ».

Tant que ces réactions sont peu fréquentes et vite tempérées, aucune ombre au tableau. Mais les problèmes arrivent quand ce sentiment de persécution s'accroît progressivement et donne peu à peu lieu à un schéma interprétatif amplifié et surtout décalé par rapport à la réalité des faits.

Face à ce comportement, on peut imaginer qu'enfant, vous avez vécu une ou plusieurs humiliations, et que la colère et l'agressivité ressenties à cette occasion n'ont jamais pu être exprimées. Aujourd'hui adulte, vous avez tendance à les projeter sur les autres : ce sont eux qui vous en veulent, pensez-vous… Mais vous vous trompez de personne !

Aussi, essayez de voir à qui, *vous*, vous en voulez. Et laissez exprimer ce que vous réprimez facilement et ruminez depuis longtemps, toutes ces choses qui entretiennent votre susceptibilité… Votre rapport aux autres, et notamment à leurs remarques, en sera bien plus léger !

Vous avez entre 18 et 24 points

Je suis pas assez bien

La susceptibilité est liée chez vous à un sentiment d'imperfection et à un manque de confiance en vous.

Vous cherchez souvent à être parfait et à apparaître aux yeux d'autrui comme un être génial. Du coup, vous vivez les remarques comme des preuves évidentes de votre imperfection. Si quelqu'un est en désaccord avec vous, ou bien se moque gentiment, vous avez l'impression que vous n'êtes plus fait que de défauts, de faiblesses et de lacunes. Vous vous sentez alors profondément blessé.

De plus, vous avez tendance à généraliser : si l'on vous dit « Ton rapport n'était pas terrible », vous pensez automatiquement : « JE ne suis pas terrible. » Car votre petite faille réside dans le fait que votre image et votre confiance en vous dépendent totalement du regard des autres. Vous avez du mal à rester axé, sûr de vous, indépendamment d'eux. Et l'on note également chez vous une grande facilité à envier les autres qui, forcément, sont toujours mieux que vous !

Peut-être n'avez-vous pas été assez valorisé étant enfant. Un frère, une sœur, ou bien un camarade de classe était-il sans cesse « devant » vous, montré comme l'excellent exemple à suivre ? Le susceptible en vous est cet enfant en quête de lui-même, de sa propre place et qui cherche désespérément dans le regard des autres l'amour inconditionnel d'un parent idéal.

Aussi, essayez de trouver ce parent encourageant et valorisant en vous-même et non plus en l'autre. Vous serez moins à l'affût de compliments et surtout beaucoup moins sensible aux éventuelles critiques que vous saurez alors accueillir à leur juste valeur.

Vous avez entre 25 et 32 points

Rien ne me vexe !

Chez vous, la susceptibilité se dissimule derrière une apparente indifférence.

En effet, l'ensemble des petites phrases qui peuvent vexer la plupart de vos congénères, semblent ne rien provoquer chez vous. Comme si aucune remarque, même un brin désobligeante, ne pouvait vous atteindre… Vous donnez l'impression de vous en moquer royalement.

Mais derrière cela se cachent souvent des stratégies habiles qui visent à ne pas laisser les affects liés à la susceptibilité se réveiller : vous essayez alors de vous boucher symboliquement les oreilles, mais plus rusé, vous cherchez systématiquement aux propos des autres – lorsqu'ils vous blessent – des excuses : « il ne pensait pas ce qu'il disait » ou encore « il est très stressé en ce moment »… Pratique, certes, mais toutes ces astuces n'enrayent pas la susceptibilité !

Vous semblez ne pas oser réagir. Au fond de vous, il y a probablement une dose de colère et d'agressivité très forte que vous avez peur d'assumer face aux autres. Vous ne vous donnez pas le droit de répondre, de vous justifier… de vous affirmer en somme. Et cela, sans doute parce que vous avez longtemps « encaissé » sans jamais répliquer. Il y a ainsi en vous une partie écorchée vive qui réagit profondément à la moindre remarque, mais qui est étouffée par votre bouclier de banalisations.

Aussi, ne vous dissimulez plus. Apprenez peu à peu à trouver d'autres modes de réaction que la fuite : face aux vraies attaques, défendez-vous. Et face aux petites phrases qui chatouillent votre susceptibilité, pourquoi ne pas essayer l'humour ?

Vous avez entre 33 et 40 points

Ils ne font pas assez attention à moi

Chez vous, la susceptibilité a quelque chose à voir avec un ego un tantinet gourmand !

En effet, vous avez tendance à considérer que la façon dont vous êtes avec les gens est bien. Vous ne voulez pas que votre comportement puisse être l'objet de reproches. Vous veillez au bien-être des autres… et au vôtre !

Car convaincu d'agir de la bonne manière, vous attendez que votre entourage vous fasse bénéficier des mêmes attentions. Aussi, lorsque des reproches vous sont faits ou que l'on ne vous rend pas l'égal de votre dévouement, vous avez vite le sentiment d'être incompris, tel un adulte bienveillant face à une troupe d'enfants ingrats et impolis !

Vous vous vexez surtout lorsque les autres ne se comportent pas « bien » avec vous. Vous l'interprétez comme un manque de reconnaissance et d'estime de votre personne. Vous ramenez souvent les choses à votre point de vue (« il a oublié de me souhaiter mon anniversaire, alors que moi, je n'oublie jamais le sien ») oubliant alors la diversité des comportements humains.

Peut-être avez-vous eu à faire face à un fort sentiment d'injustice par le passé. Votre technique a visiblement été la sur-adaptation aux désirs d'autrui avec l'idée que « si je suis gentil avec autrui, autrui sera gentil avec moi ». Mais une partie de vous ne s'en trouve pas satisfaite, car elle n'a jamais vraiment pu s'exprimer…

Aussi, essayez de mieux tolérer les différences. Tout le monde n'a pas la même vision des choses que vous ! Mais surtout, essayez de mieux cerner ce personnage en vous qui veut, dans le fond, qu'on l'aime autant que lui aime…

Contre qui êtes-vous en guerre ?

Certains jours vous pestez contre la terre entière et rêvez de partir sur une île déserte. Mais en même temps vous tournez en rond dès que vous passez trop de temps seul chez vous. Qu'est-ce qui vous agite ? À toutes les époques et dans toutes les cultures, se sentir en paix a été – et reste – un besoin fondamental. Mais en paix avec quoi ? Et comment y arriver ? Pour amorcer votre réflexion sur des réconciliations tant recherchées répondez aux questions suivantes.

1. Au restaurant, un serveur vous fait trop longuement attendre, que vous dites-vous ?

« Toujours pareil, je n'ai pas assez d'autorité, les gens le sentent... » . . . . ★ ☐

« Il a un problème ou quoi, ce type, pour me faire poireauter comme ça ? » . . . . ▲ ☐

« Notre société fabrique des gens pas sérieux, pas concernés, pas motivés. On est mal partis... » . . . . ● ☐

2. Dans une soirée, seul dans un coin, votre verre à la main, en train d'observer les autres, que pensez-vous ?

« Ils enchaînent les banalités et ils ont l'air très contents d'eux, en plus... ». . . . . ▲ ☐

« Tout ça est si superficiel, qu'est-ce que je fiche là ? ». . . . . ● ☐

« Je dois avoir l'air un peu bête à ne parler à personne. » . . . . ★ ☐

3. Au collège ou au lycée, lorsque vous n'arriviez pas à faire un devoir de maths, quels mots vous venaient à l'esprit ?

« Je suis trop nul… » ★ ☐
« Marre du collège, marre des maths, marre de bosser… » ● ☐
« C'est un pervers sadique, ce prof, de nous coller des devoirs pareils… » ▲ ☐

4. Selon vous, au paradis, au moins, il n'y a pas :

D'injustices. ● ☐
De souffrances ★ ☐
De conflits ▲ ☐

5. Vous vivez un chagrin d'amour, quelle est votre première pensée ?

« Ce n'était pas la bonne personne. » ▲ ☐
« Je ne suis pas digne d'amour. » ★ ☐
« L'amour est une illusion, un mensonge. » ● ☐

6. Quelle est votre plainte favorite ?

« Quelle vie de chien… » ● ☐
« Ils me cassent tous les pieds… » ▲ ☐
« Je ne suis pas capable… » ★ ☐

7. Une longue file d'attente s'éternise, que vous dites-vous ?

« C'est tout moi, ça : je vais toujours me coller dans la file où ça traîne… » ★ ☐
« Il faut toujours qu'il y ait des gens qui n'aient pas leur monnaie, pas leurs papiers… » ▲ ☐
« Pourquoi faut-il que notre vie soit si courte et que nous perdions tant de temps bêtement ? » ● ☐

8. Lorsque vous subissez un échec ou un rejet, quel est votre mouvement naturel ?

Je me chouchoute, je me console . . . . ★☐
Je m'en veux, je m'aime moins. . . . . ★★☐
Je me déteste, j'ai envie de me faire du mal . . . . ★★★☐

9. Vous êtes en conflit avec quelqu'un que vous aimez, comment réagissez-vous ?

J'essaie de pardonner et de comprendre . . . . ▲☐
Je m'en veux, mais je lui en veux aussi . . . . ▲▲☐
J'ai l'impression de moins l'aimer, tout à coup . . . . ▲▲▲☐

10. L'injustice et la violence du monde vous :

Attristent . . . . ●☐
Révoltent . . . . ●●☐
Donnent envie de disparaître. . . . . ●●●☐

Décryptage

Pour trouver le profil qui vous correspond :

– aux questions 1 à 7 comptez 1 point par réponse ★, ▲ et ●

– à la question 8 : ★ = 0 points/★★ = 1 point/★★★ = 2 points

– à la question 9 : ▲ = 0 points/▲▲ = 1 point/▲▲▲ = 2 points

– à la question 10 : ● = 0 points/●● = 1 point/●●● = 2 points

TOTAL

★	points
▲	points
●	points

Le questionnaire est construit autour de 3 profils possibles.

– les ★ suggèrent que c'est avec vous-même qu'il importe d'abord de faire la paix

– les ▲ signalent que la priorité dans votre cas, c'est de faire la paix avec les autres

– les ● vous rattachent à la catégorie des personnes qui doivent faire la paix avec le monde qui les entoure, la vie en général, notre condition humaine

Bien évidemment vous pouvez vous retrouver un peu dans chacune de ces trois dimensions. Mais souvent, un profil s'avèrera dominant : il correspond à votre style habituel, ce vers quoi vous poussent vos automatismes.

Vous avez une majorité de ★, de ▲ ou de ● : ce profil vous correspond fortement.

Vous avez entre 4 et 6 ★, ▲ ou ● : ce profil vous correspond en partie

Vous avez un nombre équivalent de ★, de ▲ ou de ● : ce profil ne vous correspond pas ou peu;

Profil ★

En guerre contre vous : devenez votre meilleur ami

Votre premier ennemi, c'est vous-même, la personne avec laquelle vous êtes le plus dur et le plus exigeant. C'est donc avec vous qu'il faut faire la paix. Et la maintenir durablement.

Parfois, dans cette situation, les choses sont claires : on ne s'aime pas, on manque d'affection et d'estime de soi. Mais parfois aussi, elles sont plus subtiles. On peut être en guerre contre sa propre personne sans s'en rendre clairement compte : on a pris l'habitude de se mettre la pression, de se rudoyer, d'être très exigeant avec soi-même. Souvent pour de

« bonnes » raisons : vouloir bien faire, vouloir mieux faire. On vit le régime, vite tyrannique, des « Il faut… », « Je devrais… », « J'aurais dû… ».

Mais rien n'est jamais assez bien, donc, pense-t-on, on ne mérite pas de s'arrêter ou de se reposer. Le plus grave, peut-être, c'est que l'on finit par ne plus voir que l'on se malmène, ne plus voir qu'il serait possible de vivre autrement. Jusqu'à ce que quelque chose craque et se déchire, avec pour résultats : conflits, échecs, souffrances du corps…

Bien sûr, on tire des bénéfices de cet état de guerre contre soi-même, on ne continuerait pas ainsi pendant des années, si rien d'utile n'en découlait. Se maintenir sous pression permet certaines performances extérieures : réussir dans son métier, gagner de l'argent, avoir une belle image sociale…

Mais gare au prix à payer : par les proches, le corps, le bien-être intérieur. Et à long terme, on risque fort d'être rattrapé par les inconvénients : sentiment de ne pas être heureux, frustration, difficulté à maintenir le lien avec les gens que l'on aime…

Pour vivre en paix avec soi, il faut le décider, oser s'écouter, cesser de toujours repousser à plus tard ses aspirations au plaisir ou au bonheur. Décider d'être son meilleur ami. Comprendre que faire la paix avec soi, ce n'est pas renoncer à progresser et à s'améliorer, mais c'est décider de le faire dans un climat d'« autogentillesse » et de non-violence. Et puis ouvrir un peu les yeux et se tourner enfin vers soi, s'arracher aux leurres, aux distractions proposées par la société et qui empêchent de réfléchir à soi.

Profil ▲

En guerre contre les autres : acceptez la « psychodiversité »

Que la vie serait belle, si les humains étaient plus polis, intelligents, cohérents et attentifs aux autres... Mais ils ne le sont pas tous et pas toujours. Voilà pourquoi vous êtes souvent en guerre contre vos semblables, au travers de grosses colères, de petits agacements ou d'un sentiment d'irritabilité qui fait de vous un juge impitoyable des défauts d'autrui.

Mais est-ce avec les autres ou avec le regard que vous portez sur eux qu'il va falloir faire la paix ? En tout cas, il y a du travail, parce que les occasions de s'agacer des comportements de ses semblables ne manquent pas, dès lors que l'on évolue dans la vraie vie, celle où l'on conduit des automobiles, où l'on a des voisins, un conjoint, des enfants, des collègues de travail, etc.

Ne pas être dupe des imperfections d'autrui comporte des avantages : la lucidité sur les défauts de chacun, qui évite nombre de désillusions. L'exigence aussi, qui fait que l'on ne se laisse pas facilement faire. Aussi essaye-t-on d'aider les autres à changer, en leur disant ce qui ne va pas en eux, et que l'on a évidemment repéré. Mais que d'inconvénients ! Les émotions négatives d'abord, présentes du matin au soir, sauf les quelques journées où l'on ne croise aucun casse-pieds. Les colères inutiles ensuite, ressenties face à des situations sur lesquelles on n'a aucun contrôle : les mauvais conducteurs, les personnes inciviques... Et puis une vision du monde déformée : à force de se concentrer sur les défauts, même réels, des autres, on finit par ne plus voir de l'humanité que sa face sombre... et par oublier qu'on est soi-même loin d'être parfait ! Et que ce sont peut-être les limites que l'on se pose qui engendrent cette réactivité à celles des autres : « C'est l'homme que je suis qui me rend misanthrope[1] », écrivait à ce propos Jules Renard dans *Le Vigneron dans sa vigne*.

1. Christian Bourgois, 1985

Comment, alors, vivre en paix avec autrui ? Peut-être en se rappelant qu'il existe une « psychodiversité » au sein des caractères et des comportements humains, tout comme il existe une biodiversité dans la nature. La biodiversité nous offre les guêpes et les orties, et la psychodiversité, les casse-pieds. Plutôt que de s'en indigner, autant s'adapter et agir justement. Se rappeler ensuite que, la plupart du temps, on aide mieux les autres à changer (c'est bien le but, non ?) par l'amour plutôt que par la violence. La tolérance et l'affection pour le genre humain n'excluent ni le réalisme ni l'efficacité. Prendre conscience, enfin, que l'on a besoin des autres, même imparfaits. Et que le regard que l'on porte compte autant que ce que l'on regarde, comme le rappelle le Talmud : « Nous ne voyons pas les choses comme elles sont, nous les voyons comme nous sommes… »

Profil ●

En guerre contre la vie : acceptez que ce monde soit le vôtre

Il y a trop de violences, d'injustices, d'absurdités, pour que vous puissiez ou vouliez vous sentir en paix.

Ce serait de l'égoïsme ou de l'inconscience. Alors, vous avez du mal à vivre en paix avec le monde qui vous entoure, à accepter la condition humaine et la vie telle que vous l'observez.

Mais qui a dit que le monde était juste, doux, cohérent ? La question est plutôt de savoir comment l'aider à devenir ainsi… Entre les catastrophes naturelles (tremblements de terre, tsunamis), la folie de l'espèce humaine (guerres, terrorisme) et son inconscience envers sa planète (pollutions, destructions…), les raisons de se soucier, de pleurer ou de s'énerver ne manquent pas. Il y a aussi la maladie et la mort, qui frappent aveuglément. Impossible de ne pas avoir de la compassion pour les humains pris un par un. On les sait faibles, fragiles au fond d'eux-mêmes. Mais impossible aussi de ne pas être heurté par le monde qu'ils habitent et fabriquent.

Une telle vigilance rend sensible à tout ce qui ne va pas ici-bas. Si l'on reste pleinement lucide et conscient, comment ne pas en vouloir à ce monde qui fait mal et agresse ? Pourquoi n'est-il pas meilleur ? Cela pousse à la révolte (« Trop injuste ! »), à l'action (« Il faut que ça change ! »), et donne l'énergie d'éveiller les consciences (« Bougez-vous donc, bon sang ! »). Mais la médaille a son revers, les envies de démission ou de violence, l'amertume lorsque l'on prend conscience de l'immensité et de l'infinité des chantiers qui restent à entreprendre.

Alors, comment vivre en paix dans un monde si imparfait et si violent ? Peut-être en renonçant à le juger et à l'espérer tout de suite exempt de tout défaut. Peut-être en préférant l'action sereine à la colère et au ressentiment. Peut-être en l'acceptant tel qu'il est, non pour s'y résigner, mais pour mieux agir et le changer. Pour économiser l'énergie de ces « vaines révoltes » dont parlait Marc Aurèle, et la canaliser en de justes combats. L'empereur philosophe écrivait dans *Pensées pour moi-même* : « Ce concombre est amer ? Jette-le. Il y a des ronces dans le chemin ? Évite-les. N'ajoute pas : pourquoi cela existe-t-il dans le monde...[1] » Et puis, en n'oubliant pas de se réjouir de vivre et d'exister : comment serait-il possible de changer ce monde, si l'on n'était pas là ?

---

1. Arléa, 1995.

Que signifie « aider » pour vous ?

Il y a mille et une façons d'aider l'autre : certaines font grandir, enrichissent, d'autres au contraire enferment dans un comportement à sens unique, et plutôt toxique pour celui même qui était sensé trouver un appui. Ainsi, chacun conçoit l'aide d'une façon différente, en fonction de ses motivations (conscientes et inconscientes), de ses idées, de sa personnalité… et évidemment de la manière dont il a lui même été secondé. Et vous ? Comment envisagez-vous l'aide ? Pour le savoir, répondez aux questions suivantes.

Quand vous aidez, vous le faites principalement avec :

- Votre cœur. . . . . 1 ☐
- Vos tripes. . . . . 2 ☐
- Votre argent . . . . 3 ☐
- Tout votre être. . . . . 4 ☐

Le type de structures d'aide que vous pourriez rejoindre :

- Le secours populaire . . . . 4 ☐
- Les restos du cœur. . . . . 3 ☐
- Médecins sans frontières . . . . 2 ☐
- SOS amitié . . . . 1 ☐

Aider, c'est avant tout :

- Dépanner . . . . 3 ☐
- Conseiller . . . . 1 ☐
- Aller vers. . . . . 2 ☐
- Se donner . . . . 4 ☐

Un clochard vous demande 1 euro :

Vous lui donnez 2, ou 3 euros, et lui faites cadeau de votre repas du midi . . . . 4 ☐

Vous ne donnez pas, car vous savez bien que c'est pour acheter de l'alcool... . . . . 1 ☐

Vous lui donnez 1 euro et la liste des centres d'accueil de la ville . . . 2 ☐

Vous lui donnez 1 euro . . . . 3 ☐

Ce qui vous pousse à aider :

L'envie de faire part de votre expérience . . . . 1 ☐

L'envie d'être utile . . . . 2 ☐

Le besoin de faire plaisir . . . . 4 ☐

Une demande . . . . 3 ☐

Une amie dépressive chronique vous appelle au secours pour la énième fois, alors que vous êtes en plein dîner au resto :

Vous laissez la messagerie, car vous ne savez pas trop quoi dire pour lui remonter le moral . . . . 3 ☐

Vous lui dites que vous arrivez . . . . 4 ☐

Vous lui faites remarquer que ce serait bien qu'elle puisse parler de tout cela à un psy . . . . 2 ☐

Vous lui demandez de rappeler le lendemain . . . . 1 ☐

Vous pourriez vous concevoir :

Bénévole à l'écoute des grands malades . . . . 4 ☐

Coordinateur d'une mission sanitaire et psychologique en Bosnie . . . . 2 ☐

Président d'une association de lutte contre l'illettrisme . . . . 1 ☐

Gestionnaire d'un réseau de quartier de dépannage tous secteurs . . . . 3 ☐

À un ami qui vient vous raconter qu'il s'est séparé de sa compagne, pour de bon :

Vous lui dites qu'il ne faut pas perdre espoir, que c'est une crise comme tous les couples en connaissent . . . . 1 ☐

Vous lui demandez s'il veut en parler . . . . 2 ☐

Vous lui proposez de lui avancer de l'argent ou de lui prêtez des meubles s'il a besoin pour son prochain appartement . . . . 3 ☐

Vous faites tout ce que vous pouvez pour le soulager . . . . 4 ☐

Aider efficacement nécessite :

Un renoncement à soi-même . . . . 4 ☐

Une bonne organisation . . . . 3 ☐

Une réelle motivation . . . . 2 ☐

Un certain savoir . . . . 1 ☐

Vous inscrivez (ou inscririez) volontiers la démarche d'aide dans le cadre :

D'une activité professionnelle . . . . 2 ☐

De vos relations avec vos amis, vos proches . . . . 3 ☐

Des différents domaines de votre vie . . . . 4 ☐

D'une activité extraprofessionnelle, d'un loisir . . . . 1 ☐

Additionnez vos points :

Nombre de 1 :	x 1 =
Nombre de 2 :	x 2 =
Nombre de 3 :	x 3 =
Nombre de 4 :	x 4 =
	Total =

Décryptage

Vous avez entre 10 et 18 points

Aider, c'est prendre en charge...

Pour vous, aider signifie avant tout prendre en charge une personne en état de difficultés, de souffrances, quelqu'un mis par la force des choses en situation de faiblesse.

Aider, c'est apporter son savoir, son expérience mais surtout ses conseils.

Vous envisagez volontiers de donner de votre temps mais pas à n'importe qui, et pas n'importe où. Certes, vous êtes d'accord pour aider mais vous préférez que cela se fasse dans le cadre d'une association par exemple, avec une position de bénévoles clairement définie... et sollicitée. Votre acte s'adresse à des personnes que vous choisissez, et avec des problèmes relativement « légers ». Les affres de la misère vous effrayent et vous repoussent : ils vous dérangent trop.

Vous vous positionnez alors un peu comme un parent, un enseignant voire une bonne fée ! Être face à la fragilité vous met en position de sauveur, ce qui vous flatte et vous plaît, il faut bien le dire ! Vous aidez en faisant part de votre expérience, en donnant des directives : vous guidez la personne sur le chemin qui vous semble juste, comme certains parents tracent la route de leurs enfants...

Mais attention aux dérives possibles ! En terme d'aide, la notion d'infantilisation pointe régulièrement le bout de son nez, accompagnée du sentiment de pitié...

La personne qui aide recherche parfois inconsciemment une certaine valorisation narcissique personnelle. Cela lui permet aussi de se déculpabiliser de certaines choses, et cela donne bonne conscience ! De plus, la fragilité de l'autre est peut être attirante car elle déclenche un sentiment de supériorité. Vous devez prendre conscience de ces paramètres, être au clair avec ceux-ci.

Ainsi, veillez toujours à ne pas étouffer l'autre par vos conseils et votre envie de le prendre en main. Car ce type d'attitude entrave l'élan constructif et positif possible de celui ou celle qui veut s'en sortir. S'occuper de la souffrance des autres permet bien souvent d'éviter de s'occuper de la sienne…

Songez-y pour être en mesure d'aider l'autre positivement…

Vous avez entre 19 et 25 points

Aider, c'est tendre la main…

Vous pourriez volontiers définir l'aide comme le fait de tendre la main à une personne dans le besoin matériel, affectif etc. Aider, c'est ainsi aller vers l'autre, le rejoindre là où il se trouve, dans son monde, son univers, et alors, l'écouter, l'accompagner mais surtout le soutenir.

Lorsque vous êtes en situation d'aider, vous êtes un soutien sur lequel l'autre va pouvoir s'appuyer pour reprendre son chemin, grandir. L'important à vos yeux est de localiser le problème, le comprendre, reconnaître la souffrance et ensuite, agir côte à côte, ensemble pour trouver une solution possible. Vous encouragez, motivez, tentez de donner un peu de souffle, un peu d'élan vital là où il y en a peu ou plus.

Lorsqu'il s'agit d'aider, vous êtes du côté de l'action ! Rester assis à regarder la misère du monde à la télé vous horripile : vous voulez participer, à votre échelle, mais surtout activement. Vous mettez en actes vos idées sur le sujet, vos principes. C'est un investissement profond de votre part, quelque chose qui vous anime pleinement et peut même vous faire opter pour une carrière dans l'humanitaire au sens large. Vous n'attendez pas que l'autre vienne frapper à votre porte : vous allez à sa rencontre.

Car l'acte d'aide pour vous, c'est la face visible de l'iceberg. La face cachée, c'est celle d'un besoin viscéral de trouver un sens à sa vie, de trouver une place dans le monde. Vous avez besoin de vous savoir utile, de servir à quelque chose. Par ailleurs, vous avez un grand besoin de contacts humains, d'agir dans une philosophie d'échange. Vous êtes ainsi un humaniste dans l'âme et semblez avoir conscience des mécanismes inconscients qui peuvent sous-tendre la relation d'aide, comme la déculpabilisation, la valorisation, etc.

Le seul point auquel vous devez être attentif est de ne pas tomber dans le cercle vicieux de l'utilité à tout prix : vouloir être toujours celui dont les autres ont besoin… Car vous avez vos besoins propres, ne l'oubliez pas !

Continuez donc à enrichir la vie des autres et la vôtre en retour : vous vous inscrirez ainsi dans une des plus belles relations possibles sur terre…

Vous avez entre 26 et 32 points

Aider, c'est dépanner

La notion d'aide relève pour vous du dépannage. Aider, c'est à un moment donné, « filer un coup de main » concret et pratique à quelqu'un dont la situation est bloquée.

La plupart du temps, vous aidez quand on vous le demande, estimant que la personne est suffisamment grande pour s'adresser à vous ! D'ailleurs, vous faites clairement passer votre message : vous êtes là en cas de besoin pour les coups durs : une avance financière, une séance bricolage, un prêt de voiture ou de maison, une journée sport ou shopping pour se changer les idées, etc. L'aide que vous proposez s'inscrit dans le ponctuel et dans le concret.

C'est votre façon à vous d'essayer de remettre la personne sur les rails !

Vous êtes sur ce point fidèle, serviable et sûr, et votre aide se tourne plus volontiers vers des proches que vers des inconnus. Vous considérez ce type d'actes souvent bien plus utiles que plein de discours. En fait, votre façon d'aider de façon principalement matérielle tient en fait d'un langage sous jacent qui pourrait donner ceci : « Voilà ce que je peux faire, mais ne demande pas autre chose, notamment de parler ou de me faire part de tes problèmes… »

En effet, vous cherchez à éviter les longues discussions, les crises de larmes, la souffrance exprimée à l'état brut, bref : tout l'univers des émotions… Vous les évitez habilement en vous spécialisant dans cette aide concrète et en laissant à d'autres le soin d'aider au niveau relationnel…

On peut ainsi penser que vous avez une sensibilité forte qui vous fait un peu peur, et que vous préférez la contenir sagement derrière ces apparences pragmatiques. Vous faites ainsi avec les autres ce que vous souhaitez que l'on fasse avec vous : éviter les face à face trop chargés d'affects afin de ne pas chatouiller vos émotions de trop près, de peur que cela ne déborde…

Ainsi, essayez peut-être à l'occasion de comprendre ce qui vous titille tant dans le fait d'écouter quelqu'un qui souffre, car plus d'un sans doute vous considère comme un ami fidèle et de valeur, et souhaiterait sûrement pouvoir échanger avec vous afin d'avoir votre avis… souvent avisé.

Vous avez entre 33 et 40 points

Aider, c'est tout donner

À vos yeux, aider signifie volontiers tout donner : c'est faire don de soi, de sa personne, et cela peut conduire à renoncer à ses désirs propres pour soulager la souffrance d'autrui.

En effet, l'aide est le maître mot de votre vie entière. Vous évoluez dans une philosophie de vie qui prône les besoins des autres avant les vôtres. On ne vit pas pour soi mais pour les autres, pensez-vous. Vos actions en termes d'aide sont donc souvent éparpillées en même temps que permanentes, puisqu'elles touchent tous les domaines de votre vie : vous êtes sans cesse cette bonne âme charitable qui va écouter les lamentations de la voisine, la dépression de la collègue, la plainte du SDF au coin de la rue, les haines de la famille, etc.

Autant dire que vous ne faites pas dans la sélection, mais bien au contraire, vous répondez présent au moindre appel !

Il y a derrière ce comportement quelque peu excessif l'idée que si l'on pense à soi, si l'on travaille à son bonheur propre, forcément ce sera au détriment de celui des autres. En somme vous pensez facilement que si vous ne venez pas au secours de ceux qui manifestent une demande (réelle ou non, consciente ou inconsciente), vous serez tout simplement un ingrat, un méchant personnage égoïste !

L'aide est donc vécue ici comme une obligation, un dû : on doit se sacrifier pour l'autre.

Et pourtant : cette aide tous azimuts risque de ne vous mener nulle part, si ce n'est aux antipodes de la réalisation de votre vie et de votre bonheur propres. Arrêtez de penser que les autres passent toujours avant vous. C'est faux, mais surtout, destructeur pour vous et inutile pour eux.

Vous savez bien aussi que s'occuper en permanence des autres vous évite de penser une seule seconde à votre propre souffrance : celle d'agir ainsi notamment.

Alors stoppez pour un temps vos activités de saint-bernard, laissez les autres se débrouiller tout seuls (ils sont grands !) et pensez enfin à *vous*. Saisissez la chance de construire votre bonheur, car c'est bien souvent en étant heureux et en paix avec soi-même que l'on aide le mieux les autres…

Pour conclure avec votre vie relationnelle et vous

Vous en savez donc un petit peu plus sur « l'animal social » que vous êtes. Des progrès à faire en terme de confiance en vous ou bien, au contraire, de modestie ? De « bons » résultats en amitié ? Un comportement inutile au bureau dont il vous faut apprendre à vous débarrasser ? Tant mieux ! Vous voilà paré pour améliorer au quotidien, et durablement, les relations que vous entreprenez ou entretenez de longue date. Avec cette nouvelle information importante pour vous : à chaque fois qu'un défaut vous gêne particulièrement chez un autre, vous savez désormais que celui-ci vient faire résonance avec un pan de votre histoire. Le but n'est donc pas de culpabiliser mais de retrouver des proportions plus justes dans votre réceptivité aux autres. « Vivre et laisser vivre », dit un précepte populaire : en vous recentrant sur vos propres fonctionnements, vous deviendrez plus tolérant envers votre entourage et serez à même de défendre votre territoire si nécessaire. Vous serez aussi capable de plus d'engagement lorsqu'il s'agira de s'associer… voire de s'unir à un autre !

CALME
OPTIMISME
ADULTE
CONFIANCE
DETERMINATION
Bloch

Vous et *vos ressources*

À ce stade du parcours proposé par les tests, vous avez sans doute découvert combien nous sommes tous différents. Caractère, aptitudes relationnelles et choix de vie nous distinguent les uns des autres. Et vous avez ainsi pu prendre conscience de ce qui vous singularise. Votre manière bien particulière de nourrir l'amitié ou de gérer votre sens critique, vos freins et vos élans, les valeurs qui vous inspirent… Autant de champs dans lesquels vous vous exprimez et apparaissez finalement tel que vous êtes.

Tout n'a pas été forcément agréable à découvrir… Peut-être êtes-vous un peu déçu par la personnalité que vous avez décryptée. Peut-être ignoriez-vous qu'il y a bien d'autres manières, plus subtiles et conviviales, de se comporter en société ou de nourrir les liens avec nos proches. Mais rassurez-vous : chacun peut toujours s'améliorer, éviter de refaire les mêmes erreurs et tenter de nouvelles manières d'être. C'est d'ailleurs là tout l'objet de cette troisième partie : évoquer les potentiels qui dorment encore en vous et vous inviter à réveiller, multiplier toutes ces ressources qui vous aideront à construire un avenir meilleur !

Êtes-vous plutôt « cerveau droit » ou « cerveau gauche » ?

Nous possédons tous deux hémisphères cérébraux qui interagissent constamment mais qui présentent chacun des fonctions spécifiques.

Pour simplifier, l'hémisphère gauche décompose les problèmes et analyse. L'hémisphère droit s'intéresse au tout et innove. L'idéal est de favoriser la communication entre ces deux cerveaux. Mais notre éducation, ou notre tempérament, nous conduit parfois à privilégier l'une de ces deux zones, ce qui entraînera une manière spécifique de penser la vie. De quel côté vous situez-vous ? « Cerveau droit » ou « cerveau gauche » ? Ou bien sollicitez-vous en permanence vos deux hémisphères ? Pour le savoir, répondez aux questions suivantes.

Lors d'un dîner, vous vous ennuyez. Vous en profitez pour :

Faire le point et programmer votre semaine . . . . 3 ☐
Réfléchir à une nouvelle recette de cuisine . . . . 2 ☐
Rêver ou méditer . . . . 1 ☐

Votre patron vous réclame d'urgence un document :

Vous fouillez partout : mais où a-t-il bien pu passer ? . . . . 1 ☐
Vous l'extirpez délicatement de la masse de papiers étalés sur votre bureau . . . . 2 ☐
Vous signalez sans hésiter dans quel dossier vous l'avez rangé . . . . 3 ☐

Vous croisez une ancienne amie de lycée. Vous pensez :

Ah ! C'était le bon temps ! . . . . 3 ☐
C'est normal, j'ai rêvé d'elle cette nuit ! . . . . 1 ☐
J'aimerais bien savoir ce qu'elle devient . . . . 2 ☐

Votre style vestimentaire est plutôt :

Actuel . . . . 2 ☐
Avant-gardiste . . . . 1 ☐
Classique . . . . 3 ☐

Vendredi 23 heures. Une amie vous appelle pour la rejoindre dans un bar :

Vous courez la retrouver avec joie . . . . 1 ☐
Vous l'invitez plutôt à passer chez vous . . . . 2 ☐
Vous refusez : quelle idée d'appeler à cette heure ! . . . . 3 ☐

Comment préparez-vous vos vacances ?

Vous faites le tour des agences et sélectionnez les séjours les plus surprenants . . . . 2 ☐
Vous les inventez : elles sont à chaque fois uniques et originales . . . . 1 ☐
Vous retournez au même endroit : vous y connaissez tout le monde . . . . 3 ☐

Lorsqu'ils parcourent votre appartement, vos amis s'exclament :

« Mais où vas-tu trouver toutes ces idées ? » . . . . 1 ☐
« Que c'est bien rangé ! » . . . . 3 ☐
« Tout est si chaleureux ! » . . . . 2 ☐

D'après votre expérience, l'intuition c'est :

Un don inné que vous possédez . . . . 1 ☐
Un sentiment dangereux qui risque d'induire en erreur . . . . 3 ☐
Une aide précieuse à laquelle vous faites parfois appel . . . . 2 ☐

Vous tombez en extase devant un tailleur hors de prix :

Vous l'achetez sans l'ombre d'une hésitation. .1 ☐
Vous pensez que ce n'est pas raisonnable, mais vous craquez. . . . .2 ☐
Vous préférez rentrer faire vos comptes . . . . .3 ☐

En général, quand vous avez un train à prendre :

Vous arrivez toujours un peu en avance. . . . . .2 ☐
Vous êtes à la gare une heure avant le départ . . . . .3 ☐
Vous l'attrapez de justesse . . . . .1 ☐

Additionnez vos points :

Nombre de 1 : x 1 =
Nombre de 2 : x 2 =
Nombre de 3 : x 3 =

Total =

Décryptage

Vous avez entre de 10 et 17 points

Plutôt « cerveau droit »

Votre hémisphère droit est manifestement en grande activité ! Il vous apporte cette dose d'originalité et de fantaisie que beaucoup vous envient. Vous êtes doué pour créer, inventer de nouveaux concepts et flairer les nouvelles modes bien avant les autres car vous avez beaucoup d'intuition. D'une manière générale, vous êtes sensible et avez le cœur sur la main. Vous êtes d'ailleurs très entouré et on vous suit dans vos envies. Assurément le train-train quotidien n'est pas pour vous ! Vous aimez quand tout bouge. Si tout est trop calme, vous vous arrangez pour vous jeter dans une nouvelle aventure. Pourtant, par moments, vous savez arrêter toute activité et vous retirer dans une bulle qui vous permet de vous ressourcer en rêvant ou en méditant. Attention toutefois à ne pas trop vous enfermer dans vos rêveries. Fuir la réalité risquerait de freiner toute initiative. D'autre part, votre côté zen vous donne un aspect un peu lunaire. Si vous êtes artiste, on vous pardonnera. Sinon, on vous estimera un peu trop rêveur voire laxiste… Ce jugement peut vous donner l'impression d'être à part, ou incompris. Si tel est le cas, il vous serait utile de rééquilibrer vos deux hémisphères en vous focalisant un peu plus sur les détails concrets de la vie.

Vous avez entre de 18 et 22 points

Plutôt équilibré

Vous avez réussi un coup de maître : vous parvenez à jongler avec vos deux hémisphères comme un artiste avec ses balles ! Selon les circonstances, vous faites appel à l'une ou à l'autre de ces zones. Car vos deux cerveaux sont reliés et activés en permanence. Cet équilibre fait de vous une personne parfaitement ancrée dans la réalité tout en étant douée d'intuition et de fantaisie. Chaque nouveau problème stimule votre envie de réinventer votre futur en créant des solutions inédites. Vous faites d'abord appel à votre cerveau gauche. Il vous aide à analyser les expériences du passé et à les comparer aux situations en cours. Vous pouvez alors choisir de reproduire les anciennes habitudes. Mais la plupart du temps, vous préférez bousculer ces décisions trop répétitives pour vous lancer dans de nouvelles aventures. De plus, votre cerveau n'étant pas compartimenté, vous avez cette chance immense de pouvoir faire plusieurs choses à la fois : écrire en écoutant de la musique, lire en regardant la télévision… Enfin, votre cerveau droit vous relie à des structures qui traitent l'affectif et l'émotionnel. Cette connexion fait de vous une personne généreuse et empathique dont la compagnie est recherchée.

Vous avez entre de 23 et 30 points

Plutôt « cerveau gauche »

Votre hémisphère gauche semble avoir pris le pas sur le droit. Vous êtes probablement une personne méthodique et réfléchie. Au travail comme en famille, on fait d'ailleurs souvent appel à votre sens de l'organisation pour monter une opération, une grande fête ou un anniversaire. Ce goût que vous avez pour tout ce qui est structuré se retrouve dans votre capacité à décrire les expériences passées et à les analyser finement. D'ailleurs, les anciens événements tiennent une place privilégiée dans votre univers. Vous y faites souvent référence lorsqu'il s'agit de prendre une nouvelle décision. Vous calculez tous les risques à venir en les comparant à ceux des années précédentes. Cette logique séquentielle vous permet de trouver la solution appropriée. Attention toutefois à ne pas vous limiter à des comportements stéréotypés. À force de répéter des situations sécurisantes puisque familières, vous risquez de passer à côté de nouvelles expériences de vie. Pourquoi ne pas vous accorder un peu plus d'audace ? Tournez-vous vers des d'activités qui suscitent l'imaginaire et favorisent l'imagerie mentale comme la méditation, la lecture ou la peinture. En redonnant un peu plus de liberté à votre cerveau droit, vous bénéficierez d'une vision plus créative de l'existence.

Quelle est votre intelligence dominante ?

En raison de la nature de l'intelligence – elle n'est pas « unique » –, vous ne découvrirez pas ici un seul profil, mais un *rapport* entre trois profils. Ils réfèrent à trois types d'intelligences que nous avons choisis parmi la quinzaine référencée aujourd'hui ! L'axe central, c'est l'intelligence émotionnelle. En regard de celle-ci, l'intelligence logique et l'intelligence intuitive. Ce n'est pas la « quantité » de telle ou telle intelligence que vous allez calculer, mais à la fois la prédominance d'une intelligence chez vous et le rapport – le *ratio* – entre ces trois intelligences. Après voir répondu aux questions suivantes, reportez-vous à la section « Comment interpréter les résultats » p. 192, avant de lire les profils.

Aujourd'hui, vous êtes seul à la maison. Vous en profitez pour :

Vous reposer et vous laisser aller . . . . ★ ☐
Mettre à jour le travail d'entretien de la maison et faire le point sur vos projets personnels . . . . ● ☐
Inviter des amis. . . . . ▲ ☐

Pour vous, la nuit c'est :

Un moment de calme, de repos, qui permet de se régénérer. . . . . ★ ☐
Une période chargée de mystère, qui permet de se retrouver soi-même et de rêver . . . . ● ☐
La période qui permet de dormir après une dure journée de travail . . . . ▲ ☐

Vous venez de passer un examen et pensiez avoir réussi. Mais vous obtenez une note en dessous de la moyenne :

Vous pensez qu'il y a une erreur, et décidez de contacter l'examinateur pour lui demander de vérifier vos résultats . . . . ★ ☐

Vous vous sentez honteux et coupable, au bord de la déprime . . . ● ☐

Vous êtes déçu, mais vous essayez de comprendre ce qui s'est passé et vous décidez de vous remettre au travail pour vous améliorer. . . . . ▲ ☐

Vous êtes dans un groupe de travail, et un grand silence s'installe :

Vous respirez profondément et attendez qu'une idée vous vienne à l'esprit . . . . ★ ☐

Vous vous étirez discrètement, vous observez les autres et profitez de ce moment de calme pour remettre vos idées en place . . . . . ● ☐

Vous prenez la parole immédiatement pour relancer le débat . . . . ▲ ☐

Votre ascenseur s'arrête entre deux étages :

Vous respirez un grand coup et vous prenez votre mal en patience . . . . ★ ☐

Vous fulminez parce que vous allez être en retard à votre rendez-vous . . . . ● ☐

La situation vous angoisse, et vous vous demandez combien de temps vous allez devoir attendre . . . . ▲ ☐

Trouvez la figure manquante, puis répondez à la question :

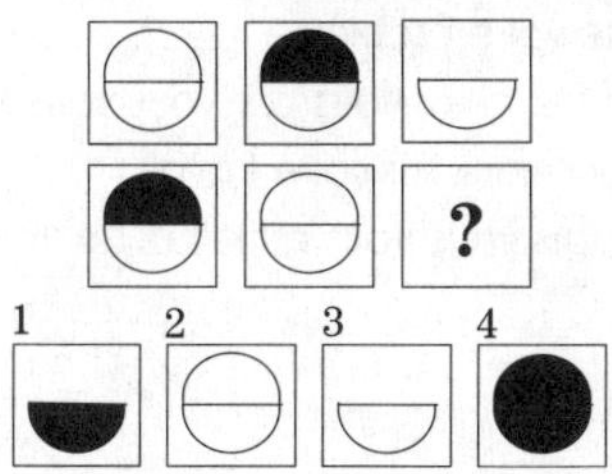

(Réponse p. 269)

Devant cet exercice :

Vous avez pris le temps de la réflexion pour essayer de trouver la solution . . . . ★ ☐

Vous avez eu un sentiment de rejet et avez préféré passer à la suite du questionnaire . . . . ● ☐

Vous avez souri parce qu'il est simple, et avez trouvé la solution en quelques secondes . . . . ▲ ☐

Pour vous, l'harmonie dans le couple, c'est :

Être capable de ressentir ce dont l'autre a besoin et faire son bonheur . . . . ★ ☐

Savoir à chaque instant ce que l'autre fait . . . . ● ☐

Partager, tout en ayant régulièrement chacun du temps pour soi . . . . ▲ ☐

Demain matin, à 6 heures, vous prenez l'avion qui vous emmènera pour des vacances méritées sur l'île de vos rêves :

Vous ne dormez pas de la nuit. . . . . ★ ☐

Vous avez mis votre réveil à 4 heures, mais vous avez du mal à vous endormir . . . . ● ☐

Vous vous couchez très tôt après avoir vérifié vos bagages . . . . . . ▲ ☐

Vous êtes au travail, et on vous annonce une mauvaise nouvelle :

Vous sortez pour marcher dix minutes et vous appelez un ami pour lui faire part de votre problème . . . . ★ ☐

Vous demandez à rentrer chez vous car vous vous sentez incapable d'être concentré sur votre travail . . . . ● ☐

Vous êtes contrarié, mais vous vous remettez au travail en serrant les dents . . . . ▲ ☐

Votre patron semble tout à coup bien disposé envers vous et vous demande ce dont vous auriez besoin pour vous sentir mieux. Vous lui demandez :

Une augmentation. . . . . ★ □
Un poste qui correspond mieux à vos compétences . . . . ● □
Un travail qui correspond mieux à votre personnalité . . . . ▲ □

Votre réfrigérateur commence à montrer de sérieux signes de faiblesse :

Vous allez en commander un neuf dans les trois jours. . . . . ★ □
Vous le nettoyez de fond en comble et le suppliez de ne pas vous lâcher . . . . ● □
Vous vous préparez à ce qu'il finisse par lâcher en vous renseignant sur les prix des appareils neufs . . . . ▲ □

Dans la rue, vous pensez tout à coup à une vieille amie que vous n'avez pas revue depuis longtemps… lorsque vous tombez face à face avec elle. Pour vous :

C'est une coïncidence qui montre qu'il y a un lien profond entre les êtres humains . . . . ★ □
C'est une pure coïncidence. . . . . ● □
Ce n'est pas un hasard, car il vous arrive souvent des coïncidences de ce genre. . . . . ▲ □

Dans une ambiance stressée :

Vous restez stoïque . . . . ★ □
Vous ressentez physiquement de l'oppression . . . . ● □
Vous essayez de calmer le jeu et de rassurer les personnes du groupe . . . . ▲ □

Essayez de résoudre cette énigme, et répondez ensuite à la question :

Trois thérapeutes européens participent à une conférence internationale :

- Stéphane est gestalt-thérapeute et a plus d'années de pratique que l'Espagnol.
- Antoine est Italien et a plus d'expérience que le comportementaliste.
- Le psychanalyste est le plus ancien thérapeute des trois.

Qui est le thérapeute français ?
Quelle est la spécialité de Manuel ?

(Réponse p. 195)

Pour faire cet exercice de logique :

Vous avez pris un papier et un crayon pour procéder par recoupements et avez trouvé rapidement . . . . ★ ☐
Vous avez trouvé l'exercice intéressant et pris le temps de réfléchir . . . . ● ☐
Vous avez rapidement abandonné pour lire les réponses . . . . ▲ ☐

Dans le tableau suivant, pointez le symbole correspondant à chacune de vos réponses.

1	★ ● ▲	B A C	8	★ ● ▲	C B A
2	★ ● ▲	B C A	9	★ ● ▲	B C A
3	★ ● ▲	A C B	10	★ ● ▲	A B C
4	★ ● ▲	C B A	11	★ ● ▲	A C B
5	★ ● ▲	B A C	12	★ ● ▲	B A C
6	★ ● ▲	B C A	13	★ ● ▲	A C B
7	★ ● ▲	C A B	14	★ ● ▲	A B C

Comptez le nombre de symboles que vous obtenez :

Nombre de A:
Nombre de B :
Nombre de C:

Comment interpréter les résultats :

Lorsque vous avez votre résultat, commencez par regarder chaque profil, divisé en 3 sections : de 0 à 3 points, l'intelligence est en « insuffisance ». C'est votre point faible, ou vos points faibles, que vous devrez travailler ou développer. De 4 à 9 points, l'intelligence est « équilibrée ». À partir de 10 points, elle est « en excès » : trop prépondérante, ses qualités deviennent alors des défauts. Ensuite, évaluez le rapport entre vos trois intelligences en vous posant quelques questions : l'intelligence émotionnelle (qui sera la plus importante pour la majorité d'entre nous) est-elle trop dominante par rapport aux autres ? Quelle est l'intelligence la plus « faible » ? Quel est le rapport proportionnel entre l'intelligence logique et l'intelligence intuitive ? Le rapport entre les trois intelligences est-il équilibré ?

Décryptage

Profil A :

Votre intelligence dominante : l'intelligence logique.

Elle regroupe deux intelligences : l'intelligence logico-mathématique nous permet de calculer, de mesurer, de résoudre facilement des problèmes par le raisonnement ; l'intelligence logico-verbale est l'aptitude à employer le langage pour comprendre et exprimer clairement ses idées.

Si vous avez entre 0 et 3 A

Exercez votre intelligence logique en n'hésitant pas à vous lancer dans les jeux de logique, les jeux d'énigmes, sudokus, mots croisés ou fléchés, que l'on trouve aujourd'hui à profusion dans les librairies.

Si vous avez entre 4 et 9 A

Vous savez anticiper les problèmes et trouver des solutions rapidement, à condition qu'ils fassent partie d'une suite logique. Comme toutes les personnes « logiques », vous êtes solide, volontaire et sociable, et ne manquez ni d'esprit d'à propos ni d'humour. Vous aimez vous retirer pour travailler seul et prenez souvent vos décisions seul. Toutefois, vos émotions sont souvent mises en veilleuse, si ce n'est étouffées, par votre intelligence logique et rationnelle, et vous n'aimez pas les imprévus.

Si vous avez 10 A ou plus

La communication n'est pas votre fort. Vous pouvez avoir des difficultés à comprendre le point de vue des autres et à vous mettre à leur place. Même si vous avez des talents de diplomate, vous pouvez passer pour une personne plutôt « froide ». Il est possible aussi que vous ayez du mal à vous adapter à de nouvelles situations.

Profil B :

Votre intelligence dominante : l'intelligence émotionnelle.

C'est la capacité à identifier ses émotions, les contrôler ou les ajuster selon les circonstances, d'anticiper ses comportements, de comprendre les intentions et les émotions des autres et de réagir de façon adaptée.

Si vous avez entre 0 et 3 B

Le travail de l'intelligence émotionnelle est le fondement même des psychothérapies et du développement personnel. Vous pouvez commencer par identifier l'émotion négative (peur, jalousie, manque de confiance en soi, honte, timidité, angoisse…) qui vous pose le plus de problèmes dans votre vie et réfléchir sur la façon dont vous pourriez la travailler.

Si vous avez entre 4 et 9 B

Vous savez communiquer avec les autres et accepter leur point de vue sans pour autant être obligé d'y adhérer. Vous faites preuve d'empathie et savez diriger un groupe en respectant l'intérêt de chacun. En général, vous savez identifier vos émotions, connaître leur impact sur vous-même et sur les autres. Si vous avez travaillé sur vous-même, vous devez être capable de connaître les causes de vos émotions et de trouver les solutions pour qu'elles n'entravent pas le bon déroulement de votre vie. Les « émotionnels » pleinement réalisés peuvent devenir des personnes zen !

Si vous avez 10 B ou plus

Vous avez tendance à vous laisser déborder par vos émotions, à tel point qu'elles peuvent parfois paralyser vos actions ou vous conduire à poser de mauvais jugements sur les autres, en positif comme en négatif. Vous n'avez pas assez confiance en vous-même et risquez d'être trop dépendant du regard de l'autre.

Profil C :

Votre intelligence dominante : l'intelligence intuitive.

Elle nous permet d'être créatif et inventif, de ressentir les émotions des autres de manière empathique, de faire des choix rapides, de prendre des décisions sans passer par le raisonnement, de « sentir » les événements arriver.

Si vous avez entre 0 et 3 C

Vous pourriez commencer par pratiquer une minute de méditation par jour pour obliger votre mental à prendre un peu de repos et écouter vos sensations intérieures.

Si vous avez entre 4 et 9 C

Vous êtes une personne créative, généralement positive, avec un bon tonus général. Vous êtes empathique en ayant un fond de timidité « naturelle » dû à un sentiment de ne « pas être tout à fait comme les autres ». Vos ressentis prennent souvent le pas sur la raison, aussi vous êtes assez impressionnable et vous pouvez vous laisser déborder par les émotions des autres. Nous ne croyez pas au « hasard », et donnez de l'importance à la spiritualité. Il se peut même que vous ayez ce que l'on appelle des « facultés psy » – des facultés comme la télépathie, la prémonition, la clairvoyance…

Si vous avez 10 C ou plus

Vous avez des difficultés à réagir en cas de coup dur, et avez tendance à subir des accès de déprime. Vous avez des problèmes d'organisation en général et vous comptez trop sur les autres pour prendre des décisions à votre place. vous devez subir régulièrement des coups de déprime, et ne pas savoir comment agir lorsque vous êtes devant une situation difficile.

Réponses

Réponse à la question 6 : Figure 3. Chaque figure est représentée deux fois.

Réponse à la question 14 : Stéphane est le thérapeute français. Manuel est spécialiste des thérapies comportementales.

À quoi vous sert l'humour ?

L'humour est souvent considéré comme le petit plus de la vie. C'est lui qui nous aide à prendre de la distance, à devenir plus conscient aussi. « Humour : forme d'ironie plaisante, souvent satirique, consistant à souligner avec esprit les aspects drôles ou insolites de la réalité », dit le dictionnaire. Ainsi, il permet à celui qui le transmet d'être écouté, regardé, voire admiré, mais au-delà de ce premier privilège, que révèle votre type d'humour ?

Vous préférez :

Les blagues sur les blondes . . . . 3 ☐
Les jeux de mots . . . . 2 ☐
L'humour noir . . . . 1 ☐

Laquelle de ces citations vous interpelle :

« L'humour est une tentative pour décaper les grands sentiments de leur connerie » (Raymond Queneau) . . . . 1 ☐
« L'humour est le plus court chemin d'un homme à un autre » (Georges Wolinski) . . . . 2 ☐
« L'humour, c'est aussi une façon de résister. » (Guy Bedos). . . . . 3 ☐

Vous avez souvent recours à l'humour quand :

Vous devez vous insérer dans un groupe . . . . 2 ☐
Une situation vous pèse . . . . 1 ☐
Vous cherchez à vous faire remarquer . . . . 3 ☐

Un de vos amis affiche une tête d'enterrement depuis le début du repas. Vous lui dites :

« Arrête cette bonne humeur insupportable… ! » . . . . 1 ☐

« J'en ai une bonne, ça va te dérider ! » .... 3 ☐
« Tu as vraiment l'air ravi de nous voir ! » .... 2 ☐

Vous riez plutôt pour :

Palmade .... 2 ☐
Desproges .... 1 ☐
Bigard .... 3 ☐

Une situation cocasse qui vous fait rire :

Quelqu'un qui dénigre le patron alors que celui-ci se trouve juste derrière .... 3 ☐
Quelqu'un qui rit à une blague qu'il n'a pas compris .... 1 ☐
Quelqu'un qui trébuche devant vous .... 2 ☐

Petit, quand l'instit avait fini de vous gronder, vous :

Lui adressiez un beau sourire mais ô combien insolent .... 1 ☐
Lui tiriez la langue pour faire pouffer de rire toute la classe .... 3 ☐
L'imitiez quelques instants dès qu'elle avait le dos tourné......... 2 ☐

Votre père dit devant tout le monde que vous ne savez pas nager. Vous lui rétorquez :

« Tu vois, je préfère couler quand je te vois nager... » .... 1 ☐
« D'ailleurs, où est rangée ma bouée ? » .... 2 ☐
« De toute façon, les mers sont toutes polluées, alors... » .... 3 ☐

Une de vos blagues tombe lamentablement à plat ! Vous vous dites :

La prochaine sera meilleure... .... 2 ☐
Ils n'ont rien compris ! .... 3 ☐
Plus drôle que moi, tu meurs.... .... 1 ☐

Votre film culte niveau humour pourrait être :

Un air de famille de Cédric Klapish .... 1 ☐
Le bonheur est dans le pré d'Étienne Chatiliez .... 2 ☐
La Tour Montparnasse infernale de Charles Nemes .... 3 ☐

Additionnez vos points :

Nombre de 1 :	x 1 =
Nombre de 2 :	x 2 =
Nombre de 3 :	x 3 =
	Total =

Décryptage

Vous avez entre 10 et 17 points

L'humour est un camouflage...

L'humour semble être pour vous un univers avant tout corrosif, décapant, mais aussi grinçant : il flirte souvent avec le cynique ou le dramatique.

Vous appréciez particulièrement cette ambivalence qui consiste à mettre finesse, sourire et légèreté en relation avec des sujets d'ordinaire sérieux ou graves.

Vous réagissez plus volontiers aux films, sketches ou blagues qui laissent comme un certain malaise au coin du sourire. Cet état particulier où l'on ne sait plus trop si l'on doit rire ou pleurer.

Vous êtes ainsi de ceux qui peuvent dire « je t'aime » une pointe d'agressivité dans la voix et « je te hais » avec le plus adorable des regards !

Pour vous, manier l'humour demande intelligence, ruse, tact et audace.

Vous vous en servez tour à tour comme d'une arme (pour vous imposer par exemple) ou comme d'un bouclier, si une situation douloureuse s'impose à vous, ou si l'on vous agresse.

L'humour fait donc office de camouflage et peut dissimuler un certain manque de confiance, une sensibilité exacerbée ou des émotions difficilement vécues.

« L'humour est enfant de nos haines », disait Prévert, il vous permet d'exprimer celles-ci de façon détournée…

Essayez de trouver en vous-même d'autres forces sur lesquelles vous appuyer, et laissez-vous aller plus souvent à cet humour plus souple et surtout plus libre, celui-là même que vous êtes capable d'avoir avec des proches à qui vous n'avez rien à prouver, et de qui vous n'avez rien à craindre…

Vous avez entre 18 et 22 points

L'humour permet le lien

Pour vous, l'humour est un fabuleux outil de communication. Il vous permet d'entrer plus facilement en contact avec les autres, de vous adapter, et vous offre l'opportunité de dénouer des relations conflictuelles.

Vous l'utilisez comme un remède puissant contre la morosité qui menace le train-train quotidien. Il est le petit « plus » qui allège l'existence.

Vous êtes ainsi bon public des blagues simples et efficaces, des films ou des sketches qui pastichent nos petits travers et grands défauts. Vous pouvez rire de vous-même comme des autres. L'humour est même parfois comme une seconde nature : vous appréciez de voir votre entourage pendu à vos lèvres et retrouver le sourire grâce à vous.

Mais vous êtes aussi suffisamment fin psychologue pour repérer quand faire ou ne pas faire le pitre. Vous utilisez blagues et imitations avec tact et diplomatie, gardant toujours à l'esprit le respect des autres.

Vous aimez donc le rire pour le rire, et l'aimez plus encore lorsqu'il est partagé entre amis, comme on partage une bonne bouteille de vin.

Vous avez entre 23 et 30 points

L'humour rend libre

Pour vous l'humour est cet espace privilégié où l'on peut tout dire, de la pire des ignominies à la plus redoutable grossièreté en passant par le cru le plus… cru !

L'humour est comme une couverture sous laquelle vous vous laissez totalement aller, le plus souvent entre amis ou entre collègues, et ce, en toute légalité. C'est à qui sera le plus drôle, et la drôlerie frôle souvent la provocation : vous aimez l'humour qui ne prend pas de gants, et dans ce domaine, vous n'avez pas peur des mots…

Ce comportement est proche de celui connu des enfants lorsqu'ils se retrouvent entre eux, loin du monde des adultes et de leur « politiquement correct », et qu'ils peuvent s'en donner à cœur joie sur les thématiques moqueuses, sexuelles, ou même scatologiques !

Il y a donc en vous un enfant rebelle qui ne s'est jamais endormi. Toujours prêt à faire le guignol et à épater la galerie en cherchant sans cesse de nouvelles blagues, vous adorez avoir votre petite troupe autour de vous et voir leurs regards admirateurs à l'écoute de vos dernières trouvailles. Le must n'est d'ailleurs pas qu'ils soulignent la drôlerie de vos histoires, mais qu'ils vous disent : « Non ? Tu as osé ?! »

Mais attention ! « On peut rire de tout mais pas avec tout le monde », comme le soulignait Pierre Desproges. Veillez ainsi à vous adapter avec plus de souplesse à votre interlocuteur et à son type d'humour…

Savez-vous être authentique ?

Dire ce que l'on pense, agir comme on le sent, exprimer sa réalité intérieure ne sont pas choses faciles ! Pourtant l'authenticité est une des clés de l'épanouissement. En psychologie, elle est ce qui exprime la vérité profonde de l'être. Et donc ce qu'il y a de plus singulier en soi. Mais cette vérité est-elle faite d'un seul bloc ? N'existe-t-il pas plusieurs manières d'être soi-même au milieu des autres ? Découvrez quelle est la vôtre.

Dire la vérité :

C'est sain. Rien de pire que l'hypocrisie . . . . 1 ☐
C'est souhaitable. Mais pas tout le temps . . . . 2 ☐
C'est risqué. Cela doit toujours être réfléchi . . . . 3 ☐
C'est inutile, dangereux et trompeur. Il y a tant de vérités possibles . . 4 ☐

Vous vous rendez compte que quelqu'un vous ment :

Vous faites comme si de rien n'était . . . . 4 ☐
Vous le lui dites tout de suite : mieux vaut s'expliquer . . . . 1 ☐
Vous le lui faites comprendre discrètement : inutile de le vexer ou de le coincer . . . . 2 ☐
Vous ne lui en parlez que bien plus tard . . . . 3 ☐

Vous parlez de votre vie privée :

Jamais. Vous n'aimez pas du tout vous répandre . . . . 4 ☐
Assez vite. Mais seulement si vos interlocuteurs font de même . . . . . 2 ☐
Facilement et rapidement : c'est le seul sujet vraiment intéressant, parler de soi et écouter les autres parler d'eux ! . . . . 1 ☐
Avec retenue. Vous réservez vos confidences aux proches. . . . . 3 ☐

Pour vous, suivre la mode, c'est :

Confortable. Pour être comme tout le monde. 2 ☐
Agréable. C'est une façon d'exprimer sa personnalité. . . . . 1 ☐
Superficiel. Mais il faut bien vivre avec son temps. . . . . 3 ☐
Bof. Vous préférez les indémodables. . . . . 4 ☐

Vos rapports aux autres :

On vous perçoit comme réservé. . . . . 3 ☐
Vous blessez, agacez, étonnez. Bref,
vous ne laissez pas indifférent . . . . 1 ☐
Vous êtes plutôt populaire et apprécié . . . . 2 ☐
Vous avez l'image d'une personne secrète,
presque effacée . . . . 4 ☐

Votre avis :

Il faut insister pour savoir ce que vous pensez. . . . . 4 ☐
Vous attendez qu'on vous sollicite pour le donner . . . . 3 ☐
Vous le proposez toujours sans jamais l'imposer . . . . 2 ☐
Vous le donnez même si on ne vous le demande pas. . . . . 1 ☐

Au cours d'une soirée chic, votre nez vous démange :

Vous vous grattez sans même y penser. Où est le problème ? . . . . . . 1 ☐
Vous vous effleurez très discrètement le bout du nez
avec l'index. . . . . 2 ☐
Vous sortez un instant pour vous gratter librement. . . . . 3 ☐
Vous préférez tenir bon toute la soirée. . . . . 4 ☐

Dans votre façon d'être en société, de quel tempérament vous sentez-vous le plus proche ?

Japonais . . . . 4 ☐
Scandinave . . . . 3 ☐
Napolitain. . . . . 1 ☐
Américain . . . . 2 ☐

Tenir un journal intime ?

Bof, je préfère vivre ma vie plutôt que l'écrire . . . . 1 ☐
J'y pense souvent, mais sans jamais m'y mettre . . . . 2 ☐
J'ai commencé – et arrêté – plusieurs fois. . . . . 3 ☐
J'adore . . . . 4 ☐

On vous invite à une soirée qui vous ennuie :

Vous inventez un prétexte pour ne pas vous y rendre . . . . 3 ☐
Vous vous excusez avec diplomatie . . . . 2 ☐
Vous répondez : « Non merci, je ne la sens pas, cette soirée… » . . . 1 ☐
Vous y allez sans envie, mais vous ne restez pas longtemps . . . . . . 4 ☐

Additionnez vos points :

Nombre de 1 :	x 1 =
Nombre de 2 :	x 2 =
Nombre de 3 :	x 3 =
Nombre de 4 :	x 4 =
	Total =

Décryptage

Vous avez entre 10 et 18 points

Spontané : l'authenticité brute

Votre credo : « Être moi-même et dire les choses telles qu'elles sont… » Pour vous, la vérité et la sincérité sont des valeurs majeures. Vous savez parfaitement qu'elles peuvent heurter et déranger. Mais votre conviction est que sur le long terme, rien ne peut les remplacer. Vous êtes adepte de la « vérité vraie » : vérité de votre être, vérité de vos paroles. Dérangeant mais stimulant.

Il y a cependant des inconvénients à cette forme d'authenticité : il faut vous prendre et vous accepter comme vous êtes. Vous ne semblez pas toujours attentif aux autres, au moins dans un premier temps. Spontané mais pas insensible, votre empathie arrive, hélas, parfois trop tard : les autres sont quelquefois choqués ou vexés, et il faudra du temps et de la diplomatie pour réparer cela.

Peut-être auriez-vous intérêt à moduler votre authenticité, surtout avec les personnes fragiles ou moins spontanées que vous…

Vous avez entre 19 et 25 points

Authentique : l'authenticité aménagée

Votre devise : « Être moi sans provoquer d'émois… » L'authenticité est pour vous un objectif souhaitable, mais pas une nécessité impérieuse en toutes circonstances. Vous savez qu'elle n'est qu'un moyen pour rendre votre vie et celle des autres plus intéressantes, plus denses. Mais elle n'est pas une fin en soi : vous savez moduler vos comportements et vos paroles en fonction des interlocuteurs et des environnements. Vous pensez à autrui avant d'agir et de parler. Partisan de la « vérité aménagée », vous êtes capable d'exprimer à peu près tout, mais doucement et de manière adaptée.

Des inconvénients à ce style d'authenticité ? Il n'y en a guère, il représente une sorte d'équilibre optimal. Sans doute les passionnés vous trouveront-ils trop tiède, et les inhibés, trop « rentre-dedans ». C'est le problème des attitudes de juste milieu : elles ne satisfont aucun extrême.

Permettez-vous de temps en temps un peu de mutisme ou quelques explosions, pour rassurer les autres…

Vous avez entre 26 et 31 points

Réservé : l'authenticité surveillée

Votre conviction : « Être moi, c'est mon choix... » Vous voulez choisir de vous révéler comme bon vous semble. Ainsi, vous ne dites que la vérité (pas question de mentir), mais pas forcément toute la vérité (pas question de blesser). Il y a trop de fragilités chez les autres pour croire que la spontanéité et la sincérité peuvent régler tous les problèmes ; trop de subjectivité, aussi, pour renoncer à un minimum de vernis social et de convenances. Si politesse et règles de conduite existent depuis toujours et dans toutes les sociétés, c'est qu'elles ont une utilité. Votre attitude de réserve relationnelle et d'autocontrôle n'est pas une fermeture mais une ouverture mesurée. Elle n'est pas de la méfiance mais de la prudence.

Ce rapport à l'authenticité est reposant mais pas toujours lisible pour les autres, à qui vous pouvez paraître trop contrôlé, comme « quelqu'un qui se lâche rarement... ».

Et si vous goûtiez aux plaisirs du lâcher-prise ? Maintenant que tout le monde sait que vous êtes quelqu'un de bien et de respectueux d'autrui, que pourrait vous enlever un petit grain de folie ?

Vous avez entre 32 et 40 points

Secret : l'authenticité muselée

Votre maxime : « Mon moi ne regarde que moi. » L'authenticité est à vos yeux un leurre, quelque chose de trompeur : nous avons des dizaines de facettes, nous changeons tout au long de notre vie. Elle est aussi quelque chose de risqué : à quoi sert de blesser, de s'imposer, de s'exposer ? Vous ne dites pas une vérité si elle doit être toxique. D'ailleurs, qui peut prétendre dire la vérité ? Ce que nous pensons aujourd'hui, nous ne le penserons peut-être plus demain. Vous n'agissez pas par principe mais par pragmatisme. Vous observez longtemps avant d'agir, de parler (« Tourner sept fois sa langue dans sa bouche. Puis... décider de se taire ! »). Cela vous donne des allures mystérieuses, et guère dans l'air du temps. Mais ceux qui vous connaissent savent qu'il s'agit de respect et non de mépris.

Des problèmes tout de même, si cette attitude est constante : vous ne vous lâchez presque jamais, vous cachez vos émotions, vous pensez trop à autrui.

À moins de faire preuve d'une grande sagesse ou d'une grande folie, nul ne peut se passer de moments de révélation de soi, de spontanéité avec des personnes de confiance : est-ce bien le cas pour vous ?

Savez-vous vous écouter ?

« Si je m'étais écouté, jamais je ne serais allé à ce rendez-vous… » Beaucoup d'entre nous ont sûrement vécu cette situation où, poussés par nos automatismes ou nos principes, nous cédons à contrecœur plutôt que de prendre le temps de nous écouter et de choisir ce qui est réellement bon pour nous. Qu'en est-il de vous ? Parvenez-vous à ne pas faire l'inverse de ce que vous disent vos désirs, votre corps ? Savez-vous respecter ce que vous dit votre voix intérieure ? Essayez d'y voir plus clair.

Des amis vous présentent quelqu'un « fait pour vous ». Après lui avoir dit bonsoir, vous vous sentez mal à l'aise :

- Vous pensez que cette personne dégage de mauvaises énergies . . . 4 ☐
- Vous vous dites que ça doit être la fatigue . . . 3 ☐
- Vous prenez sur vous et entamez la discussion . . . 2 ☐
- Vous essayez d'identifier la cause de ce malaise . . . 1 ☐

« S'écouter » selon vous, c'est avant tout :

- Se respecter . . . 1 ☐
- Satisfaire ses envies . . . 3 ☐
- Ressentir ses émotions . . . 2 ☐
- Se comprendre . . . 4 ☐

Partant au travail, vous avez l'intuition que votre ligne de bus ne fonctionne pas. Vous :

- Vous dites que vous n'êtes pas voyant et poursuivez vers l'arrêt de bus . . . 2 ☐

Essayez d'approfondir cette intuition . . . . 4 ☐
Prenez votre voiture : ça vous changera ! . . . . 1 ☐
Pensez déjà à autre chose . . . . 3 ☐

Lors d'une soirée, une personne originale vous intrigue. Vous :

Vous arrangez pour faire sa connaissance . . . . 1 ☐
Vous raisonnez en vous disant qu'elle est vraiment trop spéciale . . . . 2 ☐
Vous dites que ça doit être son look qui fait ça . . . . 3 ☐
Analysez ce qu'elle suscite en vous . . . . 4 ☐

Pour un moment « à votre écoute », vous choisiriez volontiers :

Quelques minutes avant de dormir . . . . 3 ☐
Une séance de massage . . . . 2 ☐
Le cabinet feutré d'un thérapeute . . . . 4 ☐
Un joli chemin de forêt . . . . 1 ☐

Ce qui peut vous empêcher de vous écouter, c'est :

La peur de la réaction des autres . . . . 2 ☐
Que vous n'entendez rien de spécial . . . . 3 ☐
Certains parasites de la vie quotidienne comme le stress . . . . 1 ☐
La présence des autres . . . . 4 ☐

Vos « messages intérieurs » viennent avant tout :

De votre corps et de ses ressentis . . . . 1 ☐
De votre « guide intérieur » et de ses conseils . . . . 4 ☐
De votre inconscient et de ses secrets . . . . 2 ☐
De votre horloge biologique et de ses manifestations . . . . 3 ☐

Un enfant cherche à comprendre ce dont il a réellement envie… Vous lui conseillez :

« Parle tout haut ! » . . . . 3 ☐
« Ferme les yeux, et laisse-toi sentir les choses… » . . . . 1 ☐

« Isole-toi et fais le vide » . . . . 4 ☐
« Prends confiance en toi ». . . . . 2 ☐

Quand une émotion forte arrive, vous avez tendance à :

L'accueillir . . . . 1 ☐
La contenir. . . . . 2 ☐
L'ignorer . . . . 3 ☐
L'analyser . . . . 4 ☐

Malgré l'insistance de votre partenaire, vous n'avez pas envie de faire l'amour ce soir. Vous :

Vous demandez si ça ne révèle pas autre chose. . . . . 4 ☐
Verrez bien si l'envie vient en cours de route. . . . . 3 ☐
Le faites quand même, votre partenaire en a tellement envie . . . . . . 2 ☐
Lui expliquez que vous souhaitez juste qu'il vous prenne dans ses bras. . . . . 1 ☐

Additionnez vos points :

Nombre de 1 : x 1 =
Nombre de 2 : x 2 =
Nombre de 3 : x 3 =
Nombre de 4 : x 4 =

Total =

Décryptage

Vous avez entre 10 et 19 points

La bonne écoute

Vous arrivez à vous écouter sans trop de difficultés.

Vous êtes suffisamment réceptif aux messages de votre monde intérieur pour pouvoir les accueillir et leur donner une véritable place dans votre vie – notamment dans vos décisions et dans vos actes.

Cette « écoute intérieure » passe par une sensibilité particulière à tous les indices que votre corps et votre esprit peuvent semer sur votre route. Leur prêter toute l'attention qu'ils méritent vous conduit à une plus grande compréhension mais aussi à un plus grand respect de vous-même.

Vous savez donc faire silence, et entendre. Vous ne cherchez pas à tout expliquer ou décortiquer, ni à rationaliser ce que vous ressentez. Vous vous faites confiance, et avancez avec le sentiment d'être en accord avec vous-même.

Vous êtes capable de vous écouter vraiment car vous n'avez pas peur d'affirmer votre voix intérieure, même lorsque celle-ci va à l'encontre de ce que les autres attendent de vous. De plus, vous ne rejetez pas en bloc ce qui ne s'explique pas…

Autant dire que vous êtes en parfaite harmonie pour cette voix intérieure que vous aimez découvrir et protéger. Bravo !

Vous avez entre 20 et 25 points

L'écoute refoulée

Vous parvenez facilement à entendre ce que vous dit votre monde intérieur, vos ressentis et vos intuitions. Vous avez même une grande faculté

de perception de tous ces petits signes qui mettent en alerte, avertissent d'une erreur ou d'une juste décision.

Le problème est que vous ne respectez pas les « messages » reçus. Vous ne leur donnez pas de place, et tentez tant bien que mal de les refouler. Vous préférez les ignorer car cela pourrait vous obliger à vous affirmer et à vous positionner par rapport à votre entourage. Votre corps vous dit non, mais vous dites oui. Votre intuition vous encourage à faire une chose, mais vous refusez de la suivre.

Ainsi, vous avez un très grand potentiel d'écoute de vous-même, mais vous ne l'exploitez pas. Cela vous conduit à vivre en contradiction avec les désirs profonds qui se manifestent en vous. Pourquoi agir ainsi ? Donnez-vous si peu de valeur à ce que VOUS ressentez ? Vous a-t-on appris à étouffer vos désirs et ressentis plutôt qu'à les faire croître ?

Essayez de trouver des réponses à ces questions afin de réconcilier votre « être intérieur » et votre « être extérieur » et de vous respecter davantage.

Vous avez entre 26 et 31 points

L'écoute impossible

Lorsque l'on vous parle d'écoute de vous-même, de messages du corps ou des émotions, vous avez l'impression que l'on vous parle chinois !

Vous n'entendez pas de petite voix particulière s'exprimer en vous. Quant à donner un sens et une place à des impressions ou ressentis, vous n'en voyez pas l'utilité. Les choses sont, un point c'est tout.

Vous êtes ainsi comme « anesthésié » contre tous les signes que vous envoient votre corps et votre intuition. Et si l'un d'eux vous parvient malgré tout, vous lui donnez une signification avant tout physiologique. Une sensation de crainte face à quelqu'un, et vous mettez les petits tremblements sur le compte d'une anémie passagère !

Il est fort probable que vous ayez dû construire un mur entre votre raison et vos émotions à un moment de votre vie. Et pourtant, que vous dirait cette voix intérieure ? Remettrait-elle tant de choses en question dans votre vie ? Ne confondez-vous pas alors voix intérieure et messages parasites, inculqués par une éducation peu propice à l'expression des émotions ?

Un conseil : donnez-vous la chance de vous écouter enfin, vous avez tant de richesses à découvrir…

Vous avez entre 26 et 31 points

L'écoute filtrée…

Vous avez le sentiment d'être parfaitement à l'écoute de vous-même. Vous ouvrez grandes vos oreilles, et partez à l'affût du moindre signe, du moindre indice bref, du moindre message que votre voix intérieure voudrait bien vous délivrer.

Face à la plupart des événements, vous rentrez en vous-même pour sonder ce que vous ressentez, ce que « ça vous fait » et pour savoir comment réagir.

Vous donnez à cette voix intérieure un rôle de conseiller, de guide, parfois spirituel. Vous vous y raccrochez et avez mis en place un refuge intérieur calme et protégé où vous attendez ces messages.

Le problème est que, en agissant ainsi, vous ne vous écoutez pas réellement. Vous essayez de vous rassurer et vous mettez à la place des véritables signes lancés par votre monde intérieur, les signes aseptisés que vous avez envie d'entendre. Ceux qui vous évitent la vraie rencontre avec vous-même, avec vos désirs profonds.

Vous vous façonnez une écoute filtrée – parfois sous couvert de psychologie (déshumanisée) ou de spiritualité (désincarnée) – qui vous tient à distance des émotions que vous voulez tant éviter

Pourtant, c'est en acceptant de rétablir la communication avec celles-ci que vous serez à même de vous écouter… vraiment.

Êtes-vous acteur de votre vie ?

Chacun réagit aux aléas de l'existence avec sa propre philosophie : fatalisme, réactivité, foi en la force de la volonté… Quelle est votre part d'action dans ce qui vous arrive ? Écrivez-vous le livre de votre vie ou laissez-vous le hasard s'en charger ? Ce test vous aidera à prendre conscience de ce qui est de votre propre responsabilité dans votre destinée, et dont vous ne vous rendez pas toujours compte. Pour être mis sur la voie qui vous aidera à vous réapproprier votre chemin de vie, répondez aux questions suivantes.

Ado, lorsqu'on vous demandait ce que vous vouliez faire plus tard, vous répondiez :

« Cela dépendra du marché du travail et des métiers les plus demandés. » . . . . 1 ☐
« Je ne sais pas, j'ai encore le temps d'y réfléchir. » . . . . 2 ☐
« Je sais ce que je veux faire et je ferai tout pour y arriver. » . . . . 3 ☐
« Je rêve de faire ce métier et je sais que la chance sera à mes côtés. » . . . . 4 ☐

Lors d'une soirée, vous tombez sous le charme d'une personne qui s'apprête à partir :

Le lendemain, vous appelez votre hôte pour en savoir plus sur elle . . . . 1 ☐
Vous lui demandez son numéro pour l'inviter à votre prochaine soirée, dans huit jours . . . . 3 ☐
Vous espérez : un jour peut-être, vos chemins se recroiseront… . . . . . 2 ☐
Vous vous lancez et lui dites spontanément : « Vous me plaisez. » . . . . 4 ☐

Vous adorez cuisiner. Un ami veut acheter un restaurant et vous associer à son projet. Vous lui dites :

« Es-tu sûr que ça va marcher ? » . . . . 1 ☐
« Laisse-moi le temps d'arrêter mon travail et, dans trois mois, on ouvre. » . . . . 3 ☐
« Ouvre d'abord, je verrai après. » . . . . 2 ☐
« C'est d'accord, après tout, on n'a qu'une vie ! » . . . . 4 ☐

Vous venez de rompre. Un ami vous invite à une soirée « célibataires ». Vous pensez :

« Pourquoi pas ? Ça me changera les idées. Et on ne sait jamais… » . . . . 4 ☐
« Allez, j'y vais, même si je ne rencontre personne… » . . . . 2 ☐
« J'arrête de ruminer : ce soir, je vais me consoler dans d'autres bras. » . . . . 3 ☐
« J'ai besoin de me retrouver, je préfère rester seul. » . . . . 1 ☐

La place que vous convoitiez ouvertement vient d'être proposée à quelqu'un d'autre :

Vous vous dites que, décidément, vous n'arrivez pas à évoluer dans votre travail . . . . 2 ☐
Vous interrogez vos collègues pour savoir ce qu'ils en pensent. . . . . 1 ☐
Vous n'avez rien vu venir, vous demandez calmement des explications à votre supérieur. . . . . 4 ☐
Vous forcez la porte de la direction pour plaider votre cause . . . . . . 3 ☐

Votre voiture a été fracturée deux fois ce mois-ci :

Vous vous consolez : « Ça arrive à tout le monde. » . . . . 2 ☐
Vous êtes accablé : « Pourquoi ça tombe toujours sur moi ? » . . . . . . 1 ☐
Vous vous demandez quel est le sens caché de ces ouvertures forcées . . . . 4 ☐
Vous achetez au plus vite un système d'alarme ultrasophistiqué . . . . 3 ☐

Dans la rue, une voyante vous arrête et vous prédit une grave maladie :

Vous dédramatisez : « On verra bien quand ça arrivera. » . . . . 2 ☐
Vous y repensez constamment avec inquiétude . . . . 1 ☐
Vous faites un bilan médical, au cas où… . . . . 4 ☐
Vous vous en moquez : « J'ai une santé de fer. » . . . . 3 ☐

C'est l'appartement qu'il vous faut mais vous êtes nombreux sur l'affaire… Vous vous dites :

« Rien ne sert de rêver, ils vont choisir quelqu'un d'autre. » . . . . 1 ☐
« Autant penser à autre chose en attendant leur réponse. » . . . . 2 ☐
« Je vais tout de suite appeler l'agence pour tenter de faire pencher la balance en ma faveur. » . . . . 3 ☐
« Si cet appart est pour moi, je l'aurai. » . . . . 4 ☐

Ce soir, c'est votre premier dîner en tête à tête :

Vous mettez tout en œuvre pour l'éblouir . . . . 3 ☐
Vous redoutez soudain de ne plus lui plaire . . . . 1 ☐
Vous vous remémorez votre rencontre : tout devrait parfaitement se dérouler . . . . 4 ☐
Vous pensez que la personne va annuler à la dernière minute . . . . 2 ☐

Vous êtes tenté par un canapé blanc hors de prix :

Vous l'achetez quand même, convaincu par le vendeur que « c'est une affaire » . . . . 1 ☐
Vous commencez à économiser pour l'acheter dans six mois . . . . 3 ☐
Vous prenez un crédit pour l'emporter tout de suite . . . . 4 ☐
Vous préférez attendre les soldes, vous verrez bien s'il est toujours là . . . . 2 ☐

Votre fils veut être ingénieur. Mais il redouble sa seconde. Vous le prévenez :

« Ressaisis-toi, c'est ta dernière chance de réussir. » . . . . 3 ☐
« Tu peux dire adieu à ce métier. » . . . . 1 ☐
« Ne t'en fais pas, et pense aussi à d'autres métiers qui te plairaient. » . . . . 4 ☐
« Ça ira mieux l'année prochaine, on verra en fonction de tes résultats. » . . . . 2 ☐

Pour organiser vos prochaines vacances :

Vous choisissez selon votre envie, en fonction d'une photo ou d'un récit . . . . 4 ☐
Vous réservez à la dernière minute sur Internet . . . . 2 ☐
Vous demandez conseil à des amis pour pouvoir réserver à l'avance, sinon tout sera pris . . . . 1 ☐
Vous cherchez le lieu idéal, sans omettre aucun détail . . . . 3 ☐

Additionnez vos points :

Nombre de 1 :	x 1 =
Nombre de 2 :	x 2 =
Nombre de 3 :	x 3 =
Nombre de 4 :	x 4 =
	Total =

Décryptage

Vous avez entre 12 et 21 points

Votre vie vous semble déjà écrite

Vous faites apparemment partie de ceux qui pensent que le destin est déjà écrit. Alors, quand il vous faut prendre une décision, vous n'êtes pas à l'aise. Soit vous hésitez longuement, soit vous demandez de l'aide, car vous considérez que vos proches sont plus compétents que vous pour résoudre vos problèmes. Puis quand tout va mal, vous avez tendance à en rejeter la faute sur eux. Il vous arrive ainsi de vous mettre en colère et d'en vouloir à la terre entière.

De telles convictions incitent parfois à aller consulter voyantes et astrologues. Et si jamais on vous annonce une catastrophe, vous vous y préparez en vous angoissant, ce qui vous empêche de vivre les bonheurs présents…

D'où provient cette attitude ? A-t-on décidé à votre place lorsque vous étiez enfant ? Avez-vous subi une forte autorité ? Ou bien vous a-t-on trop critiqué ?

Suggestions

Il semble que ce soient les autres qui forgent votre vie. À force de les écouter, vous ne vous entendez plus beaucoup. Et vos convictions risquent de vous enfermer dans un rôle de victime. Travaillez à rehausser votre assurance, c'est le seul moyen de vous autoriser à influer sur votre existence. En modifiant vos croyances fatalistes, vous vivrez vos désirs sans attendre les avis extérieurs…

La lecture d'ouvrages spécialisés ou de magazines comme *Psychologies* vous invitera certainement à cultiver vos ressources intérieures, mais pour aller plus loin, vous pouvez aussi vous tourner vers un professionnel du développement personnel ou un psychothérapeute !

Vous avez entre 22 et 28 points

C'est le hasard qui écrit votre vie

Être acteur de votre vie n'est pas votre préoccupation majeure. Vous jugez préférable de vous laisser porter par les événements. Quand il vous arrive des moments heureux, vous profitez de ces instants de grâce. Et lorsque des catastrophes vous tombent dessus, vous patientez en espérant des jours meilleurs. Votre attitude s'explique sans doute par votre représentation du futur : vous imaginez systématiquement l'avenir en noir.

Ainsi pensez-vous : « Je ne serai pas déçu. » Il est possible que vous ayez peur d'échouer. Ou bien peut-être que, enfant, on vous a fait croire que les idéaux étaient inaccessibles, que vous ne pourriez jamais réaliser vos rêves…

Suggestions

À trop vous laisser ballotter au gré du hasard, vous risquez de n'avoir aucune prise sur les événements de votre existence. Et votre crainte du futur vous empêche de vivre sereinement… Faites le bilan des actions que vous avez menées ces derniers mois : notez ce qui n'est pas dû au hasard. Cet inventaire vous surprendra.

Puis envisagez des petites réalisations qui vous feraient plaisir. En menant à bien ces projets, vous pourrez anticiper les choses et devenir plus actif dans votre destinée.

Vous avez entre 29 et 35 points

La vie s'écrit à force de volonté

Vous ne doutez pas de vos capacités à créer votre destin, et vous êtes d'ailleurs très actif : vous planifiez et vous croyez en vos projets, que vous portez avec ardeur. Selon vous, le hasard n'existe pas : tout est question de volonté. Il suffit d'avoir confiance en soi et de le vouloir. Votre comportement prouve une belle assurance et vous avez sans doute des facilités pour diriger une équipe ou imposer des décisions.

Au sein de votre famille, il est possible que l'on ait beaucoup compté sur vous, que l'on vous ait beaucoup valorisé. Alors vous vous sentez responsable de tout ce qui se passe autour de vous. Ou bien au contraire, des parents laxistes vous ont peut-être obligé à tout prendre en charge.

Suggestions

Attention à ne pas vous enfermer dans un futur trop bien construit. À force de sculpter votre avenir, vous manquez parfois de spontanéité. Il vous serait sans doute profitable d'être davantage à l'écoute des autres. Ils vous conduiront à planifier des situations nouvelles, plus inattendues…

Et puis vous oubliez parfois de vivre le moment présent. Alors tentez de relâcher la pression grâce à des exercices de relaxation qui vous aideront à déstresser et à savourer l'instant présent.

Vous avez entre 36 et 48 points

Vous écoutez les signes du destin

Vous jouez un rôle important dans votre vie et vous le savez. Ce n'est pas la raison et les calculs qui guident vos choix, c'est votre cœur. Vous êtes sans doute doté d'un grand sens de l'introspection, car vous êtes très à l'écoute de vos désirs profonds. Vous pensez que la vie vous offre des signes pour vous guider, mais vous n'êtes pas pour autant fataliste.

Lorsque vous sentez le moment opportun, vous foncez en pensant que vous avez les capacités pour y arriver et que vous serez porté par la magie du moment. Vous imaginez que vos efforts seront toujours récompensés. Vous semblez être une personne en phase avec vos envies et votre entourage.

Suggestions

Vous avez beaucoup d'intuition et vous mettez à profit tous les signes extérieurs pour construire votre avenir. Mais prenez garde de ne pas seulement écouter ce que vous désirez. Il est possible que vous évitiez, consciemment ou non, d'« entendre » des signaux qui vous dérangent.

Alors, si vous trouvez que vous tournez en rond dans votre quotidien, essayez de vous ouvrir à d'autres interprétations, points de vue, horizons…

Comment réagissez-vous face à l'échec ?

Mauvaises notes, revers professionnels, amitiés trahies, déboires sentimentaux, notre vie est ponctuée par des ratages – plus ou moins pénibles – qui arrivent sans crier gare. Pas toujours prévisibles, ces épreuves peuvent nous déstabiliser ponctuellement, mais aussi nous décourager ou au contraire nous stimuler pour la suite. Alors, face à ces aléas, chacun possède sa parade. Et vous, comment réagissez-vous lors de situations d'échecs ?

Vous recevez une réponse négative à un poste convoité. Vous pensez :

Ça arrive à tout le monde ! . . . . 3 ☐
Ce n'était donc pas ce qu'il me fallait. . . . . 4 ☐
Ils ont dû choisir un pistonné . . . . 2 ☐
Je n'ai pas été à la hauteur . . . . 1 ☐

Imaginez les symboles des épreuves sur votre route :

Des fouets qui claquent . . . . 2 ☐
Des orties . . . . 1 ☐
Des ressorts . . . . 4 ☐
Des rochers empilés sur le côté . . . . 3 ☐

On vient de vous livrer un énorme paquet. Vous pensez :

C'est sûrement un cadeau somptueux ! . . . . 3 ☐
C'est sûrement une erreur . . . . 1 ☐
Ce doit être des paquets gigognes, et le dernier est vide . . . . 2 ☐
Qui me fait cette belle surprise ? . . . . 4 ☐

Vous partez pour Marrakech. Mais dans le taxi, vous :

- Avez peur d'avoir oublié votre billet . . . . 1 ☐
- Redoutez une grève des pilotes . . . . 2 ☐
- Rêvez que vous volez vers l'aventure . . . . 4 ☐
- Vérifiez que vous avez tous vos fax de réservation . . . . 3 ☐

Vous aviez proposé une soirée pizza, vos amis choisissent le café philo :

- Pourtant vous aviez déjà tout acheté ! . . . . 3 ☐
- Vous approuvez. Une pizza party n'était pas une bonne idée . . . . . 1 ☐
- Vous êtes ravi, enfin un peu de culture ! . . . . 4 ☐
- Vous vous attendez à une soirée mortelle . . . . 2 ☐

Votre meilleure amie déballe le vase japonais que vous lui avez offert. Il est légèrement ébréché :

- Vous êtes rouge de honte . . . . 1 ☐
- Vous faites remarquer que c'est une pièce unique, marquée du sceau de l'amitié (même ébréchée, elle ne s'ébranle pas) . . . . 4 ☐
- Vous filez insulter la vendeuse . . . . 2 ☐
- Vous ne dites rien : la fêlure est presque invisible . . . . 3 ☐

Vous attendez vos langoustines, mais le serveur vous sert un koulibiac de saumon. Vous pensez :

- Avoir confondu les numéros de plat . . . . 1 ☐
- Ça tombe bien je n'ai jamais goûté au koulibiac . . . . 4 ☐
- Peu importe : vous ne vous rappelez plus de votre commande . . . . . 3 ☐
- Que le serveur a mal noté votre commande . . . . 2 ☐

À votre réveil, une flaque d'eau vous nargue au milieu de votre salon. Après avoir épongé, vous :

- Allez dans la cuisine pour prendre votre café . . . . 3 ☐
- Descendez vous excuser auprès de votre voisin du dessous . . . . . . 1 ☐
- Montez insulter votre voisin du dessus . . . . 2 ☐
- Pensez « De toute façon, il fallait que je nettoie le parquet » . . . . 4 ☐

Vous attendez au bar l'élu de votre cœur qui a une heure de retard :

Il n'a peut-être plus envie de me voir . . . . 1 ☐
Il ne va pas tarder... . . . . 3 ☐
Vous en profitez pour terminer votre journal . . . . 4 ☐
Vous fulminez : encore en retard ! . . . . 2 ☐

Vous souhaitez acheter une maison :

Vous demandez à votre conjoint de visiter en éclaireur . . . . 1 ☐
Vous imaginez que c'est la maison qui vous choisira . . . . 4 ☐
Vous programmez dix visites par semaine pendant six mois . . . . 3 ☐
Vous vous documentez pour ne pas vous faire avoir . . . . 2 ☐

Additionnez vos points :

Nombre de 1 :	x 1 =
Nombre de 2 :	x 2 =
Nombre de 3 :	x 3 =
Nombre de 4 :	x 4 =
	Total =

Décryptage

Vous avez entre 10 et 16 points

« *C'est ma faute* »

Les échecs vous rendent particulièrement morose pour deux raisons. Premièrement, vous considérez que vous en récoltez un peu plus que la moyenne. Deuxièmement, vous avez le sentiment d'être un peu trop souvent l'auteur de ces fiascos. Cette attitude dénote de votre part une grande aptitude à l'autocritique. Vous analysez chaque situation en pointant particulièrement votre part de responsabilité. Mais ce comportement risque de vous enraciner dans la culpabilité si vous pensez que tout ce qui vous arrive est toujours de votre faute. Ce sentiment peut vous conduire à hésiter longuement avant de prendre une décision et à préférer cultiver l'art de l'inaction en pensant « Moins j'en fais, moins d'échecs je récolterai ». Vous risquez également d'être tenté d'abandonner un projet avant son aboutissement et programmer ainsi vos futures défaites. Car, même quand tout semble aller bien, vous avez parfois peur que tout tourne mal. Une petite voix vous souffle : « Tu n'y arriveras pas. » Votre inconscient aurait-il enregistré cette rengaine pendant votre enfance? Votre entourage doutait peut-être de votre habileté à réussir? Dans ce cas, le succès est rejeté car il s'oppose au jugement parental. Servez-vous de votre sens aigu de l'introspection pour sonder les sources de votre culpabilité. En vous sentant digne de réussir, vous pourrez ainsi déchiffrer les raisons des échecs programmés jusqu'alors.

Vous avez entre 17 et 23 points

« *C'est à cause des autres* »

Vos échecs ? La faute en revient souvent aux autres (votre patron, votre conjoint, vos amis, etc.). Vous vous sentez victime de l'incompétence des gens qui vous entourent. Vous considérez même parfois qu'on vous met délibérément les bâtons dans les roues. Aussi, à chaque instant, vous prévoyez le pire et anticipez les actions négatives de chacun. C'est un mécanisme de défense efficace puisqu'il vous protège des souffrances d'un éventuel échec. Mais à trop rejeter la faute sur les autres, vous risquez de développer une colère contre ces empêcheurs de tourner en rond. En outre, cette attitude vous empêche d'estimer votre participation active aux événements de votre existence. Ce sentiment peut trouver sa source dans l'enfance : vous avez pu vous sentir mal aimé, à tort ou à raison. Dès lors, peines et déboires sont liés au rejet dont vous vous sentez trop souvent l'objet. Essayez de ne plus stigmatiser les autres et leur responsabilité dans vos échecs. Au contraire, remerciez-les car ils sont sources de transformation. En effet, quand la chance nous sourit trop souvent, nous sommes tentés de garder le même comportement. Le risque, c'est de reproduire toujours les mêmes attitudes et d'en devenir prisonnier. Vous, au contraire, vous avez toute latitude pour vous interroger et amender vos anciennes conduites. En reconnaissant votre part d'erreurs, vous créerez une nouvelle vision de l'échec. Vous bénéficierez de relations plus positives au quotidien et y gagnerez en sérénité.

Vous avez entre 24 et 31 points

« *L'Échec ? Connais pas* »

Pour vous, l'échec est un événement comme un autre. Vous en avez subi, peut-être, mais pas plus que d'autres, pensez-vous. En vérité, vous n'aimez pas vous appesantir sur les défaites passées. Peut-être ne souhaitez-vous pas les voir et préférez-vous les rejeter, ou les nier ? Creuser les raisons de vos échecs vous est-il difficile ? Vous pressentez qu'un échec peut en raviver un autre, voire plusieurs et plus enfouis, plus douloureux. Sans doute gagneriez-vous à écouter cette peine-là. Mais vous préférez vous arrêter sur vos succès. Voire les anticiper. Ce qui assouvit votre désir de tout maîtriser. Peut-être avez-vous été programmé à réussir ? Mais par qui ? Une demande de performance trop pesante dans la petite enfance peut être à la source de ce comportement. Si tel est votre cas, vous pensez que les autres

ne vous apprécieront que si vous réussissez. En cas d'échec, vous perdez leur amour. Nier vos défaites vous permet donc une souffrance moins vive. Mais une vie s'accomplit pleinement grâce à tous les événements qui la jalonnent. Y compris les échecs. Ils sont d'ailleurs sources d'enseignement. Aussi faut-il en premier lieu les reconnaître, les saluer puis les questionner. Alors ils pourront vous montrer de nouvelles voies à suivre.

Vous avez entre 32 et 40 points

« *Transformons l'échec en opportunité !* »

Vous n'avez aucunement peur de l'échec. Au contraire, vous lui faites face. Vous l'affrontez. Comme un rival que l'on respecte. Car vous pressentez que tout événement, aussi douloureux soit-il, a sa raison d'être. Vous exploitez chaque petit grain de sable incrusté dans les rouages de votre vie. Vous les utilisez pour vous interroger et vous remettre en question. Car vous cherchez toujours les raisons de vos échecs, et en appelez à votre part de responsabilité, sans pour autant vous sentir « en faute ». Lorsque d'autres sont à l'origine de vos défaites, vous tentez d'en comprendre le sens sans leur en tenir rigueur. Pour vous, tout est signe et vous vous délectez à décortiquer les situations les plus complexes. Attention cependant à ne pas surestimer les échecs et que votre passion ne vire pas à l'obsession ! Traquer les aléas, c'est bien. En voir partout, c'est dangereux ! Toutefois votre sens de l'analyse et de l'anticipation vous permet un optimisme que beaucoup vous envient. En effet, à chaque creux de vague, vous faites une halte, tentez de mieux saisir le pourquoi de ce vide et rebondissez avec optimisme pour finalement mieux appréhender les prochains événements. Votre projet est rejeté ? Vous pensez que le prochain sera encore meilleur. On vous quitte ? C'est qu'un grand amour vous attend autre part… Bref, vous transmutez la lourdeur du choc en un nouveau souffle de vie. Vous êtes l'alchimiste de l'échec !

Sur quoi repose votre courage ?

Face au danger, à la souffrance, à l'adversité, quelle est votre réaction ? Êtes-vous plutôt dans l'impulsion, la réflexion, l'hésitation ? Peut-être avez-vous tendance à vous juger plus craintif que vous n'êtes en réalité, à douter de votre force intérieure. Ou alors vous surestimez votre capacité de résistance. D'une manière générale, le plus courageux n'est pas forcément celui que l'on croit… Aussi, pour déceler et comprendre sur quoi reposent votre audace et ténacité, répondez aux questions suivantes.

Le courage, c'est :

Dominer ses peurs . . . . ● ☐
Faire ce qui est juste . . . . ★ ☐
Ne pas trop réfléchir . . . . ▲ ☐

Une nuit, vous entendez des bruits bizarres dans la maison. Votre réaction :

« Je m'assieds dans mon lit, j'écoute pour comprendre d'où vient ce bruit. En général, ce n'est rien… » . . . . ★ ☐
« Je me lève d'un bond, j'allume et je vais voir. » . . . . ▲ ☐
« Je resterais bien dans mon lit. Mais ce serait mieux d'y aller. D'un autre côté, s'il y a vraiment quelqu'un, mieux vaut faire semblant de dormir. Du moins si c'est un cambrioleur. Parce que sinon… Bon, je vais me lever tout doucement… » . . . . ● ☐

Résister à la tentation (de trop manger, boire, dépenser, regarder la télé…), c'est aussi du courage. Vous ne cédez pas :

Avec difficulté : « J'ai du mal à contrôler mes impulsions. » . . . . ▲ ☐

Par culpabilité : « Je me sens trop nul ensuite. » . . . . ● □
Par lucidité : « C'est trop bête. » . . . . ★ □

Vous assistez à une injustice. Quelle est votre attitude ?

Vous bondissez au secours de la victime.
D'abord on stoppe l'injustice, après on discute . . . . ▲ □
Vous hésitez. Par peur, prudence ou clairvoyance,
vous avez toujours un petit retard à l'allumage
avant d'y aller . . . . ● □
Vous observez bien la situation, pour comprendre
ce qui se passe, puis vous intervenez fermement . . . . ★ □

Il faut du courage pour reconnaître ses torts :

C'est très dur, il faut d'abord que vous vous calmiez . . . . ▲ □
Intérieurement, vous admettez volontiers vos torts.
Mais vous craignez qu'on en profite pour vous enfoncer . . . . . . ● □
Vous y arrivez assez facilement. Vous préférez être honnête
et imparfait qu'avoir raison à tout prix . . . . ★ □

Lorsque vous faites preuve de courage, c'est plutôt :

Par effort : « Je dois le faire, sinon je suis minable. » . . . . ● □
Par raison : « C'est ce choix que je dois faire. » . . . . ★ □
Par réflexe : « Je ne me voyais pas faire autre chose. » . . . . ▲ □

Êtes-vous un modèle pour les autres ?

Jamais, vous avez plutôt tendance à suivre le mouvement . . . . ● □
Rarement, vous vous retrouvez souvent seul au front . . . . ▲ □
Vous l'avez été à diverses reprises, sans forcément le chercher . . . . ★ □

Vous avez fait le pari stupide de sauter du plongeoir de dix mètres, et tout le monde vous regarde. Vous vous dites :

« Allez, hop, c'est juste trois secondes de trouille,
je prends mon élan et on n'en parle plus… » . . . . ▲ □
« Jamais plus ! Mais je ne peux pas me ridiculiser.
Je fais ma prière, je ferme les yeux, adieu la vie… » . . . . ● □

«Je ferai ce que j'ai dit. Si ce plongeoir est ouvert à tout le monde, c'est qu'il n'est pas mortel...» . . . . ★ ☐

Quelle serait votre devise ?

«Avant que de se jeter dans le péril, il faut le prévoir et le craindre ; mais quand on y est, il ne reste plus qu'à le mépriser» (Fénelon) . . . . ★ ☐

«N'écoutant que mon courage, qui ne me disait rien, je me gardai d'intervenir» (Jules Renard) . . . . ● ☐

«On ne peut répondre de son courage quand on n'a jamais été dans le péril» (La Rochefoucauld) . . . . ▲ ☐

Après vous être comporté de manière courageuse :

Vous êtes en règle avec vous-même . . . . ★ ☐

Vous reconnaissez que cela vous a parfois attiré quelques ennuis . . . . ▲ ☐

Vous vous sentez le plus souvent soulagé et fier . . . . ● ☐

Vous devez annoncer une mauvaise nouvelle (rupture sentimentale, refus, etc.) à quelqu'un :

Vous détestez ça, cela vous empêche de dormir plusieurs jours à l'avance . . . . ● ☐

Vous le dites le plus rapidement et le plus franchement possible . . . . ▲ ☐

Vous réfléchissez longuement à la meilleure manière de l'exprimer . . . . ★ ☐

Dans une salle, cinq cents personnes attendent votre discours. Pour vous rassurer dans l'heure qui précède :

Vous faites les cent pas pour penser à autre chose. . . . . ▲ ☐

Vous reprenez et révisez vos notes . . . . ★ ☐

Vous vous répétez inlassablement : «Ça va aller, ça va aller, ça va aller...» . . . . ● ☐

Décompte des points

Nombre de ▲ :
Nombre de ● :
Nombre de ★ :
Total : 12

Décryptage

Si vous avez une majorité de ★

Le courage par réflexion : faire ce qui est juste

C'est pour vous une question de principe et d'idéaux : le courage, c'est de réfléchir puis d'agir, même si on a peur, même si ce n'est pas facile, même si cela doit attirer des ennuis. « Je dois le faire, alors je le fais. » Mais ce n'est pas une vertu, ni une qualité. C'est un outil : il existe des criminels et des escrocs courageux. Tout dépend au service de quoi est mis le courage. Pour vous, c'est avant tout s'opposer à l'injustice (secourir les faibles face aux forts), faire son devoir (être fidèle à ses engagements et à ses promesses), se comporter de manière respectueuse (être franc et le moins blessant possible), s'attacher à la vérité plus qu'au confort (oser dire ce qui dérange). Bref, faire preuve de courage, c'est beaucoup de vigilance et d'efforts. Pas grand-chose de spontané là-dedans.

Vous n'êtes pas né courageux, mais vous avez le sentiment d'avoir appris à le devenir. Et c'est maintenant une règle de vie et un cap que vous vous efforcez de suivre. Votre courage coexiste avec de la prudence : vous ne refusez pas d'affronter les problèmes, mais vous voulez choisir quand et comment le faire. Tout le contraire de la témérité ou de l'aveuglement. Lorsque vous vous sentez la force d'intervenir, c'est de manière calme. Vous expliquez, négociez, et ne vous battez qu'en dernier ressort. Pas de rage, juste du courage…

Un défaut à votre cuirasse ? Peut-être celui de vouloir donner des leçons : vous aimeriez bien que tout le monde se comporte de manière courageuse. Et le risque de juger trop vite les autres lorsqu'ils vous semblent faire preuve de lâcheté. Mais vous avez tant de qualités ! Votre courage altruiste aide à faire changer le monde. Et il est d'autant plus admirable qu'il n'est pas une absence de peur, mais la décision que ce n'est pas celle-ci qui doit conduire votre vie.

Si vous avez une majorité de ▲

Le courage dans l'impulsion : suivre ce que l'on ressent

Vous n'« agissez » pas courageusement, vous « êtes » courageux ! C'est plus fort que vous, votre courage vous mène. Parfois aux ennuis, d'ailleurs : vous parlez, agissez et réagissez au quart de tour pour défendre vos intérêts ou ceux des autres, ou même tout simplement ce qui vous paraît être la vérité. Vous marchez à l'émotion et à l'intuition, et vous ne vous encombrez pas de longues réflexions du style : « J'y vais ou j'y vais pas ? » Les mots sont déjà lancés, les actes déjà enclenchés, et vous n'avez plus qu'à suivre. Puis parfois à contempler et à réparer les dégâts…

Car il existe un inconvénient à votre style de courage : vous intervenez souvent sous l'emprise de la colère. Même si elle est légitime, cela peut vous attirer des ennuis et ne pas forcément vous aider à résoudre la situation (dire courageusement ses quatre vérités à quelqu'un ne le pousse pas toujours à se remettre en question). Vous pouvez donc être perçu comme une personne injuste, impulsive, abusive. Votre embrasement émotionnel peut aussi vous rendre sourd et aveugle aux arguments et au bon droit de vos interlocuteurs, que vous ne voyez alors plus que comme des adversaires.

Mais le grand avantage, la grande vertu, c'est qu'il n'y a rien de calculé dans votre courage, qui est celui de la sincérité et de la spontanéité. C'est pourquoi on vous pardonne en général vos dérapages. Et on admire souvent vos « sorties » les plus mémorables.

Si vous avez une majorité de ●

Le courage après hésitation : agir malgré la peur

Vous ne vous sentez pas courageux. Pas du tout. Mais vous savez l'être quand il le faut. Parce que l'on ne peut tout de même pas tout accepter, tout laisser faire, tout laisser dire. Mais quels efforts pour surmonter vos peurs, votre souci de ne pas blesser et d'éviter les conflits, quel déchirement pour abandonner vos rêves d'harmonie et de tranquillité ! Vous montez au front parce qu'il le faut bien, mais en soupirant.

Et aussi parce que vous savez que si vous ne le faites pas, vous allez vous en vouloir, vous allez avoir honte de vous. Vous préférez finalement affronter le danger plutôt que la culpabilité.

Vous êtes parfois en colère contre ceux qui se sont mis dans le pétrin devant vous : vous voilà obligé de leur porter secours ! Alors que vous ne vous sentez pas du tout l'étoffe d'un héros ni d'un redresseur de torts ; vous auriez tellement préféré être ailleurs, ne rien voir, ne rien entendre. Mais vous étiez là, alors il faut y aller…

Inconvénient : cela donne à votre courage un côté peu spontané. Et fatigant : il vous faut lutter contre vous-même avant de lutter contre l'adversité. Double combat… Un côté irrégulier et imprévisible aussi, qui peut déconcerter votre entourage : c'est l'audace des timides, ou la colère des calmes. Et une tendance au démarrage tardif, un courage à retardement : il vous faut le temps de puiser dans vos réserves, de renoncer à votre tranquillité de témoin impassible. Parfois, vous arrivez trop tard, après la bataille.

Mais à bien y regarder, dans la galerie des actes courageux, ce sont les vôtres les plus méritants. Car c'est vous qui ressentez les plus grandes peurs, vous qui avez la conscience la plus claire du danger, la vision la plus nette des ennuis que va vous attirer votre courage (la dent cassée pour avoir secouru cette dame agressée, les ressentiments de votre supérieur pour lui avoir dit qu'il se trompait, etc.). Malgré cela, vous avez agi ! Comme Flaubert, qui écrivait : « Du courage, je n'en ai guère. Mais j'agis comme si j'en avais. Ce qui revient peut-être au même. »

Quelle force est en vous ?

« Que la force soit avec toi ! » dit la légende. Y croyez-vous ? Rien n'est moins sûr… car si nous possédons tous de grandes ressources, nous ne savons pas toujours les reconnaître. Parfois, celles-ci nous effrayent même dans la mesure où nous ignorons comment les accueillir et les canaliser. Pourtant certains vivent en harmonie avec leur force intérieure et évitent de la confondre avec de la violence ou une certaine soif de vaincre. Si vous souhaitez découvrir vos ressources cachées, et les valoriser en toute sérénité, répondez aux questions suivantes.

Votre patron vous annonce que la société va fermer pour cause de faillite :

Vous appelez plusieurs de vos proches pour en parler . . . . 1 ☐
Vous foncez sur votre carnet de contacts professionnels . . . . 2 ☐
Vous profitez de l'occasion pour faire le point sur vos désirs professionnels . . . . 3 ☐
Vous vous renseignez sur vos droits. . . . . 4 ☐

Vous êtes depuis quelque temps en proie à des crises d'angoisse :

Vous attendez que ça passe . . . . 2 ☐
Vous demandez de l'aide à un psychothérapeute . . . . 3 ☐
Vous essayez d'avoir sans cesse quelqu'un à vos côtés . . . . 1 ☐
Vous faites tout pour les contrôler . . . . 4 ☐

Vous recevez votre bilan de santé et, votre taux de globules blancs étant anormalement élevé, votre médecin souhaite faire des analyses complémentaires :

Vous consultez une encyclopédie médicale . . . . 4 ☐
Vous prenez rendez-vous pour les nouvelles analyses . . . . 3 ☐
Vous soupçonnez votre médecin de vouloir enrichir les labos ! . . . . . 2 ☐
Vous vous voyez déjà hospitalisé . . . . 1 ☐

L'animal qui incarne le mieux votre « enfant intérieur » :

Un chaton rêveur . . . . 4 ☐
Un chiot enthousiaste . . . . 3 ☐
Un lionceau rebelle . . . . 2 ☐
Un oisillon fragile . . . . 1 ☐

Vous êtes témoin d'un grave accident sur l'autoroute :

Vous appelez les secours et regardez ce que vous pouvez faire en les attendant . . . . 3 ☐
Vous portez immédiatement secours aux blessés . . . . 2 ☐
Vous restez à l'écart et laissez agir les autres . . . . 4 ☐
Vous restez figé au volant de votre voiture . . . . 1 ☐

Lorsque vous imaginez votre force, elle vous évoque :

Le film *La Guerre des étoiles* . . . . 1 ☐
Un torrent tumultueux qui gronde . . . . 2 ☐
Une énergie à la fois paisible et puissante . . . . 3 ☐
Une tour solide, inébranlable. . . . . 4 ☐

Vous venez de rendre un travail dont vous êtes assez fier ! Malheureusement, votre chef le dévalorise…

Vous avez l'impression d'être nul . . . . 1 ☐
Vous défendez point par point votre travail. . . . . 3 ☐
Vous lui en voulez . . . . 2 ☐
Vous tentez de vous ajuster à sa vision des choses. . . . . 4 ☐

Un sport qui vous tenterait :

- L'aïkido . . . . . 3 ☐
- Le parachutisme . . . . . 2 ☐
- Le tir à l'arc . . . . . 4 ☐
- Le volley . . . . . 1 ☐

Lors d'un dîner au restaurant, votre partenaire vous annonce qu'il veut vous quitter, votre réaction :

- « Eh bien, va-t'en ! » . . . . . 2 ☐
- « Je t'en prie, ne me laisse pas » . . . . . 1 ☐
- « Je te promets que je vais changer » . . . . . 4 ☐
- « Pourquoi ? » . . . . . 3 ☐

À l'issue d'une marche en montagne, vous voici au sommet :

- « Enfin au calme ! » . . . . . 4 ☐
- « J'y suis arrivé ! » . . . . . 1 ☐
- « Que c'est beau ! » . . . . . 3 ☐
- « Que c'est bon d'être si haut ! » . . . . . 2 ☐

Additionnez vos points :

Nombre de 1 :	x 1 =
Nombre de 2 :	x 2 =
Nombre de 3 :	x 3 =
Nombre de 4 :	x 4 =
	Total =

Décryptage

Vous avez entre 10 et 17 points

Une force méconnue

Vous semblez avoir du mal à reconnaître une force en vous… Vous avancez au gré du vent, spectateur des événements de votre vie. Vous avez du mal à sentir en vous-même une source d'énergie fiable qui pourrait vous aider. Aussi, les moindres obstacles et difficultés vous ébranlent et engendrent un sentiment d'insécurité. Votre réaction est alors de chercher de l'aide auprès des autres. Attitude positive en soi, mais qui devient pénalisante si elle est systématique. Car, pour vous, la stabilité intérieure ne peut venir… que de l'extérieur. Pourtant, vous avez bien votre part de force : celle-là même qui vous a fait avancer jusqu'ici malgré un parcours peut-être chaotique ou difficile. Prenez le temps de découvrir cette partie de vous qui a confiance, qui souhaite aller de l'avant. Vous aussi, vous possédez ce cadeau.

Vous avez entre 18 et 25 points

Une force combative

Vous possédez une force bien présente qui vous pousse farouchement en avant… Mais s'agit-il vraiment de force intérieure ? Pour vous, celle-ci semble en effet désigner une partie de l'être humain qui serait inébranlable et sur laquelle les autres n'auraient pas de prise. Elle permettrait de pouvoir affronter n'importe quelle difficulté sans ressentir la moindre peine ou déception… Une sorte de superpuissance infaillible. Mais gare au crash… Car votre comportement va souvent de pair avec un déni des émotions. Pour paraître fort, pensez-vous, il faut se montrer

imperturbable, éviter les signes extérieurs de faiblesse et ne jamais demander de l'aide. Vous semblez ainsi confondre force intérieure et soif de vaincre. Essayez de baisser un peu la garde et de joindre à cette force brute un peu de tempérance. Vous comprendrez alors qu'être fort ne veut pas dire être infaillible. La force durable passe au contraire par la capacité d'accepter et de sublimer les événements de sa vie.

Vous avez entre 26 et 33 points

Une force solide

Vous disposez d'un puissant sentiment de solidité qui vous permet de cultiver en toute sérénité confiance en vous et en l'existence. Votre rapport à la force intérieure est ainsi en constante évolution. Lorsque les temps sont paisibles, vous en profitez pour « faire le plein ». Et lorsqu'un obstacle se dresse sur votre route, vous sollicitez votre énergie vitale grâce à votre capacité à prendre du recul et à ne pas perdre espoir. Vous pouvez ainsi intégrer de façon constructive les épreuves de la vie. D'une énergie extérieure perturbatrice, vous faites une énergie intérieure renforcée. Ce qui était censé vous ébranler devient alors une occasion de nourrir votre potentiel. Ayant compris que la force intérieure était la meilleure alliée dans l'existence, poursuivez donc sur ce chemin et veillez à toujours distiller de la créativité dans votre relation à vous-même…

Vous avez entre 34 et 40 points

Une force timide

Vous avez un sentiment de force intérieure qui semble parfois un peu hésitant, un peu timide… Vous ressentez une sorte de solidité, d'énergie. Seulement, vous n'en avez conscience qu'une fois le ciel de votre vie dégagé. S'il s'assombrit, vous perdez le fil et ne retrouvez plus le chemin. Votre stabilité s'en trouve alors perturbée. Face à la montée d'émotions et de peurs provoquées par l'arrivée d'une difficulté, vous réagissez alors souvent en deux temps. Tout d'abord, vous avez tendance à vous perdre dans l'émotion : une colère qui s'accroît, des pleurs qui perdurent… Puis, pour tenir malgré tout, vous vous cramponnez de toutes vos forces à ce que vous pensez être votre seule bouée de sauvetage : votre carapace. Réticent à demander de l'aide et à vous laisser porter par les événements, vous avez tendance à vous crisper. Votre seul but à court terme : maîtriser vos affects. Aussi, essayez d'avoir le réflexe de vous recentrer et de vous relier à votre énergie lorsque les difficultés arrivent. Ne laissez plus la peur vous envahir et casser la belle unité que vous aviez réussi à créer entre deux tempêtes. Travaillez à la continuité de ce lien afin de ne plus perdre le contact…

Savez-vous utiliser vos atouts ?

Entretien d'embauche, présentation de dossier, déjeuner important…

Nous sommes régulièrement confrontés à des situations dans lesquelles nous avons à nous mettre en valeur. Mais par timidité, manque de confiance ou encore ignorance de nos qualités particulières, nous avons souvent du mal à mettre en avant nos richesses personnelles.

Qu'en est-il de vous ? Savez-vous vraiment vous mettre en valeur ? Utilisez-vous au mieux vos atouts, c'est-à-dire ni dans le trop, ni dans le trop peu ?

Étudiant, lors des épreuves orales, vous aviez tendance à :

- Essayer d'exprimer au mieux vos idées . . . . 2 ☐
- Faire de gros efforts pour parler de façon audible . . . . 3 ☐
- Jouer le parfait petit élève . . . . 1 ☐
- Sous-entendre la banalité du sujet. . . . . 4 ☐

On vous fait une remarque désobligeante. Vous :

- Laissez à cet imbécile l'illusion qu'il vous a vexé . . . . 4 ☐
- Piquez un fard et fixez le bout de vos chaussures . . . . 3 ☐
- Relativisez : la personne ne vous connaît pas vraiment . . . . 1 ☐
- Tournez la chose en dérision . . . . 2 ☐

Vous êtes convié à une soirée où de nombreux célibataires seront présents. Vous :

- Cherchez la tenue la plus passe-partout. . . . . 3 ☐
- Prenez ce qui vous tombe sous la main . . . . 4 ☐

Sortez de votre garde-robe de quoi éblouir tout le monde . . . . 1 ☐
Vous préparez avec soin, pour une fois . . . . 2 ☐

Entretien d'embauche. On vous demande vos défauts. Vous :

Demandez l'intérêt de la question vu que tous les candidats peuvent mentir . . . . 4 ☐
En dites un ou deux, en toute sincérité . . . . 2 ☐
Répondez en avoir quelques-uns que vous tâchez de transformer en qualités . . . . 1 ☐
Vous dites que c'est très mauvais signe . . . . 3 ☐

Un charmant collègue vous fait comprendre que vous lui plaisez. Vous :

Attendez que votre collègue se manifeste davantage . . . . 4 ☐
Commencez à lui faire des sous-entendus . . . . 1 ☐
Faites de nombreux détours pour passer devant son bureau . . . . . . 2 ☐
Longez les murs pour éviter de vous retrouver nez à nez avec votre collègue . . . . 3 ☐

Vous pensez que les gens voient de vous :

Ce qu'ils se donnent la peine de voir . . . . 4 ☐
Ce que vous êtes, à peu près . . . . 2 ☐
Ce que vous leur donnez à voir . . . . 1 ☐
Ce qui vous échappe . . . . 3 ☐

Vous trouvez que la vie en société ressemble à :

Un grand bal costumé . . . . 1 ☐
Un parcours aventure . . . . 2 ☐
Une jungle effrayante . . . . 3 ☐
Une loterie nationale . . . . 4 ☐

Vous vous regardez dans la glace. Vous vous trouvez plutôt :

Coincé . . . . 3 ☐
Correct . . . . 4 ☐

Naturel . . . . 2 ☐
Quelconque . . . . 1 ☐

Vous enviez parfois ceux qui :

Dégagent une forte chaleur humaine. . . . . 2 ☐
Disent sans détour ce qu'ils pensent . . . . 1 ☐
N'ont pas besoin de faire d'efforts pour être aimés . . . . 4 ☐
Osent se faire remarquer . . . . 3 ☐

Qu'est-ce qui vous donne le plus un sentiment de valeur ?

Quelqu'un qui vous adresse un regard admiratif . . . . 1 ☐
Un compliment que l'on vous fait . . . . 3 ☐
Un sourire sur le visage de votre interlocuteur . . . . 2 ☐
Une personne qui remarque une chose de vous qui d'ordinaire passe inaperçue . . . . 4 ☐

Additionnez vos points :

Nombre de 1 :	**x 1 =**
Nombre de 2 :	**x 2 =**
Nombre de 3 :	**x 3 =**
Nombre de 4 :	**x 4 =**
	Total =

Décryptage

Vous avez entre 10 et 18 points

Caméléon

Vous vous installez sur le devant de la scène avec beaucoup d'aisance et d'assurance. Votre technique principale pour être apprécié ? Être en toutes circonstances celui ou celle que l'on attend…

Quitte à en faire trop. En fait, vous avez toute une panoplie de personnages que vous sollicitez en fonction de la situation rencontrée et des impératifs qu'elle implique. Cette attitude vous permet tout d'abord de ne pas vous opposer aux autres, de leur ressembler ou en tout cas de leur donner l'impression que vous êtes dans leur camp : vous êtes un pro de l'hyper adaptation.

Mais cela ne correspond pas toujours à votre vrai visage. Vous risquez dès lors de vous enfermer dans un théâtre permanent, où votre seule réalité est celle des masques que vous endossez successivement. Peut-être dissimulez-vous ainsi une faible estime de vous-même. Avec en toile de fond cette inquiétude : « Si je ne suis que moi-même, personne ne s'attachera à moi. » Vous exposer tel quel vous fait peur : vous auriez l'impression d'être à nu, sans protection.

Aussi, essayez peu à peu de mettre en valeur votre vrai visage : prenez conscience de sa force, de sa beauté, de ses qualités. Être pleinement soi-même avec les autres permet de nouer des liens bien plus solides que vous ne semblez le croire.

Vous avez entre 19 et 24 points

Opportuniste

Vous avez conscience de vos atouts et n'hésitez pas à les mettre en avant le moment voulu. Pour atteindre un objectif (obtenir un poste par exemple), pour le plaisir de plaire ou encore par désir de partager et enrichir vos qualités avec d'autres.

Vous avez ainsi conscience de votre valeur personnelle, mais vous ne la révélez que si cela vous permet d'être au mieux avec les autres et avec vous-même. Même si vous succombez parfois à un accès de timidité, votre confiance en vous vous permet de réagir et de ne pas laisser passer une belle opportunité.

Vous dépassez vos doutes, et essayez alors de montrer le meilleur de vous-même. Ainsi, vous avez visiblement évolué dans un milieu qui vous a permis de découvrir vos richesses personnelles et, surtout, d'en être fier. On vous a appris à les cultiver et à les mettre à profit, sans tomber dans la vanité. C'est pourquoi vous avez tout intérêt à continuer dans ce sens ! Avec cette tempérance et cette bonne image de vous-même, la vie ne peut en effet que vous rendre votre sourire…

Vous avez entre 25 et 31 points

Profil bas

Vous êtes de ceux qui restent dans l'ombre et fuient les situations où ils se retrouveraient exposés aux regards des autres. Devenir le centre d'intérêt et, qui plus est, afficher vos talents vous effraie facilement. C'est pourquoi vous faites en sorte de vous fondre dans la masse.

Pourtant, comme tout le monde, vous adoreriez être de temps en temps remarqué, admiré, sollicité… Mais quelque chose vous en empêche. Pourquoi ? Il semble qu'une partie de vous considère qu'elle n'a pas le droit d'être à ce point aimée des autres. Attirer les regards, s'exposer, ou encore jouer de ses atouts sont des actes inconsciemment interdits.

Quelle est donc cette voix en vous qui ne vous autorise pas à jouir de votre valeur ? Qui vous a signifié que se mettre en avant était mal ? Ou bien serait-ce la culpabilité de réussir là où certains de vos proches ont échoué ? Efforcez-vous de laisser de côté timidité et culpabilité, et osez vous afficher de temps à autre ! Vous en apprendrez beaucoup sur vous-même. Vous découvrirez que se mettre en lumière, ce n'est pas forcément se brûler, c'est aussi découvrir de nouvelles couleurs à la vie.

Vous avez entre 32 et 40 points

Cachottier

Ce n'est pas à vous d'exhiber votre valeur : c'est aux autres de la deviner ! Vous n'aimez pas être celui ou celle qui cherche à attirer l'attention. Vous préférez voir si les autres viennent à vous sans que vous ayez à faire le moindre effort… Or cette attitude a tendance à alimenter une certaine forme de rancune : « Ils n'ont même pas la finesse de remarquer à quel point je suis génial ! »

Mais croyez-vous vraiment que les gens peuvent deviner qui vous êtes ? Qu'ils peuvent intuitivement percer les mystères de votre personnalité et mettre le doigt sur vos atouts, vos richesses ? En fait, vous semblez attendre de l'autre une attitude quasi magique : il se doit d'être la bonne fée bienveillante et compréhensive qui sait reconnaître en un coup d'œil l'élu !

Il est fort probable que vous soyez encore amer vis-à-vis de personnes dont vous cherchiez à être aimé et qui n'ont malheureusement pas fait l'effort d'aller vers vous. Mais il est temps de sortir de cette amertume, et de ne plus dépendre du bon vouloir des autres pour vous mettre en valeur… Aussi, faites le pas. Sortez de votre tour d'ivoire ! Vous verrez que les autres ne resteront pas longtemps insensibles à vos atouts !

Êtes-vous opportuniste ?

Tout au long de notre existence, des opportunités s'offrent à nous, que ce soit dans notre vie privée ou notre vie professionnelle : rencontres, hasards, coïncidences… Cependant, nous ne réagissons pas tous de la même manière. Certains saisissent les opportunités au vol et discernent pertinemment les situations qui leur seront les plus bénéfiques. D'autres, au contraire, laissent filer ces occasions d'évoluer et refusent ainsi d'obtenir plus de bonheur. Faites le point sur votre sens de l'opportunisme.

Au travail, le poste que vous convoitez se libère :

- C'est le moment d'utiliser mon don de persuasion ! . . . . 1 ☐
- Il est pour moi ! Je ferai tout pour l'avoir ! . . . . 2 ☐
- J'aimerais bien l'obtenir, mais ne rêvons pas ! . . . . 4 ☐
- J'espère qu'ils vont me le proposer ! . . . . 3 ☐

Au restaurant, votre actrice préférée est à la table à côté de la vôtre :

- Vous la saluez et échangez quelques mots . . . . 1 ☐
- Vous pensez « Tiens, elle aussi aime manger chinois » . . . . 3 ☐
- Vous restez ébaubi toute la soirée. . . . . 4 ☐
- Vous vous installez à sa table . . . . 2 ☐

Célibataire, vous partez à une soirée :

- Ça ne coûte rien d'espérer . . . . 3 ☐
- Je vais encore rentrer seul . . . . 4 ☐
- Opération séduction ! . . . . 1 ☐
- Si je m'ennuie, je file à une autre soirée . . . . 2 ☐

En discothèque, une charmante personne vous sourit :

Elle a dû me confondre avec quelqu'un d'autre. . . . . .4 ☐
Quel sourire ? Vous n'avez rien vu ! . . . . .3 ☐
Vous adressez un bref sourire et continuez de danser . . . . .1 ☐
Vous vous rapprochez et entamez la conversation . . . . .2 ☐

Les résultats du tirage au sort vont être révélés :

Vous angoissez : avez-vous bien glissé votre bulletin ? . . . . .2 ☐
Vous écoutez avec une grande attention . . . . .1 ☐
Vous enviez déjà l'heureux gagnant . . . . .4 ☐
Vous reviendrez plus tard pour lire la liste des gagnants . . . . .3 ☐

Les soldes sont annoncées :

La veille, vous tentez de profiter des vêtements déjà étiquetés . . . . .2 ☐
Rien ne presse : vous irez quand vous aurez un moment. . . . . .3 ☐
Vous faites les magasins dès le premier matin . . . . .1 ☐
Vous n'y allez pas : il n'y a jamais la bonne taille . . . . .4 ☐

Selon vous la chance, c'est comme :

Le monstre du Loch Ness : on l'imagine sans le voir. . . . . .3 ☐
Un guépard en cage : sauvage mais pouvant être dompté . . . . . . .2 ☐
Une gazelle agile : belle mais difficile à attraper . . . . .4 ☐
Une truite frétillante : on la capture avec de la patience . . . . .1 ☐

Vous avez perdu votre chat :

Vous collez des affichettes sur les murs de votre quartier . . . . .2 ☐
Vous espérez qu'il saura retrouver son chemin. . . . . .3 ☐
Vous pleurez déjà la perte de votre petit compagnon. . . . . .4 ☐
Vous téléphonez à la SPA . . . . .1 ☐

Vous rêvez que vous êtes dans un parc d'attractions :

Le directeur vous indique le manège qui vous est réservé . . . . .3 ☐
Vous avez peur que votre manège ne s'arrête jamais . . . . .2 ☐
Vous en profitez pour essayer tous les manèges . . . . .1 ☐
Vous restez à l'entrée du parc . . . . .4 ☐

Vous signez le contrat de votre nouvel appartement :

C'est tout à fait ce que je cherchais . . . . 1 ☐
C'est vraiment une affaire ! . . . . 2 ☐
Ce n'est pas grand, mais ça me suffit . . . . 4 ☐
Il faut bien dormir quelque part ! . . . . 3 ☐

Additionnez vos points :

Nombre de 1 :	x 1 =
Nombre de 2 :	x 2 =
Nombre de 3 :	x 3 =
Nombre de 4 :	x 4 =
	Total =

Décryptage

Vous avez entre 10 et 19 points

Ouvert à la chance

Vous n'avez aucune envie de traquer la chance, ni de la provoquer. Vous préférez attendre patiemment qu'elle surgisse. Ainsi, lorsqu'une opportunité se présente dans votre vie, vous la laissez rarement filer. Et si plusieurs alternatives se présentent en même temps, vous n'hésitez pas longtemps pour sélectionner celle qui vous semble la meilleure.

Vous devez être une personne déterminée aux prises de décisions rapides car vous discernez pertinemment les situations qui vous seront les plus bénéfiques. Cette aptitude provient sans doute de la parfaite connaissance que vous avez de vous-même et de vos désirs.

Elle est peut-être due aussi à votre ambition : vous avez clairement dessiné votre chemin de vie, et vous interceptez prestement toutes les situations qui concordent avec l'itinéraire que vous avez choisi. Attention toutefois à ne pas devenir exagérément rigide. Une trop grande maîtrise du futur vous empêcherait de vivre des expériences plus inattendues. N'hésitez pas à prendre parfois des chemins de traverse et ainsi vous laisser surprendre par la vie.

Vous avez entre 20 et 25 points

À l'affût de la chance

Saisir la chance ? C'est votre passe-temps favori ! Vous tentez de la dépister à tout moment. Dès qu'une occasion se présente, vous sautez dessus. Vous déployez une énergie incroyable pour aller débusquer la moindre opportunité. Votre entourage vous envie cette gymnastique intérieure qui vous permet d'avoir l'esprit toujours en éveil.

Cette recherche démesurée des aubaines ne réserve pourtant pas que des bonheurs. En effet, vous risquez par moments d'être assailli par l'angoissante sensation d'être passé à côté d'une formidable affaire. Si cette émotion vous est insupportable, posez-vous la question : pourquoi avez-vous si peur de manquer une occasion ? Craignez-vous de rater votre vie ? Qu'elle ne soit pas assez « remplie » ?

En effet, cette frénésie peut parfois cacher une véritable appréhension du futur. Le fait de vous projeter sans cesse dans l'avenir comble ce sentiment de vide. Si vous souffrez de cette fuite en avant, tentez justement de saisir votre chance et programmer votre bonheur… pour maintenant !

Établissez des plages de relaxation et apprenez à vous faire plaisir. Ces instants de sérénité vous permettront de vous reconnecter avec votre moi profond et de profiter des joies de l'instant présent.

Vous avez entre 26 et 31 points

Une chance discrète

Vous ne semblez pas faire souvent appel à la chance pour embellir votre futur. Vous n'aimez pas non plus les situations toutes programmées à l'avance, ni les plans de carrière. Sans doute préférez-vous laisser la vie orchestrer votre destinée. D'ailleurs vous songez parfois que les événements surviennent sans que l'on puisse rien y changer.

Cette philosophie vous permet de vivre paisiblement sans vous poser de question. Et lorsqu'une opportunité surgit, vous pensez le plus souvent : « Si ça marche tant mieux. Sinon tant pis. » Toutefois, par moments, votre entourage vous pointe les occasions que vous avez ratées. Vous imaginez alors qu'une décision plus impliquée de votre part aurait sans doute modifié le cours du destin.

Profitez de ces moments de doute pour changer votre façon d'envisager le monde. Déployez vos antennes et obligez-vous à débusquer les aubaines. Notez-les sur un cahier et associez ensuite les répercussions qu'elles pourraient avoir sur votre existence. Progressivement, vous trouverez du plaisir à ce petit jeu. Lorsque vous aurez acquis une plus grande confiance en vos capacités à faire des choix, vous pourrez alors saisir de nouvelles expériences de vie qui vous enrichiront.

Vous avez entre 32 et 40 points

Une chance reniée

Vous n'êtes pas dépourvu de chance et vous en êtes conscient. Mais vous ne profitez pas des aubaines qui peuvent surgir dans votre vie. Le plus souvent, vous les laissez filer. Parfois, vous semblez croire que cette chance qui arrive est sûrement pour quelqu'un d'autre. Vous allez même jusqu'à fuir les superbes occasions qui vous sont offertes. Vous vous en détournez en soupirant : « Ce serait trop beau. »

Si tel est votre cas, il serait bon de vous demander pourquoi vous refusez l'opportunité d'obtenir plus de bonheur. Peut-être pensez-vous ne pas en être assez digne. Il est possible que ce sentiment provienne d'une faible estime de soi. L'attitude de vos parents envers vos frère et sœur peut en être la cause. S'ils étaient plus gâtés que vous, par exemple.

Vous avez pu développer un sentiment d'infériorité. Depuis, vous imaginez que les autres ont droit à la réussite. Pas vous. Tentez de détailler puis d'abandonner vos pensées négatives. Ensuite, transmutez-les en un nouveau schéma plus positif. En changeant votre scénario de vie, vous vous apercevrez que la chance vous sourit à vous aussi.

Quel est votre rapport à l'argent ?

Il est le fer de lance de nos sociétés de consommation. Et pour certains l'étalon de leur vie. « L'argent est comme un sixième sens. Sans lui, on ne peut se servir des cinq autres », affirmait en ce sens l'écrivain William Somerset Maugham. Utile, nécessaire à tous, l'argent est cependant vécu différemment selon l'histoire familiale qu'on a eu, l'environnement socioculturel dans lequel on a grandi. Et vous, comment vous sentez-vous : économe, dépensier, angoissé ou décontracté ? Pour savoir quel rapport profond vous avez avec l'argent, répondez aux questions suivantes.

Quel personnage associez-vous à l'argent ?

Aristote Onasis . . . . 1 ☐
Bernard Tapie. . . . . 2 ☐
Oncle Picsou . . . . 3 ☐

Le plus important pour vous, c'est :

Votre capital. . . . . 2 ☐
Votre confort. . . . . 3 ☐
Votre vie sentimentale. . . . . 1 ☐

Quel proverbe vous ressemble ?

Plaie d'argent n'est pas mortelle. . . . . 1 ☐
L'argent est le nerf de la guerre . . . . 2 ☐
L'argent n'a pas d'odeur. . . . . 3 ☐

En quoi vous convertiriez-vous facilement ?

Clochard . . . . 1 ☐
Actionnaire en Bourse . . . . 3 ☐
Prêteur sur gages . . . . 2 ☐

Si vous prêtez de l'argent, c'est par :

Amitié . . . . 1 ☐
Plaisir . . . . 2 ☐
Intérêt . . . . 3 ☐

Quand vous gagnez de l'argent, vous vous sentez :

Estimé . . . . 2 ☐
Aimé . . . . 1 ☐
Valorisé . . . . 3 ☐

Quand vous étiez enfant, quelle phrase entendiez-vous plutôt répéter :

« Dans la vie, il faut savoir gagner son argent soi-même. » . . . . 2 ☐
« L'argent, il faut en avoir, mais ça ne suffit pas... ! » . . . . 1 ☐
« Ce n'est pas grave, un jour nous serons riches... » . . . . 3 ☐

Un membre de votre famille vous a donné une grosse somme d'argent, il y a plusieurs années, pour vous aider. On vous apprend qu'il se trouve aujourd'hui dans la gêne et vous avez de l'argent d'avance. Que faites-vous ?

Vous lui faites un chèque correspondant à une petite partie de vos économies . . . . 1 ☐
Vous lui promettez de lui envoyer de l'argent dès que vous en aurez . . . . 3 ☐
Vous faites comme si vous ne le saviez pas . . . . 2 ☐

En marchant dans la rue, vous voyez une pièce de vingt centimes par terre :

- Vous la ramassez, elle peut servir .... 2 ☐
- Vous n'osez pas la ramasser, on pourrait vous voir .... 3 ☐
- Vous la laissez. Vingt centimes, ça n'a pas d'importance .... 1 ☐

Pour vous, ceux qui ont beaucoup d'argent sont :

- Chanceux .... 3 ☐
- Courageux .... 1 ☐
- Intelligents .... 2 ☐

Quel titre de film résume votre façon de vivre ?

- *La règle du jeu* de Jean Renoir .... 1 ☐
- *Fortune express* d'Olivier Schatzky .... 3 ☐
- *Business oblige* de Jan Egleson .... 2 ☐

Sans argent pendant trois jours, comment vous sentez-vous ?

- Freiné .... 1 ☐
- Stimulé .... 2 ☐
- Déprimé .... 3 ☐

Quel pays est pour vous le symbole de l'argent :

- La Suisse .... 1 ☐
- Les États-Unis .... 2 ☐
- L'Arabie Saoudite .... 3 ☐

Contre quoi donneriez-vous une fortune ?

- Faire le tour du monde .... 3 ☐
- Posséder un tableau du Louvre .... 2 ☐
- Vivre un grand amour .... 1 ☐

Économiser le plus possible est pour vous un souci :

Noble. . . . . 2 ☐

Mesquin . . . . 3 ☐

Sans intérêt . . . . 1 ☐

Additionnez vos points :

Nombre de 1 :	x 1 =
Nombre de 2 :	x 2 =
Nombre de 3 :	x 3 =
	Total =

Décryptage

Vous avez entre 15 et 24 points

Un rapport d'autonomie

Le pays de l'argent est un bien étrange pays. Certains sont prêts à griffer ou à rugir pour obtenir ou garder leur argent. Vous, jugeant que l'argent n'est ni monstrueux, ni vénérable, vous entretenez avec lui des rapports équilibrés, tout en pensant toujours qu'un sou plus un sou, font deux sous. L'argent est nécessaire pour vivre, vous le reconnaissez, et le gagner demande des efforts et du temps, vous en êtes convaincu.

Mais vous refusez d'être obsédé par des problèmes d'argent. En fait, vous êtes satisfait de celui que vous avez, et vous choisissez des plaisirs simples. Vous cherchez dans les réunions familiales ou amicales, la lecture, ou la découverte de passions nouvelles, des plaisirs qui ne coûtent rien. Un amour, des amis, des enfants, des animaux auxquels vous êtes attaché par des liens sentimentaux forts, donnent plus de charme à votre vie que le plaisir d'avoir de l'argent. Vous êtes même quelqu'un qui agit de manière désintéressée, sans particulièrement rechercher le profit. Philanthrope, vous pouvez tenter d'améliorer le sort de vos semblables par des dons, par la fondation ou le soutien d'œuvres.

Et, en bon ministre des Finances, vous savez vous servir raisonnablement de l'argent. En fait, il est un accessoire pour vous. Bien utiliser votre argent vous semble nécessaire et rassurant. Sans jamais en dépenser plus que vous n'en avez, surtout. Vous êtes intransigeant quand il s'agit d'argent, mais décontracté à propos de tout le reste. Et si vous comptez le vôtre de temps en temps, et faites même des économies, c'est par prudence. Penser que l'argent ne fait pas votre bonheur, mais admettre qu'il y contribue énormément vous donne un équilibre rare. Qui doit être payant, non ?

Vous avez entre 25 et 34 points

Un rapport de force

Homme ou femme d'argent, aimant l'argent et sachant le faire fructifier, vous gagnez, dépensez et gérez votre argent en expert et avec maturité. En vouloir et en avoir pour son argent sont vos deux expressions favorites, et si vous lui donnez un rôle primordial dans votre vie, c'est parce que l'argent est plus qu'une monnaie d'échange pour vous. C'est le garant de votre liberté. Et jamais un facteur inconnu, ce serait un piège. D'ailleurs vous êtes incapable de prendre quelque chose pour argent comptant. Ce qui est dit ou promis doit correspondre à des notions concrètes.

En revanche, tout ce qui ne demande pas beaucoup d'argent vous semble sans intérêt. Votre notion de la valeur des choses et des êtres, celle-ci étant essentiellement subjective et variant avec les individus et les situations, est pour vous liée à la satisfaction de vos désirs et dépend de leur prix. C'est pourquoi posséder de l'argent ou en gagner vous procure une jouissance qui se substitue souvent à celles que vous apporteraient un attachement amoureux ou des loisirs. Faire fructifier de l'argent, investir, est un plaisir qui vous comble davantage que toute autre expérience intellectuelle. Exercer un emploi désordonné et sans profit, ou gaspiller son argent, cela vous choque.

Avoir de l'argent est aussi votre façon d'exercer une forme de pouvoir, quand vous en donnez, en prêtez ou en possédez. L'argent vous protège, l'estime que vous vous portez dépendant de l'importance de votre avoir en banque. Les rapports de force que vous entretenez avec l'argent ne sauront parvenir à vous combler parfaitement. Êtes-vous sûr que c'est un bon investissement ?

Vous avez entre 35 et 45 points

Un rapport passionnel

L'argent vous mène, vous pousse, vous freine et vous immobilise même parfois. Vous en êtes presque esclave ! Vous lui attachez beaucoup trop d'importance. Car, tout en voulant ce qui est à la portée de toutes les bourses, c'est-à-dire ce qui est le meilleur marché, vous exigez, à ce prix-là, d'obtenir surtout des produits luxueux. Impossible. Ensuite, anxieux, quand vous n'en avez pas assez, vous êtes angoissé à l'idée de dépenser de l'argent. Et quand vous en avez beaucoup, vous en dépendez trop, vos deniers devenant pour vous ce que vous avez de plus précieux.

Finalement, vous êtes enclin à dépenser avec profusion et à consommer sans discernement. Ce qui augmente énormément vos soucis financiers, en diminuant considérablement votre crédit à la banque… Tout en vous absorbant négativement, puisque l'argent est le principal thème de vos pensées. Et quand vous avez la fièvre de l'or, l'argent est votre antidote contre la peur. Objets, acquisitions de toutes natures, posséder vous blinde contre l'angoisse. Votre mérite n'existe, dans votre esprit, que si vous pouvez l'étayer par l'argent que vous possédez.

Avoir de l'argent est en quelque sorte la compensation vous permettant de faire accepter votre personnalité dans les domaines où vous voudriez être plus abstrait ou plus créatif. C'est tout à fait téméraire, mais cela vous donne l'audace nécessaire pour vous assumer et faire face à vos obligations. La seule résolution à prendre : faire un budget. Et vous efforcer de le respecter. À partir de ce moment-là, l'argent ne sera plus une hantise passionnelle pour vous. Seulement le moyen de vivre agréablement.

Comment gérez-vous votre temps ?

Il y a ceux qui courent toujours après, ou le laissent filer sans conscience, et ceux qui vous mangent le vôtre. Quel temps fait-il donc dans votre agenda ? Êtes-vous plutôt en paix avec la grande pendule – tantôt amie, tantôt ennemie – ou dysfonctionnez-vous totalement avec cette mesure précieuse qui rythme vos vies ? Voici un test pour comprendre votre manière de vivre le temps et trouver des pistes pour l'améliorer.

19 heures : votre patron vous annonce une réunion surprise :

C'est ça d'être un vrai cadre dynamique ! . . . . 4 ☐
Pas le choix, c'est lui le chef... . . . . 1 ☐
Plus tôt on s'y met, et plus vite ce sera fini . . . . 3 ☐
Vous lui en voulez de changer subitement vos plans . . . . 2 ☐

Concernant votre agenda, vous avez tendance à :

Bien noter sur chaque ligne ce qu'il ne faut pas oublier . . . . 2 ☐
Écrire un peu dans tous les sens, mais vous y retrouvez. . . . . 3 ☐
Le laisser vierge, oublié dans un coin de votre bureau . . . . 1 ☐
Y mettre plus de post-it qu'il n'y a de pages pour les coller . . . . 4 ☐

Le repas au restaurant se termine. Vous :

Attendez de voir si les autres ont prévu une suite . . . . 1 ☐
Décidez de rentrer pour ne pas être trop fatigué demain . . . . 2 ☐
Proposez de prendre un petit verre dans le pub à côté. . . . . 3 ☐
Rejoignez d'autres amis pour une nuit de folie . . . . 4 ☐

Le temps pour vous, c'est :

Des tranches de vie mises les unes à la suite des autres . . . . 2 ☐
La route sur laquelle on avance . . . . 3 ☐

Une abstraction pour philosophes boutonneux . . . . 1 ☐
Une fatalité qu'il vaut mieux ignorer . . . . 4 ☐

Le week-end arrive bientôt… Vous :

Êtes déjà surexcité à l'idée de toutes ces sorties . . . . 4 ☐
Inviterez des amis samedi soir et le reste, selon l'envie . . . . 3 ☐
Resterez cloîtré chez vous loin de l'agitation et de la foule . . . . 2 ☐
Verrez bien ce qui se présentera . . . . 1 ☐

Pendant les dernières vacances, à 10 heures du matin, vous :

Aviez déjà commencé la préparation du repas de midi . . . . 2 ☐
Dansiez dans une After . . . . 4 ☐
Entamiez votre nuit . . . . 1 ☐
Savouriez le fait de pouvoir prendre votre petit déjeuner dehors. . . . 3 ☐

Si on ouvre votre frigo, on trouve :

De quoi mijoter les repas des prochains jours. . . . . 3 ☐
Le désert de Gobi parsemé de croque-monsieur et de yoghourts . . . 1 ☐
Un coin produits laitiers, un coin fruits et légumes, un coin viande… . 2 ☐
Un stock de plats préparés ou surgelés . . . . 4 ☐

Votre amoureux vous propose une escapade en Normandie dans quinze jours…

Hum, ça vous fera du bien . . . . 3 ☐
Vous en profiterez pour passer voir tous vos amis de Cabourg . . . . . 4 ☐
Vous le laissez organiser ça . . . . 1 ☐
Vous projetez à l'avance le déroulement du séjour. . . . . 2 ☐

Vous arrivez à une soirée… Les gens vous accueillent en vous disant :

Alors, tu as réussi à te libérer ? . . . . 2 ☐
Arrivera-t-on à te parler plus de cinq minutes ce soir ? . . . . 4 ☐
Tiens, voilà le retardataire chronique ! . . . . 1 ☐
Toujours aussi zen toi ! . . . . 3 ☐

Vous tombez sur deux pulls qui vous plaisent autant l'un que l'autre. Vous :

En prenez un et, pour l'autre, on verra plus tard . . . . 3 ☐
N'en prenez finalement aucun des deux . . . . 2 ☐
Passez des heures à hésiter . . . . 1 ☐
Prenez les deux et tant pis pour la dépense . . . . 4 ☐

Additionnez vos points :

Nombre de 1 :	x 1 =
Nombre de 2 :	x 2 =
Nombre de 3 :	x 3 =
Nombre de 4 :	x 4 =
	Total =

Décryptage

Vous avez entre 10 et 18 points

La fuite... en arrière

Vous avez, avec le temps, une relation placée sous le signe de l'indifférence la plus totale ! Vous laissez faire les choses, ne prévoyez jamais rien et vous vous en remettez facilement aux autres pour construire votre emploi du temps. Un brin passif par rapport aux événements, vous ne fonctionnez souvent que par envie passagère, sans aucun cadre solide pour rythmer votre quotidien. Au moins, vous n'êtes pas sujet au stress ! Mais à y regarder de plus près, votre attitude met en avant une incapacité à vous inscrire dans le temps, et donc dans votre vie. Comme si décider à l'avance de faire telle chose tel jour vous enfermait douloureusement dans une impasse, vous privant du coup de tout autre possibilité. Vous évitez ainsi habilement choix et décisions, mais attention, trop de liberté ne mène pas toujours à grand-chose ! Pour que votre temps soit constructif, il faut vous fixer des repères, prendre des engagements et les assumer. Alors, munissez-vous d'un bel agenda et notez en première page : « Action ! »

Vous avez entre 19 et 24 points

L'hyper-maîtrise

Votre agenda est visiblement votre plus grand ami, et votre plus fidèle doudou ! Vous y inscrivez tout : du rendez-vous important, en passant par le petit coup de fil à passer, sans oublier la liste des courses du samedi... Vous aimez avoir un emploi du temps très cadré, où tout est prévu à l'avance : votre temps n'est pas continu, mais séquentiel. Et si une proposition de sortie spontanée vous est faite, vous êtes totalement perdu. Il vous faut le temps nécessaire pour réaménager mentalement votre planning. Conjuguer votre temps avec celui des autres n'est pas facile pour vous. Car vous avez besoin de tout contrôler. Aucun événement ne doit échapper à votre vigilance. Du coup, vous anticipez beaucoup et avez du mal à vous laisser vivre librement. Laisser entrer une part d'imprévu dans votre vie signifie, pour vous, permettre aux autres de vous envahir et de vous voler votre autonomie, voire, votre être. Autorisez-vous à plus de spontanéité en renouant avec vos propres désirs et envies qui, eux, ne connaissent pas les agendas !

Vous avez entre 25 et 31 points

Le temps apprivoisé

Vous avez visiblement appris à connaître le temps, à l'apprivoiser et ainsi à le gérer de la meilleure façon qui soit pour vous. Vous pensez volontiers que le temps se doit d'être bien utilisé. Pour cela, vous avez

réussi à vous créer un cadre fixe qui vous permet de poser des actes, prévoir des choses et ainsi, aller de l'avant. Mais vous avez compris que ce cadre ne doit pas rester figé : aussi, vous l'adaptez au cours des événements, et vous êtes prêt à quelques entorses sans pour autant vous affoler ! Cette souplesse par rapport aux emplois du temps montre votre capacité à rester ancré dans votre propre espace-temps intérieur. Vous êtes ainsi parfaitement capable d'accueillir l'imprévu, et de l'intégrer de façon positive. Enfin, vous savez faire du temps votre allié dans la réalisation de vos désirs, projets et envies à long terme. Vous acceptez le fait que pour récolter un bon fruit plein de saveur, il faut lui laisser le temps de mûrir à son rythme, sous le soleil. Bref, il fait beau temps chez vous !

Vous avez entre 32 et 40 points

La fuite en avant

Parmi les différentes manières de gérer le temps, vous faites indéniablement partie de la catégorie des sprinters ! Vous avancez à 100 km/h en permanence, et passez d'une situation à une autre sans souffler une fraction de seconde. Vous êtes un consommateur de temps… à vous en rendre malade ! Vous chargez votre planning au maximum, acceptant même deux rendez-vous au même moment au cas où l'un se décommanderait. Vous aimez que tout soit en ébullition permanente. Mais pourquoi cette course frénétique ? Ne serait-ce pas dans le fond pour éviter de tomber nez à nez avec le temps du repos, du silence et de la solitude ? À remplir ainsi votre agenda, on a l'impression que vous cherchez à éviter de ressentir le vide. Ce vide est sans doute angoissant pour vous : il s'assimile à une inertie inquiétante, propice à l'émergence de toutes sortes d'idées noires… Aussi, plutôt que de vous épuiser davantage en courant sans arrêt, essayez de souffler quelques minutes, puis quelques heures. Vous constaterez que, même pendant ce temps-là, la terre continue de tourner, et vous de respirer et d'exister.

Comment habitez-vous l'instant ?

La vie, c'est ici et maintenant. Et comme l'a écrit Marcel Proust « Une heure n'est pas qu'une heure, c'est un vase rempli de parfums, de sons, de projets et de climats ». En est-il ainsi pour vous ? Savez-vous réellement profiter de l'instant présent et si oui, de quelle manière ? Certains souhaitent le maîtriser, d'autres s'y abandonner et ces différentes attitudes colorent toute notre façon de vivre. Découvrez quelle est votre manière singulière d'accueillir l'instant.

Mon hygiène antistress :

Voir un bon film, lire un bon livre . . . . ▲ ☐
Bricoler, jardiner . . . . ● ☐
Marcher seul en forêt . . . . ★ ☐

Sur cette terre, jamais je ne pourrai :

M'ennuyer . . . . ● ☐
Me blaser . . . . ★ ☐
Me détacher . . . . ▲ ☐

On m'invite à une retraite silencieuse d'une semaine :

Ça va m'angoisser . . . . ● ☐
Chic, j'adore ça, silence et lenteur . . . . ★ ☐
Pas mal, j'ai envie d'essayer, ça va me faire des vacances . . . . . . ▲ ☐

Votre paysage mental :

Un jardin à l'anglaise . . . . ▲ ☐
Un jardin à la française . . . . ★ ☐
Un jardin zen . . . . ● ☐

L'intelligence de la vie, c'est :

Réfléchir et agir . . . . ● □
Accueillir les plaisirs. . . . . ▲ □
Se sentir exister. . . . . ★ □

Faire plusieurs choses en même temps :

Cela m'amuse souvent : c'est plus de vie dans la vie ! . . . . ★ □
Je n'aime pas beaucoup : vouloir tout faire,
c'est comme ne rien faire vraiment . . . . ● □
Pas le choix : on manque tellement de temps... . . . . ▲ □

La mort de quelqu'un que j'aime :

J'essaie de ne pas trop ruminer pensées ou émotions tristes . . . . . . ▲ □
Je repense aux belles choses de sa vie . . . . ★ □
J'accepte d'être triste . . . . ● □

Un délicieux repas dans un très bon restaurant avec des amis, mais le service est vraiment lent :

Je n'ai même pas remarqué. . . . . ▲ □
J'ai remarqué, mais mon plaisir n'est pas gâché . . . . ● □
Ça m'agace un peu... . . . . ★ □

Lorsque j'ai des soucis, mon premier réflexe :

Je cherche à régler le problème . . . . ★ □
Je me change les idées . . . . ● □
Je me pose, je respire, je m'apaise. . . . . ▲ □

Les instants de bonheur les plus forts :

Avant : je rêve, j'imagine que je suis déjà dans le bonheur . . . . . ★ □
Pendant : je savoure intensément . . . . ▲ □
Après : je me souviens, et je souris, c'est toujours du bonheur . . . . ● □

Décompte des points

Nombre de ▲ :
Nombre de ● :
Nombre de ★ :
Total : 10

Décryptage

Si vous avez une majorité de ★

La présence : profondeur de l'instant

S'absorber… Pour vous, habiter l'instant présent, c'est s'y soumettre, se fondre avec lui, en accueillir toute la plénitude. Laisser venir. Dans votre vie quotidienne, vous appréciez de ne faire qu'une chose à la fois, mais pleinement, calmement, intensément. Marcher, regarder, écouter, cuisiner, manger… Tout cela, vous le faites vraiment : profondément et totalement. Pas en pensant à autre chose, en regardant l'heure, en écoutant de la musique ou en téléphonant… Douceur et lenteur, chaque fois que possible : vous vous y retrouvez.

Bénéfices de votre attitude

Une vraie présence aux moments de la vie, même les plus anodins et les plus insignifiants en apparence. Vous établissez un lien au monde et à ses profondeurs cachées. Un lien aux autres, nourri d'écoute et d'empathie. Un lien à soi basé sur la lucidité et la pacification émotionnelle, la compréhension et l'acceptation de soi. Tout cela est le fruit d'un travail régulier.

Inconvénients

Peut-être passerez-vous pour un peu bizarre dans certains milieux où l'on survalorise l'action et la réactivité. Peut-être votre recul sera-t-il perçu comme de la distance, de l'indifférence ou de l'absence d'engagement. N'oubliez pas de rassurer sur les pourquoi de vos silences, de vos absences, de vos moments de retrait. Expliquez votre besoin de méditation pour ce qu'il est : un plaisir d'aller à l'essentiel, un goût pour l'immobile et le tranquille plus que pour le mouvement incessant, un bonheur de solitude plutôt qu'une fuite et un rejet de la société.

Suggestion

Habiter le présent, vous savez faire, apparemment. Approfondir, c'est bien, surtout à notre époque de distractions et de dispersions, mais n'oubliez pas de découvrir de nouvelles réalités : apprenez à varier les plaisirs de la présence à l'instant. Ne limitez pas vos expériences, promenez le projecteur de votre conscience partout où vous vous trouvez, et pas seulement dans le cadre d'expériences propices : on peut méditer, contempler, s'absorber partout et à tout moment, et pas seulement dans une pièce ou un lieu calmes. Un quai de gare, une file d'attente font aussi l'affaire…

Si vous avez une majorité de ▲

L'ouverture : richesse de l'instant

S'élargir… Pour vous, l'instant présent est une infinité de sensations et d'émotions. Et le vivre pleinement, c'est vous ouvrir à tout cela, de toutes vos forces.

Au quotidien, la curiosité et l'ouverture sont vos carburants, vous avez une conscience aiguë des trésors qui nous sont proposés par la vie. Où que vous soyez, votre cerveau et vos organes sensoriels sont multitâches : vous pouvez en même temps parler à un ami, admirer le ciel, entendre les bribes de conversation de vos voisins et ressentir le bonheur de ce petit instant. Toutes ces choses à savourer, cela vous ravit : votre boulimie d'existence et de sensations est comblée.

Bénéfices

Avec cette capacité de vous enrichir jour après jour, le temps qui passe ne vous inquiète pas, puisqu'il vous fait grandir. Vous êtes sensible à toute la beauté du monde et capable aussi de la faire découvrir aux autres. Vous avez de la curiosité et de la tolérance pour ce qui ne vous est pas familier. De la confiance aussi : vous vous abandonnez au présent sans crainte de lâcher prise ni désir de contrôle.

Inconvénients

Peut-être la distraction et la dispersion. Vous risquez de passer d'une activité à l'autre, comme un enfant dans ce magasin de jouets que représente pour vous la vie au quotidien. Un présent fragmenté finira par être un présent appauvri. Vous avez déjà le don de découvrir et d'accueillir, pour qu'il continue d'être une richesse, adjoignez-lui celui d'approfondir et de vous concentrer.

Suggestions

Apprenez à renoncer, à éliminer, à choisir parmi la multitude des possibilités que vous offre la vie. À mieux différencier le temps pour l'accueil et le temps pour les choix, le temps pour ouvrir les bras et celui pour les refermer, pour rencontrer et pour quitter.

Si vous avez une majorité de ●

La lucidité : maîtrise de l'instant

Agir… L'instant présent, quel plaisir pour vous de le comprendre et de l'élucider, de le maîtriser et de vous y engager ! Nous ne sommes pas que des réceptacles à sensations.

Ce qui fait notre humanité, ce sont aussi nos capacités d'intelligence et d'analyse. Comment habiter l'instant présent sans toute son intelligence en éveil ? Au quotidien, votre style de présence à l'instant est marqué par le désir de maîtrise : vous adorez vous sentir concentré dans l'action – travail, sport, art – et cela vous est plus facile que dans une méditation immobile, où votre esprit caracole en tous sens. Disons que vous pratiquez une méditation active, une pleine conscience de vos actes. Vous vous sentez dans la vie un peu comme un surfeur : totalement présent aux sensations de la vague, de sa planche, de son corps, mais totalement conscient aussi qu'il ne doit pas relâcher sa vigilance sous peine de tomber. Il y a donc toujours une discrète tension dans votre présence à l'instant. Vous observez, vous surveillez, vous tirez les leçons.

Bénéfices

La lucidité. Et l'efficacité. Votre bien-être dans l'instant présent est le fruit d'une attitude active, d'une intelligence tournée vers l'ajustement avec ce qui vous entoure. Vous êtes rarement pris de court ou démuni.

Inconvénients

Vous avez tendance à anticiper, donc à vous angoisser lorsque la situation vous échappe. Et il n'est pas toujours possible – ni souhaitable – de tout maîtriser. Vous courrez sinon un risque de perte de spontanéité, de prééminence du rationnel sur l'émotionnel, de ce que vous créez ou provoquez sur ce que vous accueillez, dévoilez ou découvrez.

Suggestion

Évidemment, l'art de lâcher prise. Qui doit être pour vous comme une hygiène de vie, destinée non à remplacer votre style habituel, mais à l'étoffer et à l'équilibrer. Faire confiance au hasard, au désordre, à l'improvisation, aux ratages, aux surprises. Tolérer les obstacles. Comprendre enfin que ne pas tout maîtriser peut aussi nous enrichir, nous grandir et nous apprendre des choses.

Qu'est-ce qui vous motive vraiment ?

Besoin d'être reconnu, ou recherche de plaisir, de sécurité… Nous avons tous un ou plusieurs carburants qui nous poussent à avancer. Mais le plus souvent, ces motivations restent inconscientes. Les connaître peut nous permettre d'en profiter pleinement plutôt qu'être téléguidés par elles. Et si vous éprouvez un fort besoin d'évolution, c'est en puisant en elles que vous trouverez force et ténacité. Voyage en douze questions au pays de ces moteurs cachés.

Votre patron vous propose un poste important qui nécessite de l'investissement :

Vous renoncez : et votre vie privée, votre famille, votre couple ? . . . . 4 ☐
Vous exultez : c'est le moment de faire vos preuves ! . . . . 3 ☐
Vous acceptez : mieux vaut tenir que courir. . . . . 2 ☐
Vous refusez : vous avez besoin de vous préserver des pauses pour votre équilibre personnel . . . . 1 ☐

Ce week-end, vous n'avez pas le moral :

Vous méditez pour vous ressourcer . . . . 1 ☐
Vous faites les boutiques pour vous faire plaisir . . . . 2 ☐
Vous sortez faire la fête pour vous changer les idées . . . . 3 ☐
Vous appelez vos amis, ils sauront vous remonter le moral. . . . . 4 ☐

Cette année, vous travaillez à mi-temps. Vous employez le reste de votre temps à :

Organiser des sorties et des dîners entre amis . . . . 4 ☐
Être bénévole au sein d'une association caritative . . . . 1 ☐
Peaufiner la décoration de votre intérieur . . . . 2 ☐
Chercher un emploi qui mettra en valeur vos compétences . . . . 3 ☐

Un génie vous demande d'exprimer un vœu :
«J'espère être toujours entouré de vrais amis» . . . . 4 ☐
«Je souhaite ne jamais manquer de rien» . . . . 2 ☐
«J'aspire à vivre en paix dans ce monde» . . . . 1 ☐
«Je veux que l'on m'aime... » . . . . 3 ☐

Un ami a besoin d'argent afin de pouvoir régler son loyer ce mois-ci :
Vous le plaignez, mais il aurait dû faire attention . . . . 2 ☐
Vous le lui prêtez : dans la vie, il faut aider son prochain . . . . 1 ☐
Vous réglez : «Regarde ce que je fais pour toi ! » . . . . 3 ☐
Vous l'aidez : normal, c'est votre ami . . . . 4 ☐

Vous rangez pour faire de la place. Vous tombez sur vos bulletins scolaires du primaire :
Vous les triez et ne gardez que les bonnes notes . . . . 3 ☐
Vous souriez en les relisant, puis vous les jetez . . . . 1 ☐
Vous les gardez : pas question de jeter votre passé ! . . . . 2 ☐
Vous les conservez pour les transmettre à vos enfants . . . . 4 ☐

Un éditeur vous appelle, il va publier votre manuscrit :
Vous le prévenez : on ne change rien au texte ! . . . . 1 ☐
Vous imaginez tous les droits d'auteur que vous allez toucher . . . . . . 2 ☐
Vous allez être publié : vos amis vont être épatés ! . . . . 3 ☐
Vous vous réjouissez de cette nouvelle rencontre . . . . 4 ☐

Enfant, si vous vous étiez présenté comme délégué de classe, cela aurait été pour :
Devenir le lien entre élèves et profs . . . . 4 ☐
Gagner la confiance de vos camarades en les défendant . . . . 3 ☐
Pouvoir vous exprimer au nom des plus timides . . . . 1 ☐
Être le seul à siéger au conseil de classe . . . . 2 ☐

Licenciée sans ménagement, une amie est découragée :
Décidément, ces procédés inhumains vous révulsent . . . . 1 ☐

À sa place, vous seriez encore plus abattu . . . . 2 ☐
Vous l'encouragez : « Remets-toi. Tu vas trouver
une meilleure place. » . . . . 3 ☐
Vous la réconfortez : « Viens à la maison,
on va te remonter le moral. » . . . . 4 ☐

Bientôt l'anniversaire de mariage de vos parents :

Vous les surprenez en organisant une soirée de rêve . . . . 3 ☐
Vous trouvez un cadeau . . . . 2 ☐
Vous rédigez un texte émouvant . . . . 1 ☐
Vous rassemblez toute la famille autour d'eux . . . . 4 ☐

Suite à un dérapage, votre voiture fait deux tonneaux. Vous êtes indemne. Vous pensez :

« Ah, cette voiture ! Je vais en changer très vite » . . . . 2 ☐
Vous pensez aux gens que vous aimez. « Dire que j'ai frôlé la mort... » . 4 ☐
« C'est du passé, n'en parlons plus » . . . . 3 ☐
« Incroyable, je dois être protégé » . . . . 1 ☐

Votre amoureux vient de vous quitter :

Vous ne voulez pas y croire : vous insistez pour le reconquérir . . . . . 3 ☐
Vous cherchez à définir votre part de responsabilité . . . . 1 ☐
Vous êtes effondré. Heureusement que les amis sont là . . . . 4 ☐
Vous le rayez de votre vie et volez dans d'autres bras . . . . 2 ☐

Additionnez vos points :

Nombre de 1 :	x 1 =
Nombre de 2 :	x 2 =
Nombre de 3 :	x 3 =
Nombre de 4 :	x 4 =
	Total =

Décryptage

Vous avez entre 12 et 22 points

Votre moteur : la transcendance

Sans doute êtes-vous attiré par la spiritualité. Votre foi vous porte peut-être à croire en une aide divine ou un ange gardien. Vous vous sentez guidé par ce soutien, ce qui vous donne de la force. Grâce à l'introspection, la méditation, la prière, vous vous hissez vers de hautes sphères pour vous nourrir d'authentique.

Cette sagesse vous autorise à vous remettre en question ou à conseiller vos proches. Qui vous écoutent sûrement avec attention, sachant que vous ne cherchez pas à en tirer un quelconque pouvoir. Même si vous êtes plutôt contemplatif, votre soif de justice peut vous conduire à participer activement à la vie de la société.

Attention : votre moteur, aussi puissant qu'il soit, ne devrait pas vous empêcher de vous offrir quelques plaisirs plus personnels, ni de vous interroger sur votre désir de combattre le mal. Croire en vos idéaux vous permet sans doute de rêver à un futur meilleur qui reste votre refuge.

Mais n'oubliez pas de rester connecté à la vie !

Vous avez entre 23 et 29 points

Votre moteur : le plaisir personnel

Vous avez besoin de vous offrir des cadeaux. Tous vos achats ont pour but de vous regonfler le moral et de vous tranquilliser.

Cette soif de vous remplir peut témoigner d'une peur de manquer. Vous avez alors tendance à garder, à cumuler, voire à collectionner… Soit par choix, pour vous entourer de choses que vous appréciez et qui vous rassurent. Soit par nostalgie, lorsque les objets sont empreints d'un lien sentimental…

Attention : le fait de posséder peut vous satisfaire sur le moment. Mais, à long terme, ce moteur ne peut jouer qu'un rôle bien limité : celui de vous combler matériellement. Or, même si vous perpétuez ces bonheurs éphémères, ils ne pourront jamais étancher votre soif de sens.

Tentez de modérer ces plaisirs fugaces pour vous en détacher et vous ouvrir à d'autres voies qui combleront plus profondément votre vie. En vous guidant vers des valeurs plus élevées, vous vous rapprocherez de l'essentiel…

Vous avez entre 30 et 36 points

Votre moteur : la reconnaissance

Vous êtes une personne dynamique et pleine d'énergie. Votre désir d'être toujours plus performant vous pousse à vous dépasser, autant sur les plans physique qu'intellectuel.

Vous pouvez, par exemple, multiplier les rendez-vous ou travailler dur sur vos projets. Il est possible que vous cherchiez à attirer l'attention de votre entourage en trouvant le moyen de le surprendre, ce qui vous permet de rayonner en public. Vous vous sentez exister dans le regard d'autrui et tirez votre force des compliments que l'on vous fait.

Attention : votre existence ne peut tout de même pas reposer entièrement sur l'éventuelle attention que les autres vous accordent ou non. Il serait profitable de justifier votre vie autrement. Ménagez-vous des plages de solitude. Vous pourriez ainsi vous reconnecter à vos ressources intérieures pour vous faire confiance et comprendre ce qui peut vous porter plus haut…

Vous avez entre 37 et 48 points

Votre moteur : l'affectif

La famille, l'amour ou l'amitié tiennent une place prépondérante dans votre existence. Les autres forment un cocon affectif qui vous enveloppe, vous réchauffe. Lorsque vous êtes seul, vous réalisez la chance que vous avez d'être si bien entouré.

Et lorsque vous n'allez pas bien, c'est à eux que vous demandez secours. Ils se plient en quatre pour vous aider, et vous ferez de même quand viendra leur tour. Car votre sens de l'empathie et du dévouement est très développé.

Attention : votre entourage vous aide à avancer et à supporter les vicissitudes de la vie. Mais peut-être dépendez-vous trop des gens que vous aimez. Il serait sage de revenir à vous en tant qu'être à part et unique pour trouver des raisons d'exister qui vous guideront vers une véritable réalisation, plus épanouissante. Et en phase avec votre personnalité au sein de votre communauté.

Quelles sont vos priorités pour l'avenir ?

Pour atteindre ses objectifs dans la vie, encore faut-il bien les définir… et les choisir ! car rien n'est pire que de passer à côté de soi et de ses réelles aspirations. Le moteur n'est pas le même pour tous : certains veulent réussir, d'autres préfèrent avant tout créer de beaux liens avec leur entourage ou encore échapper à la routine. Pour découvrir ce qui vous motive réellement, et éviter de vous projeter dans un futur inaccessible pour cause de « grand flou artistique », répondez aux questions suivantes.

La maison de vos rêves, vous l'imaginez :

Grande, luxueuse, avec piscine, sauna, jacuzzi. . . . . 3 ☐
Pleine de charme, accueillante, chaleureuse. . . . . 1 ☐
Contemporaine, originale. . . . . 2 ☐

Des vacances d'été réussies, c'est avant tout :

De la détente, du repos, du soleil. . . . . 1 ☐
Des voyages, des expériences, des découvertes . . . . 3 ☐
De la nouveauté, une rupture avec le quotidien
et les habitudes . . . . 2 ☐

Partir flâner dans les rues, sans but précis, cela vous arrive :

Jamais. . . . . 3 ☐
Parfois . . . . 2 ☐
Souvent. . . . . 1 ☐

Ce que vous auriez le plus de mal à supporter, une semaine :

Sans réseau pour téléphoner . . . . 3 ☐
Sans eau chaude pour vous laver. . . . . 2 ☐
Sans télévision, ni lecteur DVD . . . . 1 ☐

Pour vous détendre, quel type de lecture préférez-vous ?

Un roman . . . . 3 ☐
Une BD. . . . . 2 ☐
Un magazine . . . . 1 ☐

Quelle chance ! Vous venez de gagner deux heures d'achat dans une superbe boutique de vêtements, vous choisissez :

Que des articles très chers et de marque . . . . 3 ☐
Le maximum de choses possible et dans des tailles différentes pour en faire profiter vos amis . . . . 1 ☐
Des modèles de tous les styles pour vous amuser . . . . 2 ☐

Votre avion a une heure de retard. Pour tuer le temps :

Vous achetez un magazine ou vous passez des coups de fil . . . . . . 2 ☐
Vous arpentez l'aéroport, en regardant l'heure toutes les cinq minutes . . . . 3 ☐
Vous attendez le nez au vent, en vous amusant à regarder les gens qui passent . . . . 1 ☐

Demain matin, vous devez vous lever très tôt. Vous avez un rendez-vous très important. Minuit, coup de fil. C'est votre meilleure amie. Elle ne va pas bien. Elle a besoin de parler :

Vous décrochez et vous lui dites que vous la rappellerez demain . . . 2 ☐
Vous ne décrochez pas. Il est trop tard . . . . 3 ☐
Tant pis, la nuit sera courte, mais vous l'écoutez . . . . 1 ☐

Parmi ces critères, quel est le plus important pour l'achat de votre téléphone portable :

Son look . . . . 2 ☐
Sa technologie . . . . 3 ☐
Sa simplicité . . . . 1 ☐

Pour votre anniversaire, vos parents vous ont ouvert un PEL (plan épargne logement). Votre réaction :

C'est quoi ? . . . . 1 ☐
Excellente idée. Au moins, c'est utile . . . . 3 ☐
Pas très festif mais gentil... . . . . 2 ☐

La réflexion la plus cruelle que l'on pourrait faire à votre sujet :

Son humour, il faut le supporter ! Quatre ans d'âge mental. . . . . 2 ☐
Ses conversations, ça ne vole pas haut ! . . . . 3 ☐
À part elle/lui, il n'y a pas grand monde qui l'intéresse ! . . . . 1 ☐

Ce qui compte le plus dans le choix d'un médecin :

Sa gentillesse, son écoute . . . . 1 ☐
Ses compétences . . . . 3 ☐
Sa disponibilité . . . . 2 ☐

Eh oui, quelle nouvelle étonnante, vous allez être ministre ! Rassurez-vous, vous aurez une équipe très compétente. À vous de choisir entre ces trois portefeuilles :

La Culture . . . . 3 ☐
Le Tourisme . . . . 2 ☐
Les Sports et Loisirs . . . . 1 ☐

Lorsque le réveil sonne le matin, vous vous levez :

Tout de suite ou presque . . . . 3 ☐
Au plus tard dans les dix minutes qui suivent . . . . 2 ☐
Vous vous rendormez parfois, même souvent. . . . . 1 ☐

Lorsque vous allez chez le coiffeur :

Vous avez une idée arrêtée de ce que vous désirez . . . . 3 ☐
Vous lui laissez carte blanche. Vous aimez bien changer de look . . . 1 ☐
Vous ne modifiez pas grand-chose. Un peu peur . . . . 2 ☐

Additionnez vos points :

Nombre de 1 :	x 1 =
Nombre de 2 :	x 2 =
Nombre de 3 :	x 3 =
	Total =

Décryptage

Vous avez moins de 25 points

Vivre bien entouré !

Vous n'avez pas d'idée très arrêtée sur la façon dont vous envisagez la prochaine décennie. Votre horizon reste ouvert. Vous laissez une grande place au hasard, aux rencontres, aux surprises de la vie. Pas question pour vous de tout planifier à l'avance, mais une chose est sûre, vous êtes très attaché à la qualité de votre vie au quotidien. Vous ne voulez pas sacrifier les petits plaisirs de tous les jours pour atteindre un objectif ambitieux. Ce qui vous tient le plus à cœur, c'est votre entourage affectif. L'amitié a une place très importante dans votre existence et vous avez bien l'intention de continuer à privilégier les moments forts d'échange et de rigolade ! Ce qui ne vous empêche pas de penser à votre avenir professionnel mais en essayant le plus possible de préserver les contacts humains. Travailler dans une équipe agréable, solidaire et chaleureuse, voilà qui vous conviendrait fort bien. Derrière cette aspiration à l'harmonie, essentielle à vos yeux, se cache peut-être la peur des conflits, des heurts, des affrontements ? C'est bien possible…

Vous avez entre 25 et 35 points

De la fantaisie, de la nouveauté !

Le futur ne doit surtout pas ressembler au passé. Il vous faut du changement. Autrement quel intérêt ? Ce qui vous stimule et vous amuse lorsque vous vous tournez vers l'avenir, c'est la nouveauté, l'ouverture sur des projets exaltants, surprenants. Le fait de ne pas savoir de quoi demain sera fait ne vous déplaît pas, au contraire. Ainsi, tous les espoirs vous sont permis. Vous pouvez multiplier les idées, rêver, explorer des voies différentes, originales. Même si vous n'avez pas encore pris une orientation très précise, vous avez déjà déterminé ce que vous ne voulez pas. À savoir une vie routinière, trop calme. Votre objectif n'est pas forcément de vous lancer dans des aventures hors du commun, mais pas question de vous enferrer dans le train-train quotidien et les habitudes. L'ennui, c'est un peu votre ennemi. Comme si vous aviez déjà eu votre « dose » et que vous ne souhaitiez surtout pas en rajouter ! Votre vie ne vous aurait-elle pas semblé un peu monotone parfois ? À vous de la colorer avec des projets palpitants mais aussi réalisables pour éviter de tourner en rond et de vous ennuyer plus tard…

Vous avez 36 points et plus

Réussir !

Il faut que demain soit mieux qu'aujourd'hui ! C'est ce qui vous motive. Et pour cela, vous vous efforcez de mettre toutes les chances de succès de votre côté. Vous savez très bien que la réussite ne tombe pas du ciel ! Alors vous essayez de vous donner les moyens de réaliser vos projets.

De l'ambition, vous en avez mais sans excès. Vous faites surtout preuve de sérieux et vous gardez les pieds sur terre. Ce qui vous stimule avant tout, c'est l'envie d'être fier de vous-même. De sentir que vous êtes capable d'atteindre vos objectifs, de compter sur vos capacités et d'y arriver. Mais il n'y a pas que cela qui vous pousse en avant. Vous aimez aussi profiter de la vie et, pour ne pas vous priver, vous devez prendre en compte l'aspect matériel. Même si vous ne visez pas la richesse à tout prix, vous aimeriez être sûr de ne jamais manquer de l'essentiel, et même de pouvoir vous offrir un peu de superflu. Peut-être, derrière votre volonté de réussir, y a-t-il un fond d'inquiétude ? La peur de l'avenir, de l'inconnu et de tous les risques qui vont avec. C'est une motivation de plus pour réussir. Utilisez-la !

Croyez-vous en votre légende personnelle ?

Selon Paulo Coelho, l'auteur de *L'Alchimiste*, nous serions tous porteurs d'une légende personnelle, l'histoire idéale de nos vies ne demandant qu'à s'accomplir au quotidien si nous y prêtons attention. L'accomplissement de ce destin favorable dépendrait de notre capacité à retrouver nos envies profondes. Certains parviennent à faire leurs choix de vie en accord avec leurs véritables aspirations. D'autres ont des difficultés à les déceler. Et vous, croyez-vous en votre légende personnelle ?

Un ami vous annonce qu'il a gagné une somme importante à un concours :

C'est certainement que tu l'as mérité ! . . . . 1 ☐
J'étais sûr que tu allais gagner ! . . . . 2 ☐
Ce n'est pas à moi que ça arriverait ! . . . . 3 ☐
Tu en as de la chance ! . . . . 4 ☐

L'appartement dont vous rêviez vient d'être loué :

C'est toujours à moi que ça arrive ! . . . . 3 ☐
C'est un appartement qui ne m'était pas destiné ! . . . . 1 ☐
Mais je ne vais jamais réussir à en dénicher un ! . . . . 4 ☐
Parfait ! J'en désire un plus grand ! . . . . 2 ☐

En forêt avec des amis, vous êtes perdus. Vous dites :

Suivez-moi, c'est par ici ! . . . . 2 ☐
On va encore tourner en rond pendant une heure ! . . . . 4 ☐
Laissez-moi réfléchir deux minutes pour retrouver la route. . . . . 1 ☐
Qui va pouvoir se rappeler du chemin ? . . . . 3 ☐

Vous croisez un inconnu à deux reprises dans la journée :

Vous êtes étonné mais vous continuez votre route. . . . . 3 ☐
Vous ne trouvez rien d'extraordinaire à cette situation . . . . 4 ☐
Vous cherchez le sens de cette coïncidence . . . . 1 ☐
Vous l'abordez pour en parler avec lui . . . . 2 ☐

Vous imaginez votre monde intérieur comme :

Un diamant étincelant . . . . 2 ☐
Une clef d'argent . . . . 1 ☐
Un tourbillon gigantesque . . . . 4 ☐
Un fil doré . . . . 3 ☐

Au moment de prendre la route, vous avez un mauvais pressentiment :

Vous chassez cette idée pour vous concentrer sur votre conduite . . . . 4 ☐
Vous roulez tout en étant stressé . . . . 3 ☐
Vous préférez prendre le train . . . . 2 ☐
Vous demandez à quelqu'un d'autre de conduire . . . . 1 ☐

Une amie collectionne les malheurs, vous pensez :

Bientôt tout ira mieux : après la pluie, le beau temps . . . . 1 ☐
Elle n'a pas dû faire le bon choix au bon moment. . . . . 2 ☐
Elle n'a vraiment pas de chance . . . . 3 ☐
C'est la vie ! . . . . 4 ☐

Au restaurant, vous êtes attiré par une personne assise à une table voisine :

Vous n'entreprenez rien : vous avez trop peur du ridicule . . . . 3 ☐
Vous allez lui confier votre émoi . . . . 2 ☐
Vous lui adressez de grands sourires . . . . 1 ☐
Vous trouvez dommage de ne pas être à sa table . . . . 4 ☐

Comment avez-vous choisi votre logement ?

Vous avez pris le premier que vous avez visité . . . . 4 ☐
C'est votre entourage qui l'a choisi. . . . . 3 ☐
Vous avez tout fait pour l'obtenir . . . . 2 ☐
Sur un coup de cœur. . . . . 1 ☐

Au boulot, rien ne va plus !

Vous en profitez pour chercher ailleurs. . . . . 1 ☐
Vous donnez votre démission. . . . . 2 ☐
Vous déprimez : encore un échec ! . . . . 3 ☐
Vous grognez contre tous vos collègues. . . . . 4 ☐

Additionnez vos points :

Nombre de 1 :	x 1 =
Nombre de 2 :	x 2 =
Nombre de 3 :	x 3 =
Nombre de 4 :	x 4 =
	Total =

Décryptage

Vous avez entre 10 et 19 points

Une légende reconnue

Vous êtes persuadé de posséder une force intérieure qui vous guide. Vous aimez à penser que vous détenez la réponse à vos questions et qu'il vous suffit d'être à l'écoute de vos véritables aspirations pour savoir quel chemin choisir. Pour prendre vos décisions, vous faites davantage appel à votre ressenti qu'à votre intellect. Car plus que la réflexion, c'est l'écoute du cœur qui vous guide dans vos choix. Cette attitude vous relie à votre véritable moi et fait de vous une personne apaisée et confiante.

Cette méthode vous a réussi la plupart du temps et vous a permis de développer un sixième sens toujours en éveil. D'ailleurs votre entourage profite de votre perspicacité afin de résoudre ou éclairer un événement de leur existence. Bien entendu, il vous est parfois arrivé de vous tromper, mais ces échecs ne vous affectent pas. Au contraire, vous pensez qu'une porte fermée signifie qu'une autre doit s'ouvrir ailleurs. Vous formulez alors un nouveau désir, un autre rêve à atteindre.

Cette attitude positive risque toutefois de vous desservir si vous adoptez systématiquement une position trop passive face aux aléas de la vie. Ne confondez pas légende personnelle et fatalité.

Vous avez entre 20 et 25 points

Une croyance puissante

Vous croyez tellement fort en votre légende personnelle que vous êtes persuadé de détenir une kyrielle d'informations capitales. Soutenu par une intuition très vive, vous êtes convaincu de la justesse de vos choix. L'assurance que vous affichez incite nombre de vos proches à suivre vos directives. Vous faites d'ailleurs tout votre possible pour leur porter assistance.

Veillez toutefois à ne pas abuser de cette confiance aveugle en vos capacités. Elle pourrait vous entraîner vers un abus de pouvoir. Attention également à ne pas tout interpréter de manière intempestive. En effet, vous risquez de valoriser les signaux qui arrangent vos projets et ignorer ceux qui pourraient vous déstabiliser. Cette stratégie bien naturelle permet d'avancer en terrain sûr, tout en apaisant une peur secrète de l'avenir. Mais elle conduit surtout vers une trop grande répétition des comportements. Il serait regrettable que de ne pas diversifier vos scénarios de vie !

Grâce à une écoute authentique des signes, vous harmoniserez vos deux principales sources d'enseignement : le cœur et la raison. Cet équilibre vous permettra d'accomplir votre véritable légende personnelle.

Vous avez entre 26 et 31 points

L'inaccessible légende

Vous croyez bien en votre légende personnelle, mais vous ne parvenez pas toujours à y accéder. En effet, vous avez des difficultés à capter vos signaux intérieurs et vous le regrettez vivement. Vous avez même parfois l'impression d'être dans le brouillard et de ne bénéficier d'aucune aide. Dans ces moments-là, la moindre alternative peut être vécue douloureusement. Vous risquez finalement de fuir toute situation qui vous oblige à prendre position. Grande est la tentation de s'en remettre au hasard, voire aux décisions de la famille ou des amis. Ces autres qui vous semblent être plus compétents.

Si vous ne parvenez pas à entendre votre petite voix, c'est probablement que vous manquez de confiance en vous. Peut-être vous a-t-on inculqué dans votre enfance que vous étiez incapable et que vous ne pourriez jamais réaliser vos rêves ? Depuis, vous doutez de vos capacités.

Si tel est votre cas, récusez cette prédiction. Cherchez à découvrir les sources de votre sentiment d'infériorité, cessez de suivre les avis extérieurs et tentez de regonfler votre estime de vous-même. Vous vous autoriserez ainsi à animer cette légende qui sommeille au fond de vous.

Vous avez entre 32 et 40 points

À la recherche de la légende perdue

Apparemment vous ne croyez pas détenir un quelconque potentiel qui vous aiderait à choisir votre chemin de vie ! Vous préférez croire que les événements surgissent dans votre existence par hasard. Vous pensez souvent : « Certains ont de la chance, d'autres pas. »

Ce fatalisme qui vous habite est assez confortable : vous ne vous estimez pas responsable de ce qui vous arrive. Cette attitude vous permet de vivre légèrement, sans vous préoccuper des choix à venir.

Si vous êtes heureux ainsi, pourquoi pas ! Mais si vous vous lamentez sur le sort qui vous accable et fustigez tout votre entourage dès qu'un incident survient, alors il est grand temps de revoir votre vision de l'existence ! Cherchez pourquoi vous refusez d'endosser la responsabilité de vos actes. A-t-on, dans le passé, beaucoup décidé à votre place ? Peut-être vous a-t-on trop protégé, ou bien trop critiqué ?

Détachez-vous de ces empreintes du passé et ouvrez-vous à votre monde intérieur. En vous reconnectant à votre véritable moi, vous retrouverez vos aspirations profondes. Cette démarche vous permettra de devenir pleinement acteur de votre légende personnelle.

Êtes-vous prêt à vous remettre en question ?

Dans votre service, devant les dossiers, en réunion, vous sentez que vous vous ennuyez et stagnez. Beaucoup d'entre nous perçoivent en effet, à certaines étapes clés de leur vie, que leurs habitudes ne fonctionnent plus. L'envie ou la nécessité de changer s'impose alors. Mais nous y sommes souvent réticents, car nous ignorons encore ce que nous pourrions y gagner. Voici un petit questionnaire qui vous permettra d'évaluer votre capacité à renouveler vos schémas et à vous remettre en question, seule solution parfois pour continuer à avancer.

On vous demande de faire équipe avec la bête noire du service :

Vous n'en dormez pas de la nuit . . . . 4 ☐
C'est le moment de faire vraiment connaissance . . . . 3 ☐
Vous êtes sûr qu'il va vous jouer de mauvais tours . . . . 2 ☐
Vous vous préparez à faire le dos rond . . . . 1 ☐

Trop de tracas ? Le mieux, c'est :

Partir une semaine à Agadir . . . . 2 ☐
Se donner trois jours pour tout régler . . . . 3 ☐
Rentrer et lire un bon polar sous la couette . . . . 1 ☐
Pleurer un bon coup, après ça ira mieux . . . . 4 ☐

Pour vous, une clef symbolise :

L'ouverture . . . . 3 ☐
La sécurité . . . . 1 ☐

L'enfermement . . . . . 4 ☐
Le cambriolage . . . . . 2 ☐

Les deux projets concoctés pour votre patron sont refusés :

C'est évident, il ne me supporte pas . . . . . 2 ☐
Pas grave, je vais en refaire un autre . . . . . 1 ☐
C'est vrai qu'ils n'avaient rien d'extraordinaire . . . . . 4 ☐
J'aimerais bien comprendre ce qui lui a déplu . . . . . 3 ☐

Lors d'une soirée, votre meilleure amie se met soudain à vous abreuver de reproches :

Vous tentez de changer de conversation . . . . . 1 ☐
Ça vous énerve : mais pour qui se prend-elle ? . . . . . 2 ☐
Vous écoutez avec attention et en discutez avec elle . . . . . 3 ☐
Vous êtes démoralisé : tout est tellement vrai ! . . . . . 4 ☐

Vous avez un léger accident de voiture :

Ce n'est rien, juste un accrochage . . . . . 1 ☐
J'aurais dû être plus attentif . . . . . 3 ☐
Il faudrait que j'arrête de conduire . . . . . 4 ☐
Mais où a-t-il eu son permis celui-là ? . . . . . 2 ☐

Votre amoureux vous quitte. C'est le deuxième qui vous fait ça en deux mois :

Mais où est la fameuse perle rare ? . . . . . 2 ☐
Je reconnais que je ne suis pas facile à vivre ! . . . . . 4 ☐
Un de perdu, dix de retrouvés . . . . . 1 ☐
Apparemment je ne suis pas encore prêt(e) pour l'amour ! . . . . . 3 ☐

Pour vous un déménagement, c'est :

L'occasion de faire le tri . . . . . 3 ☐
Impensable . . . . . 1 ☐
Douloureux . . . . . 2 ☐
L'occasion de tout jeter . . . . . 4 ☐

Repas de Noël en famille. Votre sœur vous insulte :

Vous décidez de ne plus aller aux repas de famille . . . . 4 ☐
Vous l'emmenez dans le salon pour vous expliquer . . . . 3 ☐
Vous lui reprochez de gâcher la fête . . . . 2 ☐
Vous entamez la distribution des cadeaux . . . . 1 ☐

Au travail, on vous fait remarquer que vous êtes arrivé en retard toute la semaine :

Vous faites semblant de ne pas avoir entendu . . . . 1 ☐
« Et alors, je fais mon travail non ? » . . . . 2 ☐
Vous vous questionnez sur votre baisse de motivation . . . . 3 ☐
« Je suis désolé, je me traîne en ce moment » . . . . 4 ☐

Additionnez vos points :

Nombre de 1 :	x 1 =
Nombre de 2 :	x 2 =
Nombre de 3 :	x 3 =
Nombre de 4 :	x 4 =
	Total =

Décryptage

Vous avez entre 10 et 17 points

« À quoi bon ? »

Vous ne ressentez pas viscéralement l'envie de vous remettre en question. Vous trouvez souvent que la vie est d'ailleurs plutôt bien comme elle est.

Lorsque les choses tournent mal, vous vous efforcez de penser que ce n'est qu'une petite perturbation passagère, un coup du destin, et que tout va rentrer dans l'ordre. Sans pour autant creuser les causes réelles, car vous rechignez à vous interroger sur vos erreurs ou sur les répétitions qui peuvent surgir au fil de votre existence. À quoi bon décortiquer le passé ? Le plus important, selon vous, est de rester optimiste.

Mais cette apparente bonne humeur ne cache-t-elle pas une trop grande peur du changement ? En fait, ce système bien fermé et routinier vous sécurise. En vous remettant en question, vous risquez de le briser et ceci vous angoisse. Il serait intéressant de comprendre l'origine de cette crainte.

Peut-être vous a-t-on appris que vous deviez « rester à votre place » et que la vie se déroule sans qu'on puisse rien y changer ? Il ne tient qu'à vous de lever cette prédiction et d'aller à la découverte d'un monde malléable, ouvert et créatif. Vous pourrez alors dépister d'autres voies, d'autres parties de vous-même.

Vous avez entre 18 et 24 points

« Cela ne me concerne pas »

Vous avez à tendance à penser que ce sont plutôt les autres qui devraient se remettre en question.

D'ailleurs vous n'aimez pas qu'on vous fasse des reproches. Lorsque cela arrive, vous vous sentez agressé et vous ne souhaitez que deux choses : fuir sur une île déserte ou bien rencontrer le grand amour qui prendra toutes les décisions pour vous…

Il ne faudrait pourtant pas que le voile romantique dont vous vous enveloppez vous empêche de reconnaître la part active que vous jouez dans votre existence ! Ne pas changer ce comportement risque de vous installer dans une position infantilisante. À vous de chercher les freins qui vous empêchent d'aller vous retrouver.

Votre enfance a-t-elle été marquée par des ruptures ? Vous en êtes-vous senti coupable ? Si c'est le cas, toute idée de changement peut réveiller les douleurs passées. L'envie de se remettre en question est alors bloquée par la peur de réactiver des sensations douloureuses.

Lorsque vous parviendrez à vous dégager de cette culpabilité, vous entamerez avec bien plus de sérénité cette révolution intérieure qu'est la remise en question.

Vous avez entre 25 et 32 points

« *Je suis fin prêt !* »

Vous semblez prêt à sauter le pas. Apparemment vous n'en êtes pas à votre premier coup d'essai. Vous êtes certainement déjà quelqu'un de porté sur l'analyse de soi et les grands questionnements font partie de votre quotidien. Vous remettre en question n'est donc plus un problème.

C'est peut-être même devenu une nécessité. Comme beaucoup d'autres, vous avez peut-être attendu d'être à la frontière de la souffrance pour commencer à affronter toutes les facettes de votre personnalité. Un échec sentimental de plus, une trahison de trop… Ce sont souvent les douleurs qui nous obligent à y voir plus clair ! Maintenant que ce cap est passé, il ne vous reste plus qu'à dresser le bilan et vous explorer de façon authentique.

Néanmoins, certains d'entre vous sont encore remués par des craintes et des angoisses. N'en soyez pas dérouté. Ces sentiments sont bien naturels.

Car la remise en question repose sur une ambivalence inévitable : le plaisir de retrouver son vrai soi mais en même temps la douleur de perdre cette autre personne que l'on côtoie depuis si longtemps…

Vous avez entre 33 et 40 points

« *Trop autocritique* »

Vous êtes spécialiste de la remise en question. Vous décortiquez les situations et trouvez bien souvent que vous êtes responsable de toutes les catastrophes qui surgissent dans votre vie. Selon vous, ceux qui ne se critiquent pas sont d'infâmes prétentieux, de vils hypocrites. Ce que vous n'êtes pas, loin de là !

Ne pensez-vous pas que vous avez une certaine propension à mettre trop en avant vos défauts et vos erreurs ? Bien sûr, le fait de reconnaître ses fautes est salvateur puisqu'il permet de ne plus les reproduire. Mais à trop vous dévaloriser, vous risquez de passer à côté de ce que vous êtes réellement.

Il serait bon de chercher à comprendre d'où provient ce manque d'estime de soi. Vient-il des reproches qui vous ont été lancés lorsque vous étiez enfant ? Peut-être vous a-t-on traité de « raté » ou de « nul » ?

Il ne faudrait pas que ces phrases résonnent en vous comme une évidence incontournable. Un modèle ancien est toujours rassurant, même lorsqu'il est négatif. À vous de lâcher celui-ci et d'accepter de reconnaître aussi vos qualités.

N'hésitez pas à vous faire aider pour rehausser votre estime de soi. En ayant plus confiance en vous, vous irez véritablement à la rencontre de l'authentique vous-même.

Pour conclure avec vos ressources et vous

Désormais, vous ne pouvez plus trop vous voiler la face. Certes, vous avez quelques défauts, des manières de vous comporter qui ne forcent pas l'admiration… Vous êtes juste vous-même ! mais vous ne pouvez nier aussi que des pistes d'amélioration et de progrès dorment en vous. Des valeurs qui vous inspirent et donnent leurs couleurs singulières à vos projets. Comme l'a dit un homme de théâtre, « la vie n'est pas une répétition générale ». Autrement dit, c'est ici et maintenant que vous pouvez faire fructifier ces potentiels.

Pour y parvenir, nous vous invitons à prendre régulièrement un temps d'introspection. Posez-vous, même cinq minutes par jour, et demandez-vous : « De quoi ai-je vraiment envie maintenant ? Comment y parvenir ? Quel sens cela a-t-il dans l'ensemble de ma vie ? »

Ces moments de recul sont plus que jamais nécessaires dans la société pressée où nous évoluons. Ils permettent de se régénérer, d'envisager des projets réellement faits pour soi. Ils permettent surtout de ne pas passer à côté de sa vie. Motivant, non ?

Conclusion

Si vous avez répondu à la majorité des tests proposés dans ce livre, vous venez l'air de rien de vous livrer à un véritable parcours d'introspection. Et les occasions de le faire sont rares ! Dans nos civilisations hyper consommatrices, tout nous incite au contraire à sortir de nous, à répondre à de multiples sollicitations, à fuir notre intériorité, à nous distraire… Ici vous avez pu de manière ludique vous arrêter sur un sujet d'extrême importance : vous-même !

Cette aventure n'était qu'un début. Vous pourrez jouer les prolongations en vous interrogeant sur les découvertes déclenchées par ces tests : qu'avez-vous appris de vraiment surprenant sur vos comportements ? Quel test vous a le mieux parlé de votre caractère ? Désormais, qu'aimeriez-vous le plus changer en vous ?… Autant de pistes pour affiner la connaissance de votre être profond.

Et celle-ci n'est pas un luxe. C'est elle qui vous permettra de faire les bons choix, de fluidifier vos rapports aux autres. Celui qui ne se connaît pas avance souvent à l'aveugle dans la vie, réagissant de manière épidermique aux événements ou stagnant dans des situations toxiques qu'il aura tendance à répéter. Du coup, il en vient à rater certaines opportunités d'améliorer sa vie amoureuse, professionnelle. Et il se sent le jouet passif d'une existence qui ne lui convient pas. Lorsqu'on voit un peu plus clair en soi, on a moins peur de se confronter au monde, de se lancer dans des projets originaux.

Se connaître est une manière de s'accepter, de faire avec ces dons et ces limites qui nous façonnent. Souvent, il faut pour y parvenir se débarrasser des « étiquettes » que notre famille ou nos proches ont tendance à nous coller sur le dos ; et découvrir que, finalement, on est « quelqu'un d'une nature plus vulnérable, ou plus joyeuse, ou plus volontaire… qu'ils croyaient ! ». Il faut aussi casser certaines images « idéales » de soi qui paradoxalement ne sont pas faciles à endosser dans la réalité.

Et si ce que vous avez découvert ne vous enchante pas, pas de découragement ! Nous avons tous une capacité naturelle à changer. Un malaise qui s'installe, l'impression de stagner sont des informations importantes si nous savons nous écouter. Et lorsque nous n'y arrivons pas, la vie se charge de nous envoyer des surprises - plus ou moins bonnes – pour nous faire évoluer ! Une rupture, un engagement professionnel, la naissance d'un enfant… et c'est un pan entier de vous-même, totalement inconnu jusque-là, qui peut se réveiller et s'exprimer.

Vous pouvez anticiper ces crises, et parfois même les éviter, en participant aussi à des sessions de coaching individuel ou en groupe, en faisant des bilans de compétences ou des ateliers d'écriture. Aujourd'hui il existe mille et une manières de poursuivre son développement personnel. De laisser s'épanouir sa personnalité la plus authentique, son moi profond. Car rappelez-vous : vous êtes unique. Il n'y a qu'un être comme vous sur terre… et c'est vous ! Voilà une vraie bonne raison de vous prêter réellement attention.

Présentation des auteurs

Christophe André exerce comme médecin psychiatre dans le service hospitalo-universitaire de l'hôpital Sainte-Anne (Paris). Il est l'auteur de plusieurs ouvrages, dont *Les états d'âme, pour un apprentissage de la sérénité* paru en 2009. Il est l'auteur des tests suivants : Où en êtes-vous avec votre ego ? p. 21, Quel est votre type de bonheur ? p. 152, De quelle liberté avez-vous besoin en amour ? p. 202, Contre qui êtes-vous en guerre ? p. 235, Savez-vous être authentique ? p. 275, Sur quoi repose votre courage ? p. 300, Comment habitez-vous l'instant ? p. 336.

Lise Bartoli est psychologue clinicienne, psychothérapeute et hypnothérapeute. Son dernier ouvrage, *Comment améliorer son destin : neuf clés pour mieux vivre sa vie*, a été publié en 2009. Elle est l'auteur des tests suivants : Comment gérez vous vos élans ? p. 28, Vivez-vous la vie qui vous va ? p. 146, Comment vous reliez-vous aux autres ? p. 161, Quelle place prenez vous ? p. 170, Avez-vous tendance à juger ? p. 222, Êtes-vous plutôt « cerveau droit » ou « cerveau gauche » ? p. 255, Êtes-vous acteur de votre vie ? p. 287, Comment réagissez-vous face à l'échec ? p. 294, Êtes-vous opportuniste ? p. 319, Qu'est-ce qui vous motive vraiment ? p. 342, Croyez-vous en votre légende personnelle ? p. 354, Êtes-vous prêt à vous remettre en question ? p. 360.

David Bernard est psychologue du travail et associé fondateur de la société AssessFirst, spécialisée dans le développement d'outils d'évaluation et de sélection dans le domaine des ressources humaine. Il a créé le test : Qu'est-ce qui vous stresse au travail ? p. 81.

Gilles Donada est journaliste à *Pèlerin magazine*. Il est l'auteur de deux ouvrages : *10 astuces de couples pour ne pas être que les parents de ses enfants* (2008) *et 10 astuces de couples pour gérer les conflits jour après jour* (2007). Il est l'auteur des tests suivants : Avez-vous confiance en vous ? p. 40, Êtes-vous perfectionniste ? p. 54 et Êtes-vous extraverti ou introverti ? p. 61, Êtes-vous d'un naturel anxieux ? p. 71, Comment aimez-vous votre conjoint ? p. 193.

Dominique François est journaliste spécialisée en psychologie de l'enfant et de l'adolescent. Dernier ouvrage paru en 2008 : *Mon ado est en crise.* Elle est l'auteur des tests suivants : Jusqu'où iriez-vous par amour? p. 34, Quel est votre âge sentimental? p. 114, Savez-vous exprimer vos sentiments? p. 126, Quelles sont vos priorités pour l'avenir? p. 348.

Jeanny Ronne Suard est journaliste. Son dernier ouvrage, *Contes du Vent Imaginaire* a été publié en 2009. Elle a créé les tests suivants : À quel point vous aimez-vous? p. 13, Savez-vous dire non? p. 48, Êtes-vous jaloux? p. 131, Êtes-vous yin ou yang? p. 138, Êtes-vous influençable? p. 180, Quel est votre rapport à l'argent? p. 325.

Les journalistes de *Psychologies magazine* (Érik Pigani, Isabelle Taubes) ont créé les tests suivants : Mélangez-vous travail et sentiments? p. 100, Quel âge avez-vous intérieurement? p. 108, Êtes-vous un douillet affectif? p. 120, Comment vivez-vous l'amitié? p. 187, Comment dites-vous non? p. 208, Vous sentez-vous facilement victime? p. 215, D'où vient votre susceptibilité? p. 228, Que signifie «aider» pour vous? p. 243, Quelle est votre intelligence dominante? p. 260, À quoi vous sert l'humour? p. 270, Savez-vous écouter? p. 281, Quelle force est en vous? p. 307, Savez-vous utiliser vos atouts? p. 313, Comment gérez-vous votre temps? p. 331.

***Qui êtes-vous vraiment?* est présenté par Pascale Senk**, journaliste spécialisée en psychologie et en développement personnel, ex rédactrice en chef adjointe de *Psychologies magazine.* Elle est aussi auteur de *Soyez Yin*, paru en 2002 et de *Se libérer de ses dépendances, publié* avec Frédérique de Gravelaine en 2007.

Notes...

Notes...

Notes...

Notes...

Notes...

Notes...

Achevé d'imprimer par GGP Media GmbH, Pößneck
en mai 2011
pour le compte de France Loisirs,
Paris

N° d'éditeur : 64090
Dépôt légal : mai 2010
Imprimé en Allemagne